中国近代人物日记丛书

李学通 刘 萍 翁心钧 整理

翁文灏日记

下

中华书局

一月十四日　星期日　晴

往北碚，与地质所同人谈话。访段茂澜（观海），谈 Stafford Cripps。

一月十五日　星期一　晴

往华严寺视察植树情形。又往张家湾工调处新建筑。

中法庚委会开会，法大使 Cosme 主席。

接见 Cripps，谈中国工厂概况。蒋已返渝。

一月十六日　星期二　晴

行政院第448次会议，（一）外王报告，法已允停中国矿产自越出口；（二）军吴言，黄振球已往昆，计划防空，准备架设高射机枪四十八架；（三）讨论农林水利部、经济部及卫生署组织法。

钱乙黎自港返渝。

往 J. Lossing Buck，谈华矿产赴美宜由资委会主持出售，愿与美人及陈光甫等善为合作，但以资委会设立办事处为最适宜。

日本阿部内阁辞，米内光城［政］组新阁。

一月十七日　星期三　晴

国防工业委员会第一次会议，张岳军主席，到者全体，举杨继曾、孙拯、罗志如为秘书。

黄任之、李幼椿来谈平价及粮食。何淬廉来说明。金公弢、夏勤铎来谈油厂。

一月十八日　星期四　晴

偕杨继曾、宋澎、王竹亭同往綦江，遇见陈立夫自滇黔游归；又遇见陈果夫、陆子冬；又遇见沈百先、须恺、刘梦锡。午饭后往观蒲河三船闸，自下流而上，为大智、大仁、大勇。又驱车到南桐车站（黔省界内）。再步行六华里，至南桐煤矿。有煤厚三公尺余，中部硫份 1.6%。看洗煤、炼焦。闻矿主任侯德均言,每日可出煤一百五十吨。自煤【矿】至蒲河场十八公里,筑有土路,闻费二十五万元。晚住綦江菜坝导淮委员会内,陆子冬谈彼所发明之煤气炉。

一月十九日　星期五　晚间微雨

晨起,先观綦江之大信闸(盖石洞),闸已完,但滚水坝尚在建筑中。次观大严闸(羊蹄洞),闸尚在建设,坝亦未成。羊蹄洞午餐后,即驱车返渝。杨、宋偕往东溪。

四行发行准备 28 年 12 月检查表

行名	发行总数	现金准备	保证准备
中央	1346979745 元	658058986.47 元	688920758.53 元
中国	771997105 元	392648460.30 元	379348644.70 元
交通	597378285 元	293550448.62 元	303827836.38 元
中国农民	365432160 元	211901243 元	153530917 元
共计	3081787295 元	1556159138.39 元	1525628156.61 元

一月二十日　星期六　小雨

接见刘鸿生、王祖舜、章显荣、李祖芬。

一月二十一日　星期日　阴

蒋请午餐于嘉陵宾馆,到者二百余人,为年届七十、六十、五十者祝寿。蒋亲书"寿"字数幅。罗家伦来谈中央【大学】校事。

著 *La défense de La Justice*。

上次欧洲大战动员人数(1914—1918)

德 13250000 人	俄 19000000 人
奥匈 9000000【人】	大不列颠 9496370【人】
土耳其 1800000【人】	法 8194500【人】
保加利亚 1000000【人】	义 5615000【人】
同盟 25000000［25050000］人	希腊 400000【人】
	葡萄牙 53000【人】
	协约 44938070［42758870］人

此次欧战动员人数（Sept. 1939—）

德	正式军	965000 人	英	正式军	250000 人
	预备军	8000000【人】		后备军	9000000【人】
	共计	8965000【人】	法	正式军	850000【人】
				后备军	6000000【人】
				共计	16130000【人】①

上次欧战（1914）各国军舰比较

	战斗舰	装甲巡洋舰	沿海防卫战斗舰	轻巡舰	驱逐舰	水雷舰	潜水艇
德	42	17	8	47	166	70	28
奥匈	20	3		14	58	53	12
俄国	20	10		16	143	22	50
英	76	44		94	66	33	105
法	36	22		15	87	150	75
义	23	10		13	103	60	50

此次战事海军力英为 10，法为 4，义为 3，德为 $1\frac{1}{2}$

此次欧战（1939—）资源比较

	钢铁（吨）		石油（吨）		煤炭（吨）
德	生产 9000000	消耗 27000000	生产 1000000	消耗 12700000	
英	铁 18000000		22000000		297400000
法	铁 40000000		700000		46000000
英	钢 16000000				
法	钢 7900000				

---

① 原文如此，应为 16100000 人。

一月二十二日　　星期一　　雨

接见塔斯社长 V. N. Rogoff 及副社长 M. F. Yakshamin。

资委会开始举行纪念周,余讲国营事业之任务,并宜注重国防,改良业务。

法国大使 Cosme 偕军备部委员 Delaquaisse、Braye 及商务参事 Saillens 来,商谈存海防钨砂 3171 吨分配办法。余提 1500 吨往美,600 吨往法,500 吨往英,400 吨往俄,171 吨亦可往法。彼方提:1771 吨往法,价照伦敦,往英、美各 500 吨,往俄 400 吨。余言不能即允,须下次再商。即报告孔。孔言,当电郭复初及陈光甫商洽。

孔接见英大使 Kerr,力言英借六千万镑于土耳其,以免土亲苏联,其实中国亦可亲俄、亲日,派兵攻印度,或赴德。Kerr 对中国态度极为亲善。

土耳其公使 Sepali 请晚宴。

昨日,高宗武、陶希圣在港发表:(一)《日支新关系调整要纲》(去年十一月五日,影佐祯昭在六三园亲交周佛海、梅思平、陶希圣等,十二月三十日汪签字)。汪提《新政府成立前所急望于日本者》去文及日方复文……各文件计为:(一)《日支新关系调整要纲》六条;(二)《调整中日新关系之原则》五条;(三)《中日新关系调整要项》二十二条;(四)《中日新关系调整要纲附件》二十一条;(五)《新政府成立前所急望于日本者》六条;(六)日方答复五条。

中法所订《叙昆铁路合同及矿业合作合同》照约应于本日双方批准。顾大使电,法请展期一月。银团盼半月内可办妥。

余捷琼报告伪钞数目:

日钞及鲜钞　　　　　35500000 元

日本军用票　　　　135000000

华北联准伪钞　　　375500000

蒙疆伪钞　　　　　45000000

华兴伪钞　　　　　　5100000

　　　　　　　　　496660000 元①

一月二十三日　星期二　雨

行政院第 449 会议，通过农林部、经济部、卫生署组织法。

四行理事会第十七次会议，准先发平价购销处四百万元。

各报盛载日本与汪所订之文件全文。

一月二十四日　星期三　晴

晨五时，为反侵略大会用法语广播：*La Défense de La Justice*。

接见陈蔚青、寿景伟、王逸轩、庄智焕、贝安澜、阎［严］立三、卢作孚、晏阳初、许志湘。

杨华日（珠江水利局长）招在孙哲生宅（圆庐）晚餐。

蒋为敌汪协定发表告国民及告友邦书。

昨日，汪精卫在青岛与李守信、王克敏、梁鸿志等会商政治，周佛海参加其事。

为法禁钨砂事电顾少川（敬电，盼商法政府令所派人员取较合理态度）。

日军渡钱塘江后，已攻取萧山、绍兴。

一月二十五日　星期四　晴

接见罗北辰（谈保险法及保险业法应同时实行）、黄人杰（谈炼油事）、潘履洁（新自法返渝）。

---

①　原文如此，应为 596100000 元。

经济专门委员会开会,审查经济部本年度工作计划,萧铮主席。各委员议论多不合实际,且于原文并未阅读,如此审查,徒费时间而已。英国 G. E. C 工程师 Raworth 来访,余因之未及接见。

法国大使 Cosme 独立［自］来谈,言新来之 Delaquaisse、Braye 二人任意固执,以后不会来谈。本日十三时,安南总督致许总领事函(Saisir les Minerais de Wolfram):已自本月二十日(或二十一日)起奉巴黎令作废。余言如此方可续商办法,因拟在海防存砂三六七·九吨中,以一〇〇〇吨售法,千吨售英,四百吨运苏,一二七一·九吨运美,不足之数下次补充。法方先给出口便利,至法国以后可购之数,约以千吨为准。

寿毅成请在张岳军宅晚餐,与王效文谈保险法事。

一月二十六日　星期五　晴(阴)

美日商约期满失效。贝安澜宅午餐。苏联大使馆茶会。

宥电顾少川,又函胡适之,皆为出口矿产事。

邹秉文来谈,拟推庞松舟为中茶公司董事长,寿毅成则拟请孔自任。

一月二十七日　星期六　晴

接见洪瑞涛(谈綦江运输办法)、刘晋钰(谈钨砂走私情形)、周逸纯。

法大使 Cosme、商务参事 Saillens 来谈巴黎回电:(一)运英、法钨砂二千吨,请立即起运;(二)运美钨砂,法拟向美商购;(三)运俄之砂,法不易同意。余力言运俄关系之重要,务请转商同意,整个解决。又商谈借款及协助缉私。访孔,面告。孔卧病,颇为慨叹。

美国参议院通过国防紧急预算 252000000 美金。

收阅高平编《江西省地质矿产调查图表》。

一月二十八日　星期日　晴

周逸聪、谢蘅窗来访。

访陈布雷于其住宅，托其转呈蒋，中福联办处改组及令知改组原则，并谈及现商中外合作之概况。

访林伯遵于中研院。

一月二十九日　星期一　小雨

定资委会纪念周办法；商订事业主持人员考成办法。

请法大使等晚餐。

一月三十日　星期二　晴

行政院第 450 次会议，蒋主席（孔有病）。青海灵儿为达赖第十四世，中央发四十万元为坐床典礼，并电吴忠信，商将班禅柩运归西藏。

四行理事会第十八会议，蒋、孔、宋皆未到，余主席。

孙越崎、陈可甫自滇返渝。以滇锡事电港钱，商宋合作。

接见 A. B. Raworth（General Maneger G. E. C.）、章显荣、李祖芬，谈龙溪河水电厂事。

蒋言，钨砂宜充分留为美国借款之用，不可多许法国。

聘贝志翔为专门委员，在国外贸易所办事；刘晋钰兼代该所海防分所所长。

一月三十一日　星期三　晴

蒋侍秘渝代电，令定中福组织及改章原则五条。

召集马寅初、戴铭礼、王效文、罗北辰、陈文庆、陈匪石等，商拟实行保险法，另订非常时期管理规章。

接见 Hans Pidder、黄人杰、金开英、刘晋钰、朱谦、沈钧儒等。

英人44000000,占住了40000000Sq. kM。

法人占住了 more than 9000000Sq. kM。

德人80000000,占住了600000Sq. kM。

二月一日　星期四　大雨

【至】浮图关训练团讲演。四川地质调查所午餐。

中福董事部会议,到者:胡石青、杜扶东、贝安澜、孙越崎、孟信之。余报告委员长卅日代电,令改组中福办法(定五日与中原商章程)。贝宅晚餐,晤 Stafford Cripps、Wilson。彼等拟五日飞往新疆,十六日飞返渝,十七日飞港。

二月二日　星期五　晴

接见沈羊叔、胡子靖、张慰慈(谈 I.C.I 购水银及合办滇磷矿事)。

与吴国桢、包华国、章元善商呈复平价及禁敌货。

访法大使,交以上年九月俄人 Kaploun 允不以中国矿产转交他国之来函,法大使仍不以为可。商在【海】防钨砂中,(一)运俄400 吨,暂存续商;(二)运英、法各千吨,美 1272 吨,均可允出口;(三)其余(法要求七千吨)以后续商。

广播讲演:《国际正义的拥护》。

资委会各厂矿预算及实发现金表(1939 年份)①

	预算	实发	未发	结存
中央钢铁厂筹会	50000 元	——	——	——
云南钢铁厂筹会	300000	300000 元	——	——
西康金矿局	400000	84000	316000 元	——
四川金矿局	150000	110500	39500	——

---

① 表中数字照录。

续表

	预算	实发	未发	结存
青海金矿局	200000	60000	140000	——
渝炼铜厂	200000	161093.63	38906.37	——
彭县炼铜厂	500000	389000	111000	2983.45 元
滇北炼铜厂	600000	250000	350000	305714.72
平桂矿务局	700000	377949.77	322050.23	315436.73
云南锡矿局	1850000	1850000	0	——
贵州矿务局	250000	90000	159365.36	17026.08
嵩宜宣煤矿	1050000	350000	700000	——
四川油矿	250000	100627.70	149372.30	——
植物油炼油厂	160000	151745.88	8254.12	——
资中酒精厂	300000	250000	50000	59202.22
云南硫酸亚 [铔] 厂	80000	——	80000	
化工材料厂	1150000	495745.23	654254.77	——
机器制造厂	1600000	823209.92	776790.08	174433.99
电工器材厂	2000000	1369619.39	630380.61	60199.27
龙溪河水电厂	800000	696937.66	103002.34	14927.04
昆湖电厂	1150000	831902.50	318097.50	308174.98
贵阳电厂	400000	237000	163000	18517.30
万县电厂	70000	50000	20000	110587.63
甘肃兰州电厂	300000	199320.42	100679.58	217357.50
滇中电厂	30000	30000	——	——
湘西电厂	170000	160000	10000	9066.84
岷江电厂	1000000	837123.89	162876.11	77787.50
柳江水电厂	50000	28561.48	21438.52	——
新电厂工程处	45000	35000.00	10000	13596.01

续表

	预算	实发	未发	结存
西南水力测勘处	85000	79833.64	5166.36	——
预备费	110000	77710.24	32289.76	——
共计	16000000	10477576.99	5522424.01	

钨锑盈余拨补经费表

	预算	实发	未发	结存
江华锡矿	100000	99378.58	621.45	67118.63
湖南金矿	100000	73838.53	26161.47	——
恩口煤矿	170000	——	170000	——
祁零煤矿	225000	153000	72000	5840.70
钨矿工程处	——	——	——	——
湘江电厂	40000	28000	12000	
纯铁炼厂	400000	253024.56	146975.04	15994.34
钨铁厂	40000	20000	20000	
滇炼铜厂	320000	114570.79	205429.22	26164.94
云南钢铁厂	1600000	——	1600000	
云南硫酸亚［钶］厂	1000000	——	1000000	
临时炼钢厂	100000	74119.13	25880.87	
川康铜管处	400000	400000	——	——
易门铁矿	250000	221054.13	28945.87	56739.20
宜宾电厂	2400000	1541103.53	858896.47	11743.27
自贡电厂	600000	532000	68000	9426.87
设计费	200000	179575	20484.18	——
运输车辆	400000	271500	128499.55	
浙东电厂	——	100000	——	
湘南电厂		40996.07		

续表

	预算	实发	未发	结存
预备费	155000	55000	100000	
共计	8500000	4157161.95	4342838.05	

二月三日　星期六　晴

接见谢刚杰、马继援……Oudin（商允年售法锡三千吨）。访孔,告与法交涉。

二月四日　星期日　晴

蒋、张请参政员午宴。宋渊源言:汪前赴北平,拟与吴佩孚商,自为主席,邀吴任军事,吴愿自为主席。又闻,汪住日本兵营,故吴不愿与汪面谈。胡景伊言:（一）重庆应分发防毒面具;（二）重庆联中校长贪污,应彻查;（三）唯一电影院,不逞分子暴力焚毁影片,应惩办。

滇越铁路桥梁为敌机炸毁,修复后方始通车,乃第三次。车自越赴滇时,又受空袭,外人死五人,华人死二十人（一日事）。

日本樱内财相提下年度预算:

临时军事费特别会计总额　4460000000 日元

一般会计总额　　　　　　5822000000【日元】

共计　　　　　　　　　　10282000000【日元】

此数字较本年度增加　1500000000（即原为8782000000 日元）

此数字较1938 年度增加　2200000000（即原为8082000000）

此数字较1937 年度增加　4800000000（即原为5482000000）

以上四年共计预算总额:　32628000000 日元。

二月五日　星期一　晴,昨夜雨

接见 Saillens（谈法国借款购钨）、Raworth（谈借款办龙溪河水电厂）、Oudin（谈购锡及售锡砂）。

请马继援等晚餐。

刘刚吾、杜扶东、胡石青、周树声等来，会商中原公司章程修改条文。

桂之宾阳、绥之五原皆已失守！

本月一日，敌机在白寨附近炸击滇越铁路，死法人五。三日又来炸，中国飞机迎敌，高射炮亦奋击，故损失较少。

二月六日　星期二　晴

行政院第451次会，孔主席。（一）行政院拟设政务顾问、技术顾问；（二）财政部请发军需公债国币十二亿元，建设金公债英金一千万镑，美金五千万元，合计约国币十九亿七千余万元；（三）行政官吏合作社无庸改供销处。

接见 Willys Ruggles PECK。又接见胡石青、周树声，商改中原公司董事各人照股份分配，在未能召集股东会前，依战时营利法人暂维现状办法办理。

何应钦谈五原失守，苏联颇关心，与共党商办法，或可略有转机。

二月七日　星期三　晴（己卯年十二月三十日）

在孔宅，与孔同接见法大使戈思默即［暨］商务参事萨养思，商谈：（一）运钨往英、法各一千吨，往美1270吨，请法同意；（二）郭大使电告，英政府可同意中国运苏钨每月400吨（最高或至500吨），但不能更多，请法亦同意；（三）法借款或以售钨收入偿还，或以钨砂五千吨偿还，皆以十年为期。张平群亦在座。谈后即电顾少川。

日军在桂已占上林，在绥已过临河而向宁夏边境。

年份	日货进口价值(单位千元)	占进口总值百分比
二十六年	150432	15.73
二十七年	209864	23.49
二十八年	313398	23.34

二月八日　星期四　晴(庚辰年正月初一)

钱乙藜、陈可甫昨自港返渝。桂绥二省军事甚紧。

起草《经济建设要旨》。

二月九日　星期五　晴

至南温泉中央政治学校文官训练班,讲《经济建设要旨》。

接见 L. Werner(商换德军械)、何淬廉(谈徐可亭提议农村放款八万万元,后主四万元)。

中日关系如此! 汪精卫—影佐,王克敏—喜多,梁鸿志—原田。汪左右之健将:周佛海、梅思平、丁默村。

苏联驻华商务官:Bakunin①、Prokhoroff。

二月十日　星期六　晴

春礼劳军。接见 Lobenstine,谈:(一)P. U. M. C,我言 NewYork 与董事会应更多联系,接洽不定经由校长,C. M. B. 宜出力协助,北平困难不至使校停闭;(二)远东大局,日虽困难,中国尤甚,本年为严重关头,盼美力压日,然后迫中日二国言和。

孔宅开会,到者:何敬之、俞大维、翁文灏、徐、邹二次长、李纲君、戴铭礼、周至柔、徐培根等。孔言,美金借款二千万已商成。陈光甫建议三点:(一)购美货宜集中必需用品而运输可能

---

①　Bakunin 应为苏联出口贸易协会在华商务代表巴古林(巴固林),日记中其英文名拼写有多种。

者;(二)宜有详细规范,不宜轻改;(三)购定后宜速内运。军人力争全购军品(周至柔言,已定美战斗机一百七十架,内轰炸机七十架,能行二千英里,教练机一百架)。彭要求交通器材;余提锡矿设备,借款七年还清,即每年需送锡二千九百吨左右。周至柔又言,航空会查,后方与日本通消息之无线电台有二十七处。孔嘱交通部务必查察。

二月十一日　星期日　晴,晚少雨

张丽门、林继庸来谈。

报载,美政府副总统威尔斯 Summer Welles[1] 将赴英、法、德、义,商洽和平。

二月十二日　星期一　少雨

国府纪念周,蒋讲:中央同志务须振作有为,努力工作。广西军事,日军约第十二师团生力军,但我方无大损失,宾阳、上林均已夺回。

令商业司清理积案,限一个月完毕,派陈宜、孙培荣、萧抱坚协助;核定《工业调查通讯员办法》;与钱天鹤、沈宗瀚商农业预算;与任承统谈话。

访贝安澜,约期商改合同(中福)。

二月十三日　星期二　晴

行政院第 452 次会,通过军需公债十二亿,建设金公债英金一千万镑,美金五千万元。

二月十四日　星期三　晴

张群、魏道明、徐堪邀午宴,商"伤兵之友"社捐款办法。徐堪

---

① Summer Welles 应为副国务卿。

骂吴国桢!

留园谈话。王正廷在美为大使时，与许仕廉共托美人……商借美款，去职后陈光甫洽借成。……谓，王曾允酬美金一百万元。蒋廷黻曾二次奉孔命电询王（新加坡及伦敦）曾有字据落……手？王皆未回答，但言宜酌为赠酬。王至渝后，面询亦未肯明答。现……控诉陈光甫、席德懋、任士达三人。

二月十五日　星期四　晴

国防最高委员会令组对敌经济封锁委员会，指定余为主任委员。

接见 Oudin、何淬廉（谈重划农村投资地域事）、孙越崎（谈滇钢铁公司办法大纲）。

请 Clark Kerr、Broadmead、孙哲生、蒋廷黻等晚餐。

二月十六日　星期五　晴

接见周逸纯、酆云鹤、樊眷甫（明日赴沪，谈福公司内部事）。

蒋宅午餐，徐堪及徐柏园于饭后向蒋言农贷事。又与徐与何廉谈话。何来见余。

与贝安澜、与孙越崎商修改中福合同事。

孔宅晚餐，餐后大家往五校歌咏团。张岳军、公权向余谈徐堪向农本局为难事。

二月十七日　星期六　晴

国民参政会员左舜生等请午宴，余略讲《工矿事业》。

邀集贝安澜、刘刚吾、周树声、杜扶东、胡石青、孙越崎商修中福合资合同。

蒋宅四行理事会，商洽农贷办法。蒋谓用款不必四万万元之多，区域以陕、甘、川、黔、滇五省为主，机构以农民银行、农本局为重，联络合作，认真办理；并言，抗战尚须三年，工业亦宜发展，四行应充分协助。

邀罗家伦、邹树文、楼光莱、孙光远等晚餐，谈中研院评议员选举事。

有南宁已收复说。

迁川工厂联合会晚餐，余讲《自力更生》。

二月十八日　星期日　晴

接见张丽门、李博侯、钱乙藜、陈可甫、谢蘅窗、贝安澜、孙越崎、朱伯涛。

新生活运动第七纪念周，蒋广播。

美国 Summer Welles 昨日搭船赴欧。

苏德互不侵犯条约一九三九、八、二三签字。

苏德友好划界条约一九三九、九、八签字。

苏德经济协定一九四〇、二、十一签字。

二月十九日　星期一　晴

至生生花园，为胡元民证婚。嘱章元善访黄少谷，【商】对敌经济封锁委员会组织办法。接见赵棣华，商第三战区经建会工作；刘航琛商重庆电力加价；秦望山、侯西反，商设药厂。

钱乙藜、杜再山、陈可甫飞昆明。

朱伯涛请修改管煤办法，许买方径向矿商讨价。

接见 Prokhoroff、Agreeff，谈运苏矿产事。

经济部规：《管制机关核帐办法》，资委会定《核办各事业请款办法》。

二月二十日　星期二　雨

行政院第 453 次会议。何敬之言，日军攻取宾阳，用意似在袭击原在宾阳、昆仑关间之中国机械步队第五军。该军有汽车二千五百辆,月烧汽油十五万加仑。幸该军已于蒋赴桂时调至宾阳以北,故毫未受损。

何[王]亮畴言,英大使劝中国,对英提津现银办法虽不同意,亦勿取径行拒绝态度。

四行理事会第二十次会议,徐可亭提《修正农贷办法纲要》及《农本局特殊办法》。

派章元善访黄少谷,面商对敌经济封锁委【员】会办法。

接见陈杰夫、贝安澜。

二月二十一日　星期三　阴

接见金在冶(谈青海金矿)。

拟《第三战区经委会工作要旨》。

接见赵志垚(鄂省小工业事)、罗北辰(保险业事)、卢成章(制药)。

潘宜之言,谭仲逵托为疏通焦雨亭家族嫌疑事,余即嘱孙越崎切实查明,并设法处置。

吴兆洪往访 Saillens,谈矿产自越出口事,谓迄今毫无新消息。

蒋(十八日)手令:轻重工业在此三年之内,务望能加一倍乃至二倍之成绩,尤以炼钢铁、制汽车与燃料生产为必须,于此三年内能达成自立之工作。其他产金事业必须尽量加工,达成预期之目标。请照此主旨(与俞兵工署切商)拟定三年计划与经费数目,切实详报为盼。廿九、二、十八中正手启

阅 J. G. Andersson 著 *China Fights for Its* [*the*] *World*。

二月二十二日　星期四　晴(阴历一月十五日)

英大使 Archibald Clark kerr 来询锡产三点,当晚函复。

中美文化协会开会,孔、孙哲生、Willys Peck 致词。今日为华盛顿生日,又有 Arthur Yong[Young]及郭任远谈话。

英大使请晚宴,有法大使在座。与徐谟略谈钨出口事。

陈雄(杰夫)、赵可任来谈桂省矿产事,余力请收购存钨,切勿私运。

钱乙藜电言:缪云台面告,福公司售钨佣金应只给 0.5%,不宜给 1.5%。约已签订实行,忽发此论,可怪也。

拉木登珠(六岁)为达赖第十四世,在拉萨坐床。

二月二十三日　星期五　晴

与第三战区经委会主任委员赵棣华等谈该会工作要旨。

访张岳军,谈:(一)矿产运苏及出口困难;(二)工业计划;(三)对敌经济封锁委员会职员分配。

范旭东宅,黄海化学工业研究社董事会,到者:胡政之、张伯苓、何涔廉等,兼谈及:(一)朱庭祺等以神道惑人……(二)陶希圣、高宗武在港与胡政之谈话;(三)日本政治困难。

与资委会各处商工业计划。

二月二十四日　星期六　晴

对敌封锁委员会第一次开会,推徐恩曾为考查组长,贾焕臣为执行组秘书,及设计组由经济部派员。

接见赵可卿(恩济校长)、王恒升、张禹九(谈接收敌油厂)。

请陈杰夫、赵可任晚餐。

广播讲《实践国民道德的几个要点》。

前日,蒋在柳州附近之杨谷山召集陈诚、白崇禧、张发奎等会议时,日机投炸弹二百余枚。

二月二十五日　星期日　晴

张丽门、林继庸、李博侯来谈工厂计划。

妻往北碚,当晚返渝。

与董显光谈近时经济状况。

二月二十六日　星期一　晴,骤暖,夜间雷雨

蒋廷黻至资委会纪念周,演【说】《苏联建设及人民生活》。

整理上年下期经济部工作报告。

接见谢家荣、L. Werner(谈西北运输)。

金开英谈:萧之谦可往美;王善政可用石油沟煤气制 Carbon black;胡安恺或吴景铨(现在植物油料厂),可办川西植物油提炼轻油工厂。

廿四日,英国 Neville Chamberlain 谈作战目的在恢复捷克、波兰独立,停止德国军力主义,与合理的民族共建新的和平。德国 Hitler 说,德在上次欧战并未战败,而系受骗,世界和平之走势,决不专在英国,德不畏封锁,应更得土地。美国 Summer Welles 至意国。瑞、那、丹三国外长在丹京会议。

One half the planes & aircraft engines exported by the U. S. in 1939 year to Britain & France. Total Exp. for 1939 U. S. $ 117081212 which was 86% above the figure for 1938. Of this total France took U. S. $ 42484742 and the United Kingdom U. S. $ 34794800. Japan ranks eighth with U. S. $ 2580565.

二月二十七日　星期二　阴,微雨

行政院第 454 次会议,经济部追加预算通过。

四行理事会第廿一次会,平价购销借款合约等通过。

何敬之分赠天水行营政治部所印《中共不法行为及破坏抗战

事实纪要》，并言与叶剑英面言，共党可有三军六师，应全听中央政府命令，陕北特区应改为陕北行政督察专员区，有十二县，归陕省政府管辖。叶盼加六补团，陕北行政区归行政院管辖。

凤书自成都乘汽车来渝。

交通部函，与法银行团商定，所签路矿合同自三月一日起发生效力。

二月二十八日　星期三　雨

参观中国兴业公司钢铁部，胡叔潜陪往，李博侯、党刚及凤书偕往。

钢铁部：副经理二人，萧万成（笠生，四川，奉天大冶工厂厂长，华西机厂主任，华联公司副经理）、唐之隶（敬亭，山西，育才炼钢厂主任，西北炼钢厂主任，华西机厂副主任，华联主任工程师）。炼铁厂厂长赵伯华（湖北，汉阳铁厂工程师，大冶□铁处主任，华西工程师）。炼钢厂厂长，唐之隶兼。电炉厂主任，毕天德（山东，华西电炉工程师，上海炼钢厂铸钢部主任）。轧钢厂厂长沈光芯（乔士，湖北，汉阳钢铁厂工程师，西北炼钢厂主任工程师，华西工程师，华联设计主任）。火砖厂厂长汤大纶（岱仑，江西，沈阳窑业工程师，江西陶业管理局技正，江西光大瓷业公司总工程师）。机器厂厂长李浚源（汇川，河北，开滦设计员，河北工学院助教及技师，华西机厂主任工程师）。动力厂主任张行廉（河北，北票煤矿副工程师，协兴煤矿机电工程师，馒头山煤矿电机工程师）。

炼铁炉一座，日产三十吨，已起底座，盼六月份完成（涪陵黔江关拟新设一炉，每日十五吨）。马丁炉一座，每日十吨，盼十二月份完成，有余地可另加一座。（生铁成本不在六百元下，钢成本不在二千五百元【下】）。

轧钢机十吋、五吋(拟加设十八吋轧钢机),电炉一座每日一吨(已成)。

据工矿调整处估计,本年度民营工业产量价值如下:冶炼业七二五七五〇〇〇元,机械业二一六九七五八〇元,电器业九四六一八六〇元,化学业二一五〇八八一五元,纺织业一一九四九〇七〇〇元,食品业三八八九七四〇〇。六项总计:二八三六三一三五五元。

Summer Welles 在二十六日晚间与 Mussolini 谈话,出外时未表示意见,但言"满意"。

法、德发表德潜艇成绩之不同数字(自开战至本月廿六日止)。

法国发表:船舶损失共 312 艘,1085000 吨(内计英失 157 艘,590000 吨;法失 14 艘,66120 吨,中立国失 141 艘,408000【吨】)。

德国发表:船舶损失共 496 艘,1810000 吨。

美国预算总数增加 U. S. ＄2581000000,财政部支出总数 U. S. ＄6026000000,收入只有 U. S. ＄3445000000,因此美国政府债务达 U. S. ＄42345000000。

与孔言,德人 Werner 盼打通西北运输孔道。孔言欧洲局势遽变,组成反苏形势,中国方针宜谨慎。

二月二十九日　星期四　阴

昨日接见 J. C. J 之①

接见丁文浩(商运矿产自昆明至腊戍)、顾一樵(谈训练技工)、贝安澜(香港取缔走私)、任叔永、谢天锡。

①　原文如此。

苏联大使请晚餐。大使 Kouskkine［Paniushkin］对孔诘问，英国 Lifp Senice 妨碍中苏易货，中文报纸字里行间对苏不满口气，接近英、法，不登塔斯社消息。但言苏对日商洽通商于中国无害，仍续协助中国，钨砂不至转运德国。何应钦言，军政部曾令报纸对苏务持友态。

三月一日　星期五　阴

蒋手令：轻重工业三年内外汇五百万——一千万美金。

派卢郁文为参【事】，蒋廷甲请辞总三科长，照准。接见陈杰夫、贝安澜、谢树英、史维新。贝谈英法借款以钨作抵（孔同意）。法大使来谈。萨养思辞行往沪。

三月二日　星期六　阴

与吴兆洪谈呈复蒋三年计划。

国防工业委员会第二次会议。俞大维要求各机关废钢铁皆送兵工署，议决各机关拟供给办法送会；通过技工训练办法。

接见曹仲植（豫财长），请赵棣华、谢刚杰、陆希正、丁文浩晚餐。

访英使，谈钨砂借款以年售七千吨为标准，纽约价每吨二四〇镑，伦敦一五〇镑。十年价款允交中国，英、法二国合借。

对敌经济封锁委员会第二次会议，因余未能到，故未开成。

刘治万谈本年金矿产金量：

南溪二四〇〇两，南邵一二〇〇两，松潘三〇〇两，其他四〇〇两，四川共四三〇〇两，湖南一二〇〇两，豫、陕、鄂七〇〇两，青海六〇〇两，西康一二〇〇两，共计八〇〇〇两。

谢树英谈西康铜矿：（一）越隽芍药槽——松林，脉厚 70.7cm，每天出铜半吨，即每年 150 吨。（二）荥经前后聚坝——二郎场，每天出铜0.7吨,即每年210吨。(三)会理鹿厂,矿在白垩纪砾岩层内,长15KM,宽4M,七月份起每天出铜一吨,即半年150吨。以上三处本年共出铜510吨。(四)会理天宝山,铜、铅、锌脉宽二公尺,每天出锌三吨,刘文辉争办。铜矿选矿盼由3%增至25%,炼铜焦15吨,出铜一吨,用白果湾煤。本地要人有羊仁安、邓秀廷、苏海澄(其子国忠为营长),皆有联络,有技士陈廷熙为难。

三月三日　星期日　阴

美国大使馆(江南岸马鞍山廿号)请午宴,中国方面到者:孔、孙、何、王、罗、董、吕。

接见丁骕(托其父事)、朱森(盼有中英庚款补助重大)、孙颖川。

日货入口价值总数:一九三六年为一五三五七七〇〇〇元,一九三七年为一五〇四三二〇〇〇元,一九三八年为二四九八六四〇〇〇元,一九三九年为三一三三九八〇〇〇元。

三月四日　星期一　阴

军委会扩大纪念周(人事会议及参谋长会议联合开幕)。蒋切言政治工作之重要,十余年来国府成立未能实现五权之实效,对考试、监察(即铨叙及审计)二权尤应尊重,对法令宜承认并利用,措词极为殷切。会后,蒋召见余及余[俞]大维、周至柔,商谈在此时期务须扩充制造能力,使主要军器自能供给,具体计划互相商定,本月内送呈;并谈及外汇之需要及运输之整理。其为国建设,励精图治之精神,溢于言表。

接见孙越崎、朱伯涛、王调甫及 Arthur Nicholas Young(杨亚德)。罗志希、陈子忠、沈宗瀚请晚餐,晤见 Houghton、Balfour、Stuart。此三人近方至渝。

三月五日　星期二　晴

行政院第 455 次会。(一)水利委【员】会组织法付审查；(二)合作局请改隶院，缓提；(三)教部会计处预算，商减。

接见美国大使詹森、任叔永、竺藕舫。

孔宴 Balfour、Stuart、Houghton、William 等。

蔡元培于今晨十时病殁于香港。

三月六日　星期三　晴，夜间雨

访贝安澜(谈借款事)、Houghton(彼谈：R. F. 将来可以 P. U. M. C. 资金之一部分投于中国，China Med. Brd. 殊无必要)、周树声、陈可甫、孙越崎。

卫立煌电复，已派蒋炎、李鸣钟、王幼侨为中原公股董事，梁文渊为监察。余复请转知新董事来渝。

凤书返成都，乘中航机去。

与谢季骅商谈探矿工程处组织。钱乙藜昨日自昆明返渝，今晚来余宅谈话。

三月七日　星期四　晴

任叔永起身赴港，谓已租定生生花园礼堂作评议会场。与司徒雷登午餐。与钱乙藜、孙越崎商加中原公司资委会董监【事】。

三月八日　星期五　夜雨

偕张岳军、杨继曾、吴兆洪、李组绅、卢成章至大渡口，参观钢铁厂。裕繁小轮上水行三小时，下水行一小时余。化铁炉日产二十吨者已完成，自三月一日起开炉出铁，约每日实出十吨，每五小时出一次。铁之成份含矽百分之二—三，锰百分之二以上，硫万分之一以上，磷千分之三—四。每炼铁一吨，需砂二吨，焦(南川)一吨半，石灰石半吨。另烧煤(南川及三才生)，约每日五十吨。另建化铁炉,每日百吨者一座,用六河沟炉加汉阳活灰器,已成,因原料运输未足,故尚未开工。现綦江运输每日可达一百吨,水加大时可达一百五十吨。炼钢建每天十吨炉四座,成后每天共可出四十吨。十二月间可开工。火砖厂郁国城管理,用南川耐火土,用机器磨细,生料三成、熟料七成合用,机器装土成砖,每日可成八百枚。另用手工装砖,装后用机压紧,然后烧制。每日能烧砖十吨,成本每吨一百二十元。质颇匀好,耐火度盼能至一千七百度以上,但尚待试验证明。副主任委员张连甲,总工程师翁德鎏。

三月九日　星期六　晴

国防工业委员会会议,(一)渝綦铁路应速赶筑,用正式钢轨,由湘运川;(二)各机关购置物品应尽先用国货,不避售价;(三)矿产品出口运输应增加便利;(四)兵工原料供求关系交俞大维、钱昌照再行会商。

与何淬廉商洽负责平衡昆明米价办法;与钱天鹤商协【助】植树节办法。李组绅谈,华侨企业公司拟与云南锡业公司合组公司,办理锡矿,资本总额二千万元。滇已出外汇廿五万美金,侨方加以外汇同数,分红利时滇方所得较原资加倍,侨方要人为胡文虎、李组绅、蔡咸章。

Bell 来,出示拟致 Woodroff 电,为钨砂借款事。

与谢树英谈白果湾煤矿事;与王季梁谈售电机于广西水泥厂。

苏联军队已取 Vipory(Viipuri)。美国 Welles 在巴黎,与法政府洽谈中。

三月十日　星期日　晴

李四光、汪敬熙、俞建章、谢蘅窗、张丽门、沈宗瀚来家谈话。

见孔,谈贝致英商垫款电稿。

何应钦请晚餐,为其任军政部长十年纪念,并分送《军政十年纪要》一册。

三月十一日　星期一　晴

Bell 发电致 Woodroff,余致电郭大使,商英、法钨砂垫款。

宪兵十二团陈团伯屏、三团陈为重、卫成司令部胡科长佛到部,商派兵保护明日植树【节】典礼办法。

访王雪艇,谈中研院及参政会事。

接见 V. T. Mikheeff(米海耶夫,塔斯社长,枣子岚垭五十一号)、Cosme(法国大使)、陈杰夫、汪石年、沈宗瀚、张乃乔、尹建猷。

三月十二日　星期二　晴

华严寺植树典礼,余主席。林主席、孔、于、居、李培基等均到,宪兵第三、十二团、警备司令部、重庆警察局均派人保护。

接见冯景兰、傅斯年、周子竞。冯谈荥经前后聚坝、越隽芍药槽矿较佳,会理鹿安可有铜,储量六万九千吨,量似最大。昨日外交王部长邀美、英、法、苏四国大使茶会,余未及到。

今日为孙总理逝世第十五周年(殁于民国十四年三月十二日,北京),塔斯社发社[表]苏联共产党中委会及中执会主席团之两唁电。

苏、芬二国直接谈判,议成和约(先由瑞典居间斡旋),先由芬派代表团往莫斯科。英、法二国实不愿此和议成功,以期消耗苏联之实力也。

Welles 在英谈话,德外长 Ribbentrop 日前往意国,兹已返德。

美议员 Pittman 提议,欧洲各国休战三十日,俾商和平。

三月十三日　星期三　晴

地质学会理事会,选尹赞勋为理事长,黄汲清为书记,李春昱为会计,田奇瑺为丁文江奖金当选人。

行政院第456次会。

三月十四日　星期四　晴,夜间雨

召集朱骝先、王雪艇、傅孟真、周子竞、竺可桢、汪敬熙等会议中研院评议会事。

下午至重庆大学参加地质学会,读论文者:李仲揆、李春昱、张兆瑾、彭祺瑞、王超翔、丁毅。

法参事 Armand Gandor 来谈,要求售法钨砂须减价,余未允。法大使 Cosme 电话言,盼对法表示好意,略让少许。余告十分为难,须商于孔。嗣与孔商,拟出售千吨时减5%,但并不言减价,仍照原价出售,不过事实上赠送五十吨。即面告法大使,法即言满意,并允电法,同意钨砂若干吨出口往苏联。余嘱其务必办成。

蒋手令:美金借款用途,"以购买兵工器材、飞机马达机件、重要工业机器及滇省炼锡设备为限"。

谢树英谈,本年收铜成都区360吨,川北100吨,川康140吨,共计600吨。收铜价目前每吨1400元,七八月1800元,十二月1800—2000元。

三月十五日　星期五　雨(全日)

至中央大学地质学会。竺可桢结婚。

孔宅谈话,谈及昆明米价,经济部负责平价,农本局归经济部,抑归农林部。农林部,陈济棠不日即可任命。

交通会议今日闭幕。

三月十六日　星期六　雨

吴闻天报告组织工厂党部及工会情形。

陈济棠(国府新命为农林部长)、林翼中、刘符诚(荩忱)、何廉来谈。

与徐可亭、徐柏园同见蒋,面陈川米价并未高涨,及一般办理平价情形。

陈布雷函,蒋盼以顾孟余为中研院院长。

二十八年度铁路预算:

滇缅	28500000 元	叙昆	28500000 元
湘桂	35500000 元	湘黔	2500000 元
宝天	7000000 元	咸同	3500000 元
黔桂	11300000 元	成渝	1800000 元
合计			118400000 元①

三月十七日　星期日　日稍晴,夜雨

傅孟真对蒋愿先指定顾为院长事,认为于法不符,颇表愤慨,并怪王雪艇建议此意。汪敬熙、李仲揆主张应有 Academic freedom。余往访陈布雷。彼言,蒋对岳军、布雷谈及中研院应归行政院管辖,院长不宜由评议会,但未言决即更改。对院长人选,曾提及吴稚晖、戴季陶、钮铁生等,嗣又提及顾孟余。余告以盼能依法办理。嗣往访张岳军,见及张肖梅、张禹九,谈及中国工业合作协会等。

下午,在中研院与傅、任、李、汪及王雪艇又谈选举院长事。王言,彼有二个 Consciences。

Welles 又由英至罗马。

陈布雷函言,蒋令余保荐可任农林部次长者数人。余拟保何

---

① 原文如此,应为 118600000 元。

廉、谢家声及乔启明。

三月十八日　星期一　晴

国府纪念周,戴季陶讲人事会议。

昨日蒋手令,责平市价。召集徐可亭、【徐】柏园、何淬廉、章元善、朱伯涛、庞松舟、戴铭礼等商洽办法。

接见刘符诚。法大使馆晚餐,宋子文闻 Audinet 奉派来华,亟为慨惜,拟电顾大使,向法政府劝止。

三月十九日　星期二　晴

行政院第 457 次会议,通过《水利委员会组织法》。

四联理事会议,宋子文、汪楞伯均到,平价办法。

在 Bell【家】与 Times 记者 C. M. MacDonald 谈欧洲及远东大局。

杨钟键[健]来访,谈至深夜。

Hitler 与墨索里尼在 Brenner 相见,谈三小时半,Welles 离意。

三月二十日　星期三　晴

接见陈筑山(允以实行补助蚕丝)、赵联芳、熊子麟(西南工厂日出肥皂四箱,每箱 60 条,将来可增至百余箱),Egbert W. Hildenhagen(何德海),Otto Wolff Koeln, Chialing House(谈西北陆路交通)。

嘉阳公司董监联会,到者:康心如、心之、刘燧昌、胡石青、杜扶东、贝安澜、孙越崎。上年红利四万六千余元。

中研院,谈拟院长候补人,谈及胡适、朱家骅、王世杰、马君武、顾孟余及余六人。访陈布雷,送以已到之评议员名单。

日前,冯景兰面谈西康铜矿情形:

荥经	前后聚坝	铜储量 7000 吨	本地有煤
	山后坝	2500【吨】	
	铜厂岗	500【吨】	
越隽	苟药槽	10000（t）	日出铜半吨，木炭炼
	地宝洞	待勘	
	碧鸡山		
	海棠		
	天宝山	铜不多，可出锌	
	鹿厂	铜储量 69000【吨】	拟日出三吨，焦十五吨，炼铜一吨
	通安		

三月二十一日　星期四　阴，雨

昨晚起，用 Thymol 治颈癣。

宴中研院评议员，为院长候补人假投票。余得 23 票，适之 22 票，骝先 19 票。

三月二十二日　星期五　雨

中研院评议会开会，王雪艇主席。林、蒋送致训词。居正、陈立夫到会。蒋请晚餐。

三月二十三日　星期六　阴雨

中研院评议会会议，选院长候补人，余及骝先各 24 票，适之 20 票。又决选第二届评议员。散会。

新选评议员如下：

物理学：姜立夫、吴有训、李书华；化学：侯德榜、曾昭抡、庄长恭；工程学：凌鸿勋、茅以升、王宠佑；动物学：秉志、林可胜、陈桢；植物学：戴芳澜、陈焕庸［镛］、胡先骕；地质学：翁文灏、朱家骅、谢家荣;天文学:张云;气象学:吕炯;心理学:唐钺;社会科学:王世杰、何廉、周鲠生;历史学:胡适、陈寅恪、陈垣;考古学:李济;人类学:吴定良。

三月二十四日　星期日　晴

访 Rogers,谈钨砂借款。彼言,法国态度不合,并盼顾翊群能任四行中事。

中央宣传部蔡孑民追悼会。

蔡在教育界经验:

六岁到十七岁,皆受教育于私塾。

十八岁—十九岁(民元前二十九—二十八年),充塾师。

二十八岁(民前十八年),在李莼客京寓充塾师半年。

三十二岁(民前十四年),任绍兴中西学堂监督。

三十五岁(民前十一年),任南洋公学特班教习。

三十六岁(民前十年),设爱国学社,吴稚晖、章太炎同任教,又设爱国女校,造炸药,图暗杀。

四十岁(民前六年),在北京译学馆任教习。

四十一岁—四十五岁(民前五—一年),第一年在柏林,后三年在来比锡受教育。

六[四]十四岁(民元),任教育总长。前清学部宗旨为忠君、学孔、尚公、尚武、尚实五项,蔡改为军国民教育、实利主义、公民道德、世界观、美育五项。次长范源濂。

五十一—五十八岁(民六—十二年),任北京大学校长……名义留至民十五年自欧归国。

六十一—六十二岁(民十六—十七年),任大学院长。杨铨为副。

六十二岁(民十七年)兼任中央研究院长。

七十四岁（民廿八年），病没于香港。

今日为耶苏[稣]复活纪念日，《益世报》亦于今日在渝复刊。

美国财政部发表收进华银数量如下：

一九三五年十二月十二——一九四〇年二月十五，进口华银四九六〇〇〇〇〇ounces，值二一八〇〇〇〇〇金元。其中大半在一九三八年输入，计银二六六〇〇〇〇〇ounce[ounces]，值一一五〇〇〇〇〇金元；一九三九年输入计银三三四〇〇〇〇〇ounces，值一三七〇〇〇〇〇金元。

法内阁改组，Reynaud 继 Daladier 为首相。

三月二十五日　星期一　晴

至中央训练团，讲话二小时。

接见 Henri Cosme、C. M. MacDonald、De San。Cosme 言，明日往河内（Laurence 偕往），约住旬日返渝。孔晚宴 Cosme，饯行，宋子良、高凌百、凌启东在座。餐后孔谈借款。

三月廿六日　星期二　晴（小雨）

行政院第 458 次会，农本局仍直隶于经济部。

接见刘刚吾、孙越崎。

三月廿六[廿七]日　星期三　阴，夜雨

接见张瑞、李晓东、王幼侨等。

四行理事会议，蒋主席。各行上年报告如下（单位：元）：

银行	存款	发行	放款	汇款
中央	2397000000	1346900000①	3730000000	3685000000

---

① 旁注："1440000000"元。

续表

银行	存款	发行	放款	汇款
中国	3000000000	1220000000①	2690000000	1420000000
交通	1370000000	900000000②	1149000000	570000000
农民	169000000	365000000③	510000000	1300000000
共计	6936000000	3831900000④	8079000000	6975000000

中国流通华北法币有 214000000 元,华侨汇款 173000000 元,投资生产事业 53000000 元,国营事业押款 51000000 元。

蒋言报告太空,应商订三年计划。

三月廿七[廿八]日　星期四　阴,夜雨

蒋手令四联总处同人,对金融及经济负起全部责任,注意建设、平价、战地经委会等事;指摘贸委会抑低物货,欺压平民,措辞极为恳切。宋言,政府应有经济中心,四行不便越俎。孔则戏笑出之。下次[午]续议,孔、宋未到,钱新之仍到,商拟于行政院内设经济会议,以蒋为长。整理各省机关,对敌经济封锁,并拟三年计划。经、交二部各供材料,由庞松舟、浦心雅汇总主稿,期为星期六下午开会之用。

晚宴中原董事李晓东(鸣钟)、王幼侨等。

昨日,中原董事会推定胡石青为董事长,蒋炎为副,周树声为常;王幼侨、杨公兆、秦瑜为中福董事,孙越崎为总经理,杜扶东为

---

① 　旁注:"770000000"元。

② 　旁注:"613000000"元。

③ 　旁注:"365000000"。

④ 　旁注:"四行纸币3198000000"。上列旁注数字相加应为3188000000。

襄理。接见苏商务 Pakouline,谈钨价。

三月廿八[廿九]日　　星期五　晴　黄花岗纪念

阅定向参政会提案(促进后方生产及平价问题)。

蒋宅午餐。中常会议决,尊孙中山为国父。

访宋子文,访[谈]借款事。彼意应注重法方下手,盼有人赴欧;又言,彼前功[次]米麦借款,颇成功,但蒋、孔不谅,反加责备。

Welles 已返美。美驻日大使 Grew 返美。英驻日大使 Craigie 亦将赴美。苏联与 Irak 订商约。

陈博生:日本本年度普通预算 10500000000 元,再加特别开支约五十亿元,共计约 15500000000 元。一月间,日本银行发行额 3050000000 元。

我军于本月二十一二日克服[复]五原。新疆主席李溶病故。

三月廿九[三十]日　　星期六　晴

后方物产展览会筹委会会议,到者谷正纲、吴国桢等。

张公权、陈立夫午宴 Beech。汪在南京成【立】他的组织。

四行理事会会议,蒋主席。(一)检讨新四行及中信局去年成绩优劣。(二)经济三年计划。蒋言,工矿计划须实行,款须照拨,平价基金及出品、农矿品价款亦应照发。农林、水利及交通建设由四联总处与关系【部门】商洽。款多不易[宜]全发。采金、收金不必计成本,国营事业不能计盈亏。(三)战区各省经委会,蒋主设战区经委会。(四)安定物价,撤消军部统制纱布。(五)促进出口贸易。(六)完成西南西北金融网。(七)加紧对敌经济封锁。(八)集中经济研究。(九)金融三年计划,由三常委向蒋面商。

蒋侍秘渝字第 1170 号代电:三月廿一日签呈及三年工业计划书均悉。为建国最低经济之限度,须如计如期完成,所需资金,美金部份已函请孔副院长于英美借款内先行指定,国币二万万余元,亦请财、经二部与四行总处切商,于四月十五日以前有一具体办法呈核。……作有计划之提倡、奖励为要。中正。艳侍秘渝。

四行廿八年度收兑金银数

银行	生金	白银
中央	290600 两	1400 两
交通	13456	8289
农民	11287	434
	315343①	10123

三月三十一日　星期日　晴

午宴刘治万、李叔唐。晚宴周寄梅、任叔永。

访张岳军、秦景阳、钱端升、傅孟真。

与周、任谈,拟举颜骏人、蒋梦麟为中基会董事,Arthur Young为美籍董事。

四月一日　星期一　晴,晚雨

国民参政会开会式。

接见陈嘉庚、庄西言、侯西反、李铁民、宋希尚、顾季高、侯光迥、D. L. Newbigging、David F. Landale(Jardine Matheson)。

三月三十日(汪组织成立日),国务卿(美)赫尔发表声明:南京组织之成立,为某一国以武力强其邻国接受意志之进一步计划之表现。中国境内受某一国之怂恿,曾建立若干政权政制。今日南京之组亦具同一模型,对某一国特表优异待遇,对美国等第三国

---

① 旁注:=126137200元。

合法权益则置之不顾。美国特再度声明,仍不承认。十二年前承认而今以重庆为行都之国民政府,为中国人民一致拥护,美仍承认为中国之政府。

孙、蒋、孔三夫人(宋氏三姐妹)昨日自港飞渝。

四月二日　星期二　晴

行政院第459次会议,(一)市各级组织纲要,审查;(二)合作社供销处,付审查。

国防工业委员会议。钱乙藜力言,资委会经费不多,外汇无着,其他机关应谅察。徐可亭言,向来未提议减少。

国民参政会,军事、外交、财政报告,余均未及到。

四月三日　星期三　晴

国民参政会,交通、经济报告,下午停会。

父七十寿辰,到者:谢蘅窗、陈其业、陈其采、陈立夫、俞飞鹏、周彦骏、许世英、张伯苓、秦瑜、秦汾、潘宜之,及其他友人。收寿诗颇多。

四月四日　星期四　晴

接见 Miss Seeholtz,Robert de Vos。

中福双方(胡石青、蒋炎〔李鸣钟代〕、李鸣钟、王幼侨、秦瑜、周树声、刘燧昌、杨公兆〔许本纯代〕、Bell、Milligan)签订修正合资经营合同。中原参加为秦瑜、王幼侨、杨公兆,福方为 Bell、Milligan,又一人未到为 Grimshaw。公推余为董事长,即开董事部会议。中原董事长胡石青报告,推举孙越崎为总经理,杜扶东为襄理,福方总代表仍为 Bell,……至十二时始散会。

四月五日　星期五　晴

国民参政会提出五五宪草之修正草案(设立国民大会议政

会……）。

接见 A. J. Bell、William Mayer、宋希尚（广元至兰州九百五十公里，兰州至猩猩峡一一〇〇余公里，每公里运费及养路费约费一元，每七公里约需汽油一加仑）。

与孙越崎、秦慧伽谈滇工矿事。

宋哲元在绵阳病故。

四月六日　星期六　晴

国民参政会特种委员会讨论物价。周炳琳言，财政无办法为目前最大危象，财政部首领必须换人。杨端六、陶孟和亦表对财政之不满。

四月七日　星期日　晴

四联总处预备会，商洽经济三年计划拨款办法。

四月八日　星期一　雨

宋子文、钱乙藜等自黔返渝。

国民参政会中有人责问：美国太平洋国际学会时，中国某代表言，中国愿关内十八省领土完整，满洲问题可照李顿报告解决。张彭春言，中国代表并未有此言。

四月九日　星期二　雨

行政院第 460 次会，何敬之报告前月中旬共产党在蓉闹米情形。陈立夫言，老婆问题太大。

四行理事会开会，议决经济三年计划拨款办法。会后，蒋言，上海宜由商业银行为四行协助，并提及周作民、李馥生［孙］、钱新之，请派李［徐］可亭、徐柏园往港商洽。孔约宋、钱二人明晨再面谈。

访胡步曾谈话，胡赠 Glyptoparka。

四月十日　　星期三　雨

宋、钱二人赴港。往访英大使。接见王金兴、王振相。

国民参政会闭幕。蒋、张、庄西言(Batavia)致词。

张岳军宅谈话。张言，蒋意与日言和恐不出三途：日军退至七七时状态，或受美调解，或与欧战同时解决。事实上皆不易行！

昨日德军占丹麦，并在那威沿岸登陆。数日前意国封锁 Adriatic 海，似德、意分任南北方默契。

四月十一日　　星期四　雨

接见法国大使 Cosme。彼新自越返，曾见方自法来之 Audinet。以英、法大使谈话报告蒋、孔。

接见王翼臣、冯家铮(铁声)、孙越崎。

四月十二日　　星期五　晴，夜雨，大风

接见郑通和(甘教厅长)、蔡承新等(商米、纱)。

晚宴华侨。

四月十三日　　星期六

自渝飞港，二时半开，七时到，住半岛饭店 243 号房。

四月十四日　　星期日　住九龙

访沈君怡、俞鸿钧。

中基会预备会，孟禄主席，周、施、司徒、任、孙、翁、Balis，金晚到。

访钱新之。

四月十五日　　星期一　九龙

中基会正式会议，选颜骏人、蒋梦麟，补蔡孑民(病故)、李石曾遗缺，颜为董事长。

钱新之、王儒堂、李组才邀晚餐。钱、李说明北平组织中日合办煤矿，井陉区包括井陉、正丰、六河沟，鲁苏区有中兴、华东……

接见陈聘丞、张赉卿、江季平。

钨砂走私，本年正月及二月份由港运日八〇七三担，值一八八二一五五元；上年正月及二月份由港运日二五二担，值三八四七四元。

上海各银行存款增多，总数当在二〇〇〇〇〇〇〇〇〇元以上，占全国存款总额百分之三十，是项存款活期占 70%（故全国存款共约六六六六六六七〇〇〇元）。

一九〇六年伊藤博文赴朝鲜，几月后与李完用签订日韩议定书。

一九三二年武藤信义赴满洲，到后即与郑孝胥签订日"满"议定书。

一九四〇年阿部信行赴南京，四个月前已由汪精卫签订日汪密约！

四月十六日　星期二　九龙

中基会第 137 次执行委【员】会，颜主席，并请午餐。胡适电，举林可胜、傅斯年为董事，惜已太迟。

接见周作民（言纸币宜维持，上海极重要，并商办工矿）、蒋孟邻（商任太平洋协会会长）、张慰慈、陈聘丞。

报载英军在那威登陆。

四月十七日　星期三　九龙

往访宋子文，商以中国物产公司代收走私钨砂，偕 Bell，Griensha①往访 Whiatt（Head of bgal dept.）。Bell 午餐，有 Rogers、Smyth、Scott 诸人。

---

①　疑为 Grimshaw 之误。

接见杨锡仁、周象贤、刘竹君、沈立孙、王云五、陈聘丞、李雪初、李润章、李广钊、沈君怡、王晓籁、尹仲墉、Neltle、李组才、林。

四月十八日　星期四　九龙至河内

晨六时,自香港乘 Air France 机飞往河内,十时(河内为九时)到。许念曾、黄莫京、刘晋钰、贝一孙、郭志诜等接,住 Hotel Melripole。会见何淬廉、缪云台、刘□□。下午往访 Secrepain Genlled Delsalle。

四月十九日　星期五　住河内　少雨

接见 Rondon、Benlin、Jeague、Rey、周应聪、贝享孙、章笃臣。黄请午餐,缪请晚宴。

报载,为荷属东印度事,日、英各发表谈话。

闻十日左右,日机炸滇缅路仓库,损失颇重,且有汉奸举火为助(!)

四月二十日　星期六　自河内至西贡,晴

上午五时十分,自河内乘 Air France 机飞往西贡,九时半到,住 Hotel Anlueshl。

西贡领事尹凤藻、副领事卓还来、法国 Governor de Cochichina Mr. Veber 及 Governor Catroux 之 Chef de Cabinet 来机场迎接。宋到后即回访 VEBER。

游堤岸及西贡植物园。

四月二十一日　星期日　西贡　晴,三十五度

在海防积存钨砂四六〇〇吨,每吨价约一〇〇〇美金,合共值四六〇〇〇〇美金;锑五二〇〇吨,每吨价约二六〇美金,合共值一三五二〇〇〇美金。总计五九五二〇〇〇美金。假定每一英镑合美金三元五角,即钨砂价共一三一四〇〇〇镑,锑砂价共三八六

○○○镑,总计一七○○○○○镑。

卓还来邀至 Magictic 看电影及至郊外 17.9KM 之水池。

四月二十二日　星期一　西贡

下午四时往访 Governer Giueral、le Général Catroux,谈海防钨砂出口事。彼索三千四百吨售予法国,或以军械交换。借款及取缔走私,彼同意,允建议法政府。Seluryn 船待审判,余告有事实待查,彼允接收。彼又谈及滇越铁路旁正赶造新路;又言日军官来质问,日军官亦言不易武力征服中国。彼又言,诺蒙坎之役,日军损失四万人,因知不易武力征苏,野心太大。又谈及海南岛事。

总督府门前列乐队,总督自身礼服勋章,并慰问蒋委员长,认为中国应继续抵抗,以求独立。

晚,偕尹凤藻、卓还来等至翁典南宅晚餐。小园颇幽雅可意,正值月半,月色明好。

四月二十三日　星期二　西贡

往堤岸参观庆茂米绞二厂。一厂设备较简,每日三班,出米一百四十吨。袋分二种,大者一百公升,装往斐列宾。一厂设备较好,每日出米三百吨,自昨起暂停工。米为麦加利银行所包。包险本地译为并梳。

阅完 Colonel DUBOC:*L'Indo-Chine Contemporaine* 1932。

又阅 Paul REYNAUD:*La Guerre*,*Notre Plan Economique et Finaucier* 1939。

总督 Georges CATROUX 请晚宴,偕尹凤藻夫妇同往。席间遇见 MARTY,谈及钨锑出口事。彼言不信法能有飞机、大炮供给中国;又言锑可出口,无问题。

四月二十四日　　星期三　　自西贡至河内

乘 Air France 自五时半起飞,十时到河内。

本拟星期五请法人晚餐,乃许总领事念曾未得余同意,已先用总领事名义先发请简。错乱如此,可叹!

参观 Service Gealecequt……导观。又参观 Ecolev de L'Extrein Orient 图书馆及博物馆,颇有专长。黄莫京邀观周景影片。

与 Desrousseant 谈钨锑出口事。彼言,Audinet 所拟办法,此间并不知识,此间只有听法殖民部之训令,无从作主。

四月二十五日　　星期四　　自河内至海防,即日返河内

沈昌夜间来谈,陈体诚函告,叙昆铁路材料停运四月,不可抵触军令等语,措辞极为愤慨。

在海防时,陈体诚请宴,曾谈及统一运输办法,各机关驻防运输人员皆应裁撤,归西南运输处任用,限五月一日起实行。

四月二十六日　　星期五　　河内

应教育署长及银行 Beylin,至安南大学讲 *Un aperçu des Travaux Geologiquing on Chine*。

Le Centre de Culture Sino-Français 招待茶点。安南大学内有中国学生十七人,有法科,有医科,拟添理科。

许念曾总领事请晚餐。是晚,余本拟宴客,乃彼未先相商已先发请简[柬],可叹!

蒋梦麟、梅月涵、李润章同行。刘晋钰、郭可诠办事颇力。

四月二十七日　　星期六　　自河内飞昆明

访陆子安、张西林、心源夫妇。

龙主席请晚宴,遇见萨镇冰(八十二岁)、屈文六、罗文干、罗隆基等。

朱熙人来谈。

四月二十八日　星期日　昆明　晴

偕汪楞伯、陈可甫访缪云台，谈个旧锡矿事，商订云南省政府、资源委员会、中国银行合作办法（云南锡业公司）。

清华大学廿九年周年纪念会。

约汪楞伯、陈可甫谈滇、黔钢铁厂事。

四月二十九日　星期一　昆明　晴

偕周子竞、严冶之等往安宁县钢铁厂址，又参观电力炼钢厂。前者距城 34KM，后者 24KM。又参观中央机器厂、无线电制造厂，前者距城 17KM。

蒋、梅、李在西仓坡梅宅茶会，偕李润章于北平研究院玻璃研究室参观。

至缪宅，谈：（一）钢铁厂滇、黔二省皆在内，兵工署 10%，中福 20%，中国 20%，黔 20%，滇 25%，资 25%，孙可为经理；（二）秦瑜可请为经委会秘书长；（三）一平浪可组公司，物色一人办工务；（三）愿辞矿产运销处主任；（四）贸委会定价太低，致走私盛行，宜改良。

安宁县长张开琼，人民六万人。

四月三十日　星期二　昆明　晴

偕陆子安、刘幼堂等西行至一平浪盐场及煤矿，距省城 125 公里。沿公路已开杨木箐东洞等处，沿煤层走向开平巷，用滚坝滚下，不用机械，全用人工。张正平为总工程师。筑有新屋，颇大。盐场所用盐卤自 21 公里，用特制砖沟运至，成分颇高（刘幼堂言，有 24%）。已筑大灶二，每灶每日能出盐一万斤，分装 100 公斤圆块，正加筑，拟成大灶十个，每日共可出盐十万斤，皆用煤烧。闻熬盐日约用盐30吨。安宁钢铁厂每日需150吨。滇缅铁矿自禄丰至祥云,约日需200吨,共约需400吨。拟在干海资附近凿直井,距一平浪八公里,拟开公路,并通至新庄。

云大矿冶学系学生三十余人来迎,为言《求学要术》。

归途,偕秦慧伽、陈可甫至温泉一游。

桐书、素英生一女(五月一日上午十一时半)。①

五月一日　星期三　晴　昆明

偕王润琴、刘兴亚等乘汽车至汤池(约二小时,经呈贡,看杨宗海),步行约五里,至可保村车站。又乘汽车至宰格,又进至二龙戏珠旁之万寿山。煤在玄武岩下,成末状,大部分可炼焦,但硫较多。矿地距可保村22公里。汽车32辆(中有七辆在修理中),运费因用汽油,故颇贵。售滇越路价,每吨越币十六元,可保村价,国币四十六元。昆明、耀龙、昆湖电厂皆用此煤。其北又一区,拟在喷水洞开井,商洽叙昆铁路修支线,自……至……,长约25公里,正洽商中。煤为明良公司所办。

接蒋电,令速赴蓉。

五月二日　星期四　晴　昆明

因欧战影响,镑价暴跌。

工程师学会开会,余讲《建设问题》。

龙志州[舟]请晚餐,略谈个旧锡矿合作办法。

五月三日　星期五　晴　昆明

参观化工材料厂(房屋塌顶,成绩不佳)。电铜厂本年平均日出一.二吨,因原料太少,造火砖颇佳。电工器材厂第一厂(开始

---

① 此条应为补记。

用胶皮）、第三厂（装设电钻机械，正装置中，尚未生产）、第四厂分为三组，一为开关组（Switchs），二为变压机组（二十五 Volt 至一百较多，亦接做至三百 Volt），三为小发动机组。又参观昆明电厂及招待室。

参观经委会所办之缫丝厂。有丝车一百架，上海环球铁工厂所制，仿照日本千叶式，经理周君梅。又参观玉皇阁之纱厂。纺纱机五千二百锭，美国 Saco Lowell 出品，织布机六十台，能浆，不能染，经理朱健飞。其旁为与中国银行合办之裕滇纱厂，新定英国机械。闻又到 3200 锭，已到海口 6000 锭，尚有一万五千八百锭（合共二万五千锭）在运输途中。纱厂用棉系自四川运往之鄂西棉。

夜中，李组绅来谈，批评宋子文、缪云台，推崇陆子安、卢永衡。告以：余为国家努力，绝不加入任何私人党派之争也。

五月四日　星期六　昆明至重庆　雨

签订《云南锡矿合作办法》、《裕滇煤矿办法》、《滇黔钢铁事业办法》。

乘机飞渝（宋子良、龚学遂等同机），见及秦汾、孔。又与孙、张、吴谈。

五月五日　星期日　重庆至成都　晴

飞至成都，住任家巷和庐省政府招待处。

行辕谈话，到者贺元靖、陈布雷、何浤廉、徐可亭及余。谈四川经济建设及筹集资金方法。

蒋邀余及陈布雷晚餐。余报告在港商取缔钨砂走私，在越与总督 Catroux 谈话，在滇与龙等商滇钨及钢铁厂办法。蒋言，盼商订四川经建办法。又言，川人言：（据建设厅报告）中央占矿区不自开，亦不准他人开；又统制货物，扰乱市场。余言，上节不实，下节宜设评价委员会及拟定物价。蒋命拟订办法。蒋又言,四川第一行政区各县宜登记储藏货物。余言,办法宜不纷扰,物品以衣食为限,盐由财政部拟。蒋令章元善速拟办法。

五月六日　星期一　成都　晴

偕徐可亭、卢作孚游武侯祠、二仙岩、华西大学,在醉沤午餐。

何浬廉起草《四川经建方案初稿》。

蒋请晚餐,有章嘉、陈嘉庚、邓晋康、潘仲三等。

五月七日　星期二　成都　晴,夜雨

沈遵晦邀往四川省训练团,讲《经建须多数人共同努力》。

至北纱帽街86号川康铜管处,谢树英说明办理情形。康财厅长李光普来谈,商西康矿产合作推进办法,未允。下午,电话与刘主席自乾相商。

邓、潘诸将领,曾以安川建国为名,函陈蒋,愿率诸军人在生产事业中发挥,并愿组织四川兴业公司,有包揽全省事业之意。兹又闻邓、潘、刘曾集议,不愿蒋兼川省主席而愿还政川人。可叹。

谢树英言,以三事勖同人:单纯、共信、互谅。

在行辕,与贺、陈、徐、何、卢商川省经建纲要。

在金河街九十一号贺元靖宅晚餐。

五月八日　星期二　成都　晴,夜雨

蒋在川省府训话,邀余等午餐。所拟《四川经济建设纲要》及发兴业公债办法,均批准照办。

陈继承(武民,四道街十一号)邀晚餐。

心翰自新津飞蓉,来谈。

五月九日　星期四　成都　晴

参观光华大学(城西)。银行业同业公会丁少[次]鹤等请午餐,并谈及平米价事。偕卢作孚往农业改进所,赵连芳、杨允奎相陪,余讲推广及延长。卢讲,盼赵久长此所。又往四川大学新址,建筑三馆,在岷江旁(城东)。返招待所后,又偕往百花潭、康庄(城西),应邓锡侯之招。又往潘文华宅(永兴巷)晚餐。潘谈,拟设川边区实业公司,煤、纸等物。又往李光普宅(西胜街十四号)。

川大及农业改进所在东门外,华西大学在南门外,光华大学在西门外。西门外又有百花潭、草堂、青羊宫、二仙岩及武侯祠。刘湘尝自比刘备,其坟墓规模颇阔,且在武侯祠之侧,距刘备墓近。

李万华字光谱,为刘文辉司钱经理,且为西康财政厅长。又遇及西康省委杨永浚(叔明)。此君前为刘之秘书长。本年春间谢季立曾遇之于昆明,彼力言秘密旅行,不愿人知。又遇王靖宇(治人),西康省委兼保安处长。日前与李光普面商,请允川康铜管处开始采冶处工作,一面商洽合作。李于该日下午(七日)与刘文辉电话相商。今日李面言,需询□□。

接见王孟甫,乃邓锡侯派来面谈者。告以川中事业,极盼军人投资,且不宜排斥他省参加,以后可随时商洽。

日前,贺元靖闲谈曾言,刘航琛管财政,办得好,亦办得坏。甘典夔管财政,办不好,亦办不坏。

中、中、交、农签订四川农贷合约,徐可亭自为中国、交通及农本局代表,实则中、交二行及局皆未曾托其代签也。

五月十日　星期五　自成都返重庆　晴

中午,自蓉乘欧亚机飞渝。

茶叶公司改组,潘宜之为董事长,庞松舟副之。

钱乙藜来宅谈话。

德军突攻荷兰、比利时及卢森堡三国。英首相张伯伦 Nerille

Chamberlain 辞职,邱吉尔 Winston Churchill 继任,自由及工党均加入内阁。

五月十一日　星期六　晴

接见恽震、严爽、张笃伦、关德懋。

阅宫崎寅藏著《五[三]十三年落花梦》。孙中山序,以虬髯公比著者,以李世民、李靖自比。序作于壬寅八月。

近时日军攻襄樊,未克。

《经济部组织法》修正公布。

五月十二日　星期日　晴

在家接见谢蘅窗、张兹闿、孙越崎、贝安澜、钟道铭、丁骕。在会接见林继庸、刘鸿生、林天骥、马轶群、Lucien Terrier、Erich Northmann、L. Koretzky(Hanoi,89-91Bld. Francis-Garnier)。

中研院梁……面谈考察土地情形。何绍南所拟陕北(绥德)土地分配办法,实为地政学院刘岫青所起草,亦颇受共党中委王观澜之意见所影响。地主不善,佃农亦短期内须缴巨款,亦不现实,共党亦反对之,故不能行。又言,萧铮视平等亦不内行,彼等之土地政策实极不妥云云。

蒋廷黻宅晚餐,遇见张彭春(将往土耳其为公使)、关德懋(往德为秘书)、王芃生、张纯明等。

五月十三日　星期一　晴,夜大雨

派卓宣谋、徐梗生参加经济督察团。

接见齐焌、严庄、彭湖(商滇黔钢铁厂)、孙越崎、Sir Anchibald(言 Audinet 奉法政府令,只商存越钨砂,不及其他)、Bell、Julia Arnold、Allay、潘仰山、崔唯吾(国民大会职业代表,盼由迁川工厂会保人,兵险费宜减轻……)。

在张岳军宅,陈布雷、徐可亭、卢作孚、何淬廉等,谈川康经建会及公司组织。

蒋廷黻宅晚餐,谈西南危机。

钱乙藜今日飞往香港,宋招之往也。

五月十四日　星期二　晴

行政院第 465 次会,重要出口货物评价办法。

德军到荷兰海岸,荷王室至英。英、法军在荷属西印度登陆。

访徐可亭,谈平价。

接见 Jean Audinet、M. C. MacDonald、吴任之、黄汲清、李春昱、田季瑜。

五月十五日　星期三　晴

四行理事会会议。农民银行纸币不足,欲向中、交借用三千万元。

黄汲清、李春昱、田奇隽来谈,谈及地质调查所各事。

德军尽占荷兰,荷总司令宣布投降,停战。荷女王及政府人员均移居伦敦。比国 Meuse 河旁战事仍烈。

五月十六日　星期四　雨

蒋廷黻、吴景超等昨日起身往湘。

至军政部补充队干部训练班及特种经济调查处讲话。陈介生原派为第五战区经委会主任委员,兹又留任原处。

接见 Walburton、聂光堉、胡善恒、严爽、何廉。函港李晓沧。

五月十七日　星期五　雨

接见 Julia Arnold。

召集军、财(徐可亭到)人员,商军用棉纱收购办法。

茶业公司董事会议,潘、庞为董事长,公司全归贸委会管辖。

陈立夫请晚餐,为陆子冬煤气炉请款,孔庸之、张公权皆未允。

五月十八日　星期六　晴

比京为德军所破,比政府迁至 Ostend,德军展至巴黎以北 100 英军[里]之地。德军及英、法、比军共约二百万人。

日军在豫、鄂间以七师团之众,分为三路:由信阳取泌阳、唐河;由随县、枣阳向襄樊;由钟祥顺汉水东岸取襄樊。卒被击破,日军退集枣阳。现枣阳已为我军攻破。

经济部收到行政院令,知新公布之《经济部修正组织法》(本月十一日国府公布),内设总务、管制、工业、电业、矿业、商业、企业七司。

日机袭成都,燃烧甚烈。分三批来袭,为时颇久。

五月十九日　星期日　晴

偕顾一璂、胡博渊、孙越崎,参观磐溪、庙溪之工业试验所(内有机械厂、陶瓷原料厂、革鞣厂)。往石荣廷宅午餐,叶少荣相陪。

与孙越崎讨论滇黔钢铁公司组织办法。

晚,有空袭警报,渝未被击,闻攻嘉定。

五月二十日　星期一　晴

晨,日机攻梁山。日机二十四架中,被击落七架。

访邵力子。接见 Deoos Junior。

晚,日机攻……

法用贝当(General Petain, age 85)为内阁协理,又派 Général Maxime Weygand, age 73 代 Gamelin 为 Commander in chief of all the fronts,足见其惊慌之甚。

青红帮人联名通电,拥蒋斥汪,列名者为杜心五、李福林、杨虎、杜镛、梅光培、方茂山、张知竞、田得胜、杨庆山、张钫、向海潜、张太聪、明德、邱鸿钧、司徒美堂、谭备三、韦作民、张荫梧、樊崧甫、陈兰亭、冷开泰、丁士杰、黄介民、程壮、王卓然、顾震、张子廉、徐亮、朱学范、马湘、马连、马绪、黄伯耀、张庆余、江子奎、麦棠、黄三德、黎耀西。其通电已称致"同道弟兄"。

五月二十一日　星期二　晴

行政院第 466 次会议，中福修正合同请备案事，陈立夫持异议，谓不宜与英国合作！

接见邵力子。孔宴王晓籁等。萧仙阁出示张自治［忠］未在鄂阵亡前来亲笔函，言敌人有积极企图，我方已准备妥当，以必死决心与敌周旋，以无负国家民族及长官云云。卒亲率二团在前线力战，首伤臂，次伤腹部，遂阵殁，其忠勇实至可钦敬。张原为总司令，现以副司令冯治安继。

报载，法军反攻，德军略受挫。德军至 St. Quentin, Laon 一带，后退约九英里。

行政院态度，对蒋促办之事，如战区经委会、川康经建会等案，皆付审查。真心不赞成，故意延搁也。

钱乙藜自港返，言宋子文主张不宜设骈枝之战时经委会，请彼为副。

资委会各厂矿建设外汇分配表（美金 3 元合英金 1 镑）

中央机器厂	美金 230000 元	英金
四川工具机厂	300000	
硫酸亚［钸］厂	500000	
电工器材厂		£ 18666
纯铁炼厂		£ 33333
云南钢铁厂		£ 86666
炼锌厂	30000	

续表

中央机器厂	美金 230000 元	英金
以上工业合计	1150000	£ 138666
川康铜管处	美金 6000	£ 2333
易门铁矿局	24000	
宣明煤矿	21800	£ 733
甘肃油矿	300000	£ 10000
彭县铜矿	10000	
以上矿业合计	361800	£ 13066
岷江电厂		£ 65000
昆湖电厂	26100	£ 16666
泸州电厂	12000	
龙溪河水电厂		£ 20000
万县水电厂		£ 5000
统筹购置	160500	£ 10466
以上电业合计	198600	£ 73800
三部分总计	1710400	£ 225533 = U. S. ＄ 676600

晚,日机炸白市驿。

五月二十二日　星期三　晴

上午,日机五十四架,炸白市驿。

嘉陵宾馆午餐,晤商启予,将为军委会办公厅主任。

四联总处第三十一次会,孔主席。资委会流动资金四千余万元(三年分支),通过;平价购销资金颇有争执。

闻法军大败。

五月二十三日　星期四　雨

父与妻移住金刚碑。

接见王冷斋、万德恒、章乃器（谈上川实业公司，内地投资公司）、鄮云鹤、缪剑霜、吴味经、傅作义（兰州织呢厂）、吴任之。

贝安澜函送吴乐府函报，商洽钨砂借款函件。

法人宣告收复 Arras。

行政院密令（机字 890 号）：共党秘密驻渝办事处内，分编审组，组长范世英；军事组，组长方明鉴；党务组，组长袁明；政治组，组长吕常焕；社会组，组长邝炳筠；民运组，组长樊亮；事务组，组长水养之；人事组，组长赵少云；交通组，组长钱星川。各组组员为抗日大学毕业来渝之学生，分驻市区与南岸、江北等处。总编审组组长范世英住本市张家花园 69 号办公。

五月二十四日　星期五　雨

部中与各参、司商新订分科办事规则。

蒋宅午餐。蒋言，议和消息系出自日本，中国只从事抗战及建设。

接见莫衡（葵卿）。

请李赓阳来宅，商洽地质调查所所长问题。

五月廿五日　星期六　晴

邀徐可亭、王蔚文、吴味经等，商军用纱布收购问题。王要求经济部负责。徐谓，孔意可委托农本局、中信局及各银行办理，意见不易一致。

起草答复蒋元侍秘代电、讨论经济统制代电。

胡适之复电，美国海军常驻太平洋，并以经济方法对日本；英、法受德军压迫，虽困难，但不至崩溃。

蒋易均谈购料室办理情形及商组运务处办法。运务处当以莫衡为长,夏宪讲为副。

五月二十六日　星期日　晴

往金刚新村。空袭警报自十一时至下午三时。金刚新村为中福所建设,聚居者闻达二百余人。遇焦雨亭、杜扶东、邓荣光、赵英达、褚宝熙、董吉同等。又访阎增才(民用船溺死)之夫人及其子、杨公兆(钱乙藜住在彼处)、Mlilligan。

林继庸曾到余宅,留片:"今午化龙桥附近南岸一带被炸甚惨,复旦中学亦受损,本处所辖各厂无恙,铜厂亦无损失,电工器材厂稍损,过江电线被毁,顺昌及维昌或须停工一二日也。"

本日,敌机三批,每批三十六架或二十七架,接连而至。燕娟在宅,闻房屋受震。据报,本日下炸弹共 624 颗,落江水中者犹不在内。

访地质调查所,与黄汲清、尹赞勋谈话。如黄辞所长,拟以尹继任。

意国已发动员令。

五月二十七日　星期一　晴

空袭自九时至下午三时,土湾受炸甚烈。(一)豫丰纱厂大厂房落五弹(未在装机处)。第一临时厂房落一弹,起火,仅毁绸丝车间,少数盖板不能用。第二临时厂房落二弹,亦起火,仅极少细纱部分被毁。故此临时二厂房之一万五千锭无法开工,但大厂房之五千锭明日可复工。(二)渝鑫仅屋宇有损失,一弹落翻砂间左侧,一弹落办公室旁,二弹【落】临时废料堆栈,四弹落工人宿舍,其中一弹距变压器间仅二丈左右,俟电线整理后即可复工。豫丰共死工人四名,伤十余人;渝鑫死工人三人,警察一人;又捉得汉奸一人。(三)炼铜厂弹及材料房,死三人,伤五人(昨日事)。日机来辄为数颇多,每批三十六架,分为四批,均为侦察机为助。

张岳军宅开国防工业委员会,商:(一)战时工业及运输工具保安办法;(二)国防工业建设途径;(三)技工训练办法。

今日北碚落一弹,复旦大学亦被炸,教务长孙寒冰震死。何浩若、郝更生受伤。闻本日敌机来一百六十余架。

五月二十八日　　星期二　　晴

行政院第467次会议,通过经济部将农林部分移交办法。空袭警报自上午十时至下午三时,闻日机来一百三十五架。牛角沱至康宁路受炸甚多。余在资委会防空壕内。教育部、盐务总局、两路口汽车站皆受炸,法大使馆受影响,窗户皆碎。

在 Bell 家晚餐,商震亦在。

五月二十九日　　星期三　　晴

日机来袭,警报自十时至下午一时,重庆大学工学院及附近金城银行被炸,小龙坎落巨弹,磁器口亦受炸。

核定经济部分科办事规则、资委会收购矿产加价数目。电郭子勋,另派人管【海】防分所。

昨日晨八时半,第三十三集团军总司令张自忠(荩臣)灵柩,自宜昌用民风轮运送至渝。张在随枣间率兵抗御阵亡,忠勇至可钦仰。接见 Jean Audinet,谈钨事。

五月三十日　　星期四　　晴

燕娟、婵娟、心钧共移往金刚碑。余移住牛角沱廿六号资委会内。邀杨公庶家移住南开住宅。

空袭警报自十时至下午一时,炸广阳坝。照日本统计,此为炸重庆之第九次,以每次四小时计,已炸三十六小时矣。

Bell、Stein 来谈。《大公报》徐盈来谈,川康经建会徒多分歧,殊为可惜,恐识者多有同感也。

往 Bell 家晚餐。Bell 电 Arnavon,探法国对锡事消息。

五月三十一日　星期五　晴,小雨

昨夜大风,今日小雨。日机未来。

派李景潞为管制司长,张家祉为电业司长,庄智焕为企业司长,吴闻天兼平价购销处副处长。

接见谢天锡、王寰五、张汴增、熊子麟、Julia Arnold(谈整理运输)、Pakulin(Selenga 船上矿产处分,应先予商洽,勿径自处分)、严漾波、张心田、金公弢、夏勤铎(谈甘肃油矿)、张峻(新自川西考察归来)、王宠佑(新自美国归来)、Robert de Vos(力赞比王投诚德国,并信英国必败)。

玉门油矿已运到矿者 480.4 吨(计运七个月),内有 300M 宜洛钻机一部,600M 宜洛钻机一部,25H.P. 采油抽油机一部,150 加仑炼油炉一座,93H.P. 大柴油机二部,42KVA 发电机,水泥 423 桶,800M 湘潭钻机等。

现存广元 68t,水运未到广元者 117t(内有川矿钻机)。在渝待运者 479t(内有川矿、萍矿机件,高坑 800M 钻机第一批,湘潭 800M 钻机,水泥五百桶)。宜昌待运者 50t(高坑钻机第三批)。湖南待运者 120t(内有高坑、萍乡材料)。共计国内待运 834 吨。

海防、仰光待运 36t,向国外订购采油、抽油、发电等件 350t,香港待运 50t。共计国外待运 436 吨。

运输工具,自有汽车 18 辆,每月能运 23 吨;西北公路局汽车 15 辆,每月能运 37 吨;后方勤务部 10 辆,每月能运 15 吨。共计每月能运 75 吨。拟于六月底自增 30 辆,每日能运 45 吨,届时每月能运 120 吨。又盼西北公路局加拨 10 辆,即加运 15 吨。即共每月能运 135 吨。

油矿,现在每天出原油 1500 加仑。第一井抽油机已装,即应可每天出原油 2500 加仑。自十月份起,每天能出原油 8000 至 10000 加仑,明年六月起,每天出原油 15000 到 20000 加仑。

炼油,平常得原油中 20%,热分炉成后能得 45%。

六月一日　星期六　日机未来!

行政院审查中福修正合同,到者:王亮畴、陈立夫。王主张期限六十年太长,宜缩短。立夫反对在河南省以外办矿,又欲机器分属中福两家,颇难自圆其说,但彼坚持之甚坚。后乃商改为参加经营湖南湘潭、四川天府、嘉陵及其他经中国政府核准之矿业,期限改为二十五年。自命有知识及曾学采矿之人如彼者,乃坚持反对外人投资,可叹! 张纯明亦到会。

齐焌来言,据德人传告,日人将狂炸上清寺,函告孔、张。

盛蘋臣来谈,言唐生智离开内地,及宋子良与日人商洽。

函竹垚生,以一万元捐助丁在君夫人。

墨西哥代办 Eduardo Espinosay PRIEO 来访,未遇,留片。

四行收兑生金数量及价值表　二十九年三月份

	生　金	
中央	16681. 31 市两	合国币 6591258. 77 元
中国	723. 72	271. 669. 09
交通	273. 72	102984. 83
农民	4135. 14	1551994. 64
共计①	21813. 91	8517907. 38

---

① 本行数字有误,原文如此。

矿产品收价比较表

		现价	拟改	增加
钨砂	赣	1316	1847	531
	湘	1598. 80	2046	447. 20
	粤	1798. 80	2546	747. 20
	桂	2248. 8	3446	1197. 20
	滇	——	3846	
锑	湘	735	781	46
	桂	735	1161［1181］	446
	滇	——	1581	
锡	湘	6000	6110	110
	粤	6000	6610	610
	桂	6000	7510	1510
	滇	9660	12445	2785
汞		10000	13000	3000

钨砂标准成分：Wo_3 65%，$Sn<1.5\%$，$As<0.2\%$

Production of Tungsten Concontiats（m. ton of 60% Wo_3）

		China	Burma	U.S.A.	Bolivia	Malaya	Total World
Pre-war period	1913−1914	18(0. 1%)	3738	2292	587	822	15550
War Boom P.	1915−1918	12082(13. 5%)	14450	17654	12005	4047	89673
Post War Reaction	1919−1925	28556(47. 2%)	10941	2305	3192	3455	60458
Rovival P.	1926−1929	31916(65. 1%)	5238	4159	1847	1182	48961
Depression P.	1930−1933	25195(51. 1%)	10455	3082	2224	3967	49300
Rearmament P.	1934−1937	39992(40. 6%)	19154	9577	5760	7317	98550
Total①	1913−1937	137759	63967	30969	25615	20790	362492
%		37	17. 4	10. 8	7	5. 7	100

---

① 本行数字有误，原文如此。

		Production of Antimony（in metal）m. t.			
		China	Mexico	Bolivia	（每年平均产额）Av. Yr. World Total
Pre-War P.	1908–1914	10850（80%）	3350	57	22000
War Boom P.	1915–1918	28200（52%）	1760	10640	48000
PostWar Reaction	1919–1923	12910（71%）	636	305	16000
Revival P.	1924–1928	18110（66%）	2060	2360	26000
Depression P.	1929–1934	15760（73%）	2930	1660	22000
Rearmament P.	1935–1938	16890（50%）	7750	4700	32000
Average	1908–1938	17100（63%）	3100	3100	27700
	1938	7797（26%）	7391（25%）	8682（29%）	

日本首相米内 Yonai，外相有田 Arita，陆相畑 Hata，藏相 Sakurauchi，海相吉田 Yoshida，兴亚院总务长官柳川 Yanagawa，政务处长铃木 Suzuki，内阁书记官长石渡 Ishiwata①。

六月二日　星期日　晴

日机未来，燕娟等迁还沙坪坝。

中央训练团谈话会，发言者三十余人。

孙越崎、张丽门来谈。

六月三日　星期一　晴

日机未来。中央训练团第八期毕业典礼。蒋训话：财政、交通、经济皆为今日要事。财政、交通人员往往有贪污嫌疑，应切改或加勉。大家实行党员守则，实行革命使命。

---

① 原文如此。

　　资委会纪念周,严爽讲玉门油矿。余勉以努力加速生产。徐叔谟谈 Selenga 船上矿产不应卖予法国,Audinet 垄断钨砂,不应率允。

　　返沙坪坝住宅宿。

　　日军已渡过汉水,至襄阳、宜城、南漳之间。

　　折呈蒋,请令运输统制局及交通部,令民生公司速运工业器材约五千吨。

　　日本内大臣汤浅仓平辞职,木户幸一继任。

　　派韩寿晋、吴至信、郑达生为管制司科员,朱仲垣兼电业司科长,秦宏□为工业司科长,董赞尧、杨蘅斋为企业司科长,朱炳南为参事,邹明初为秘书,王冷斋、金祖懋为专员。

　　六月四日　星期二　晴

　　行政院第468次会。何应钦、陈立夫尽力劝孔勿轻信 Allay、沙千里诸人(疑为共党),名办工业合作,实为共党培植力量,为彼等所利用,致助共党推翻国民党政府,或全国工厂罢工。通过经济部新预算(每月七万九千余元)。

　　访魏伯聪,催商陈伯南速成立农林部。魏言,宜于本月内成立。又言,日本催英、法等大使馆移开,以便狂炸重庆,英、法未允。

　　襄阳已失守,但何应钦言,汤恩伯军队已收复枣阳,在粤收复良口。

　　英、法在法、比北部军队大部分退往英国,计占五分之四。

　　昨日,德空军开始大炸巴黎,落炸弹千枚。

　　Arthur Young 请晚餐,与 Julia Arnold 谈话。

　　数日前广汉县民变,闻系共党鼓动所致。

　　唐生智已出走,闻现在上海(后知此讯并不确)。

六月五日　星期三　晴

蒋宅午餐,谈美已牒日本,即将实施禁运。传闻,俟意侵英、法,日本即将取申法租界,并扰公共租界。

接见李万华(西康财长)、丁次鹤、冷杰。李商宁属矿产中央与康省合办,类如西康金矿局。

偕孙越崎访贝安澜。

四行理事会第33次会。通过资委会借款五百万元及平价购销处二千万元。孔说废话,可叹。

计荣森来宅谈话。

六月六日　星期四　晴

日机百六十架,分为四队来袭,一攻梁山,一攻遂宁,一攻白市驿,一攻江津。警报自上午十一时至下午三时半。闻遂宁击落一架。

宜昌吃紧,调驻北碚之第十八军下驶。日军离沙市20公里。

米价略涨,渝每斗十二元,而北碚只五元!

对敌经济封锁委员会召集贾焕臣、徐恩曾、卢郁文、章元善、郑达生会商:(一)各战区各机关职责分配;(二)行政院召集战区经委会主任委员会会商办法;(三)本会预算及职员。

六月七日　星期五　晴

日机未来。国民参政会驻会委员会开会,余讲近时工作,章元善讲平价购销。

接见胡石青、顾季高、邱与言(第四战区司令长官秘书长)、张莘夫、刘鸿生、李世军。

请各司长晚餐,内有顾季高、胡善恒、林逸圣、严家淦、包可永、李万华、刘式庵、丁次鹤。

民生公司派民熙、民苏、民宪、民治、民安、民享等轮,自宜昌抢运机件。电陈辞修、郭悔吾,又电宜昌电厂,拆运五百千瓦发电设备。

德机击巴黎后,法机袭 Maniche,英机攻□,德大军在 Somme 河进攻法国。

德国在本月五日庆祝 Flandres 大战胜利!

六月八日　星期六　晴

往看平价购销处及对敌经济封锁委员会(水巷子)。

访张岳军,商售鸦片(50+50 吨)于安南。函许念曾,正商洽中。宋子文已到渝。蒋住黄山,考虑大局。

根据卫戍总司令部报告,上月空袭统计如左:

	5 月 26 日	27	28	29	30	共计
敌机	99 架	99	99	63	27	387
炸弹	624 颗	187	224	180	129	1294
伤人	133	201	432	95	4	865
死人	78	152	227	68	1	526

每架敌机每次往来(汉至渝)约费美金二千元以上。三八七架即共费七七四〇〇〇美金。

日本参议官久原房之助(Fusa nosake KUHARA)辞职,公开主张对英、法取消否定态度,封锁新加坡以东口岸,对华宣战。美政府应驻英 Joseph Kennedy、驻法 William Bullitt 大使之请,助英、法飞机一千架。

接见 James L. Stewart(Associated Press)、Melville J. Jacoby(San Francisco Chronicle)。

接见郭景琨,携带张悦联函二封;张仲鲁谈河南经济情形,请以沈鲁为豫农业所长。

滇锡出口数量表

1889 年	248 吨	1929 年	6558	1936 年	
1899 年	2589	1932 年	10558	1937 年	9187
1909 年	4249	1934 年	7355	1938 年	10732
1919 年	8399	1935 年	8798	1939 年	10150

云南烟叶:开远二千亩,昆明一千亩,富民一千亩,共四千亩。今年可出烟叶八千担,明年出产四十倍此数。

六月九日　星期日　晴

至北碚地质调查所,向所员谈话,责彼等应努力工作,谨守秩序;与尹建猷(新代所长)谈话。

请甘建【设厅】长李世军晚餐。

闻沙市已失守。

德军自六日开始猛攻 Aisne 河一带,正激战中。

六月十日　星期一　晨雨,后晴

日机……架分四批袭渝,警报自上午十时半至下午三时,牛角沱、国府路受炸。

六月十一日　星期二　晴

行政院第 469 次会,【通过】农林次长林翼中、钱天鹤,总务司长区芳浦。

日机一百十余架,午刻击两路口、罗家湾新村等处。苏联大使馆落一弹,海通社亦受炸。击落敌机一架。妻偕孙越崎返沙坪坝,劝其速去金刚碑。

吴忠信自西藏返渝，闻其宅已受炸。

意相 Mussolini 对英、法宣战，对瑞士、南斯拉夫、土耳其、埃及、希腊等国不愿卷入战事。美总统 Roosevelt 说明，将对暴力作战之国家增加其物质援助，并责意国不接受和平建议。

六月十二日　星期三　晴

空袭警报十时至二时半，大小梁子、棉花街、国府、行政院、苏联使馆均受弹。

昨日 Audinet 来见，以与孔所商之购钨办法相商，闻昨夜已签字。

陈可甫来谈云南锡业公司组织。

妻返金刚碑。

Paul Dumant 请晚餐。

今日，敌机四批共 154 架，投弹 480 余枚，被我击落 7 架，分落于城厢北部、忠县汝溪镇、万县瑞池场、南川、涪陵西南郊等地。我国空军陈梦鲲、杨孤帆、柳哲生等均特尽力，蒋特发奖金二万元。

六月十三日　星期四　雨

日机未到。传闻宜昌尚未全失。

Roosevelt 语记者，美舰队仍无定期留住太平洋。外国政府在美境所存黄金共值 U.S. $ 1686703898。接见厉寅德。又与秦慧伽、陈可甫商云南锡业公司章程。Bell 邀晚餐。又接见 J. Audinet、尹赞勋、黄汲清。

六月十四日　星期五

四行理事会第 34 次会议，孔主席，宋亦到，【通过】平价购销处借款合同、资委会透支办法。

孔言,Selenga 系苏联轮船,中国货物上此船即系交付,被法拘留我国负责,故我方以矿产售法并非违约。宋主张,法代表即有函声明,法政府如同意船上锡砂 1200 吨仍可交还,则中国自仍宜续为交涉,请法同意。为国家大局起见,不可与苏联任便分裂,并以此向徐可亭、庞松舟言之。

函蒋夫人,附送一文 Industrial……of Western China。

孔宅谈话,米、煤等宜供给各机关之合作社;各机关职员宜下乡。何应钦言,宜昌东部有日兵,我军(十八军)在西城,以银行街为界,正在斗争中。

接见贝德士(金陵大学历史教授 M. S. BATES,彼于四五月间在南京),言板垣主与我政府言和,其办法华南交还,惟海南岛归日,或另加海军港一二处;华中交还,惟上海或其他一二处驻日军;华北有特殊制度,使日本得利用资源与"满洲国"经济合作,尤为关税方面应为优待;绥远、察哈尔则归关东军管辖。又言,若干日人助梁鸿志攻汪精卫,日政府要人对于具体办法意见极不一致,故阿部来华并无具体使命。又言,现在日本顾虑者,惟在美国。GREW 大使曾对日首相言,如日取上海公共租界,则美必实行经济制裁。

六月十五日　星期六　晴

德军于昨日已进巴黎。法以巴黎为不设防城市,由美大使 Bullitt 劝告德军不攻击,德军旋即进至巴黎以南十英里。法总理 Reynaud 力求美国援助;英电法,英、法二国连系不可分散。

张岳军召集会议,讨论管理仓库条例、金融监督条例,徐可亭皆不赞成。

吴味经拟飞越,运纱布。

宋子文、钱乙藜皆飞往香港。远东大局甚急也。

陈可甫来见，拟明日飞滇。

闻日机大炸昆明。（所传不实！）

六月十六日　星期日　晴

空袭警报十二时至下午四时，炸国民路、张家花园。自来水公司受一大弹，但机器无恙，催电力厂速装保护设备。蒋廷黻宅炸毁，外宾招待所亦被毁，军委会着火。日机被击下六架。

罗家伦来商中大地质学系事，不愿聘朱熙人，但可聘丁道衡，并拟聘朱森，又欲聘杨钟健，托转商朱森。余于下午往见朱森，劝乘此机会确立一健全的地质学系。

六月十七日　星期一　晴

国府纪念周。蒋讲日机每次来袭100至160架，我机每次迎击20至40，但每次奋勇作战，敌机迭受损失，可见中国空军有世界头等能力。日人用他们所谓闪电战，我们战术可称为磁铁战，使大队日军固定而不能去。

法军被德击败，总理Reynaud迭向美国求救。Maginot防线亦已不能守。Hitler日前声言，美国门罗主义应使欧洲人管欧洲，美洲人管美洲。

日机来袭，警报自五时至八时半，炸白市驿及广阳坝。

六月十八日　星期二　晴

行政院第470次会，农林部预算，财政部劝募公债委员会章程。

宜昌曾为我军克复，旋又为日军攻入。

十六日，法内阁Reynaud辞职，Petain继任为内阁总理，年八十四岁。Weygand、Chamlips为协理，Baudouin为外长，对德宣布停战。

十七日晚，英国Churchill广播，法虽停战，英仍继续作战。

朱谦来谈管理煤炭情形。何淬廉来谈三民主义青年团事。

六月十九日　星期三　晴

派管制司、电业司办事人员；定兼职对敌经济会人员津贴。

四行理事会，未到。孔宅，商安南运输问题，余分送《国内汽车燃料供给概况》。

电刘晋钰，请询欧迪南存越钨款，如尚未付，则拟将钨锑均运往新加坡或马尼剌暂存。为此事面商孔及贝安澜。

自十七日起，安南禁止汽油出口。越督谓，许德领事并非因日人压迫。实则纯为日人压迫而有此举也！

燕、婵、珙均往金刚碑，鄂生、彩云偕往。

威远煤矿公司创立会及第一次董事会，到者缪秋杰、许本纯、孙越崎及余。资本三百万元，先交八成。

江忠源《江西守城有感》（《鸥波渔话》）：东收三城久未收，又闻声鼓四中州。孤城保障吾何敢，大局艰难剧可忧。前席每思廉李将，中兴谁是岳韩俦。时危多病拿天意，差幸甘霖兆有秋。

六月二十日　星期四　晴

函安南总督 Qénéral Catroux，商运输及矿产出口诸事。实则时局已变，政府物品停止运输矣！

宋子文、Arthur Young 等昨日自港往美国。在此吃紧时代，宋此行具有极大关系，一发千钧，但愿能得胜利也。

蒋宅晚餐，有卢汉、陆崇仁等。谈话间有人建议，盼美国能表示看重安南，勿为日军占领，并盼德国勿以安南送给日本。艰危可想！

徐东海《退耕园诗》：筑得荒园村廓东，关心春韭与秋崧。世间自有真滋味，不在膏粱文绣中。

杨万里（诚斋）《静坐池亭诗》：胡床倦坐起凭栏，人正忙时我正闲。却是闲中有忙处,看书才了又看山。

六月二十一日　星期五　晴

自昨日起,安南对华运输已全停止,并有按日要求派日人监察之说。

托 Bell 往见美大使 Johnson,设法协助将存【海】防钨锑抢运往马尼剌或新加坡;分电越、港及纽约。

与何淬廉、章元善商平价事,呈蒋及会同各机关领袖商洽办法。

煤矿公业[会]直接呈市府,与朱伯涛扰乱,托朱往见包局长及吴市长。

丁龙骧及其未婚妻朱小姐,请于星期日为彼证婚。

自五月二十日至六月十六日,日机炸渝十二次,共用飞机一一七七架。每架价美金二十万元,每架来往用汽油一千加仑,每加仑价美金一元,每架带炸弹一千公斤,每公斤价美金二元,被我国击下飞机二十九架,每架平均有七人,每人训练费美金二万元。以下[上]共项合计,日本方面损失共值美金一三三九一〇〇〇元。同一时期内,中国驱逐机损失四架,每架价美金三万五千元,航空员死一人,训练费亦作为美金二万元。毁房八八〇所,每所价约美金四百元,中国方面共计损失值美金四六八〇〇〇元。在以上计算中,飞机折旧及受伤皆不并计在内。

六月二十二日　星期六　晴　法降于德

孔宅开会,何应钦询各机关存越物品及价值,又提议应有组织筹划物资。俞大维言,宜设总管理处。(何言,有人很不满意于资委会工作。)

Bell 飞港,助运存越矿产。余函请美大使 Johnson,设法为助。存越矿产总值八百万美金之巨。

余函 Roges S. Green,协助宋子文,早为商洽成功。

美政府以 Colonel Frank Knox 为 Secretary of Navey, Colonel Henry Stimson 为 Secretary of War。此二人皆共和党人,故成为 Colonel Cabinet。

六月二十三日 星期日 晴

丁龙骧与朱炳黎结婚,余及罗家伦为证婚人。

至巴蜀中学,为中华职教会讲《工业建设》。

约朱子元、李赓阳来商中央及重大地质学系教课各事。

六月二十一日下午三时半在 Forest Compiegne 火车中(即一九一八年十一月十一日 Marchall Foch 送交德代表停战条例处),德国 Fùchrer Hitler……在一方,将停战条例交付法代表团。该团为 General Huntzinger……在此会场中由 General KEITEL 宣读条款之序言,读毕,Hitler 即于德国国歌声中退席。

六月二十四日 星期一 晴

上午十时,俞大维来谈:(一)重庆受空袭,宜在川西建工业中心;(二)资委会机器厂应制机关枪;(三)拟商张公权、曾养甫,利用他们的机厂;(四)何应钦要设机关管工厂(!)。

空袭警报十二时至下午四时,日机百余架击城内夫子池等处,大溪沟(电厂中数弹,但未毁,明日仍可发电)、江北兵工厂等地。

六月二十二日下午六时半,法国 General HUNTZINGER 飞德国 Keilel,接受停战协定二十一条。

六月二十三日下午七时三十五分,在罗马附近别野中,Huntzinger 又同意国 CIANO 接受停战协定。

二十四日,法国 General de GAULLE Chief of military 在伦敦广播:英国政府声明不认 Bordeaux Government 为一独立国之政府,

英大使 Campbell 亦自法撤退。法政府则言,英人不能代法作主。

六月二十五日　星期二　晴

行政院第 471 次会议,(一)公务员空袭损害救济办法;(二)遗产税评价规则;(三)各省贸易机关调整办法。

空袭自十一时至下午四时半,大炸浮图关。

电工器材厂恽荫棠欲发款三百万及透支六百万,钱乙藜欲悉为照办。余只允先发一百万元,因运输太难,多钱无益也。

今晚电力公司仍照常发电!

陈皓民谈,今年内宜宾电厂已装成 200KW 及 340KW 电机,共能发电 540KW;五通桥可加设宜昌移来电机,加多 500KW;桃花溪 900KW 可装成。明年内,宜宾可加 2400KW,五通桥可加 2000KW。

六月二十六日　星期三　晴

日机四批来袭,上午十时至下午一时二十分,炸上清寺一带,范庄(孔所住处)落四弹,上房一半被毁,运输统制局、聚兴诚银行等皆被炸。

四行理事会第 36 次会议,孔主席。中国因纸币缺乏,欲向中央银行借一万万元,孔允借二千万元,拟自仰光运入。

余邀请刘峙、吴国桢、包华国、谷正纲、张文伯、端木等会谈平价问题,在农本局便饭。

六月二十七日　星期四　晴

上午十时至下午一时一刻,日机百余架分四批炸李子坝、化龙桥、土湾,豫丰纱厂仓库被焚,动力油料厂亦受弹,茶亭采金局亦受炸,房屋被毁。

蒋传令嘉奖电力公司及自来水公司;又奖各工厂努力修复,为抗战努力。

美大使 Nelson Johnson 复函 State Department，电 Reconstruct Finance Corporation，愿购存越钨锑，已向越商洽放行。

接见尹建猷、莫衡、夏宪讲。

天气极热，又极旱！

电袁同耕垫付四百元，交心源。

六月二十八日　星期五　晴

日机八十余架，分三批，炸上清寺、两路口、农本局、领事巷等处。范庄（孔宅）又受弹，英大使馆及领事馆及荷使馆皆受弹。

尹建猷面言，北碚受炸日，李庄及保肥试验场皆有损失。燕娟函言，前日北温泉亦受炸。

访张群，言大局急，宜与德政府切商安南办法；政府方针应早明白决定，勿失时机，否则国外运输断绝，内地又有旱象，恐非人力所能收拾。

英大使馆请晚点，欲演电影未成。

抗战时期日本内阁情形表：

首相	成立日期	停止日期	重大变化
近卫文麿 Konoye	1937 六月四日	1939 一月四日	改组一次，换四部长
平沼骐一郎 Hiranuma	1939 一月五日	1939 八月廿八日	补充阁员一次
阿部信行 Abe	1939 八月三十日	1940 一月十四日	补充阁员三次
米内光正 Yonai	1940 一月十六日	近	
近卫文麿①	1940 七月二十二日		

---

① 此行疑为后补。

六月二十九日　星期六　晴

至浮图关中央训练团,讲《国民经济建设运动》。新建房屋多被炸毁,移至山顶旧屋讲演。晤及孔及杜聿明(机械化部队军长)。

美政府允派二船至越运钨锑,呈报蒋、孔,钨锑总值八百万美金以上。

中央通信社英文《参考消息》载,同盟社香港电:云南领导四十一人(李根源、龙云、刘文辉等)议决,应求合理和平,送中央党及蒋(未知确否)。何淬廉谓,闻张岳军言,何[白]崇禧言:以后重要意见无法向蒋建议。

苏联向罗马尼亚强索 Bessarabia,罗闻已允苏即进兵。日本外相有田发表包括南洋在内的东亚门罗主义,先经四相会议议决。

六月三十日　星期日　雨

晨起雷雨,小雨至午后。久旱之后颇欣甘霖,惜雨时尚短。

蒋召七时至军委会谈话,余到略迟,何淬廉亦迟到。晚间何来宅谈话。

张丽门偕朱炳鸿来宅谈话,沈宗瀚亦来谈。谈及不靠此政府不能维持,中国全归日本统制时,沈宗瀚谓,只有【去】中学教书,并言胡宗南曾言,那时只有上山落草。预想亡国之悲,绝少活动之地,极可伤慨,然又徒唤奈何。蒋以一人苦心支持,在朝大臣公忠体国者能有几人?

访李赓阳、俞端甫,商中大地质学系事。

七月一日　星期一　雨

至浮图关训练班,讲《经济工作》。

至军委会见蒋,嘱注意粮食管理办法。下午,与何淬廉商办法。

七中全会行开会式。

为防空办事处事通告部中职员,并令非本部经手建筑之防空壕,不得用本部字样,已发证章有此字样者应更换。

香港作非常紧急疏散。

意国 Lybia 总督、空军上将 Balbo 与英空军作战,机落身死。英国消息则谓,英空军并未前往,实为 Mussolini 所害,与德国以前杀 Fritsch 将军而诈称与波军相战阵亡者正相同。

七月二日　星期二　上午雨,晚晴

因七中全会,行政院会停开。

蒋午宴陈光甫(晚[昨]日返渝)。陈谈美国对华具好意,但目前宁急于救英,血浓于水。

李国钦电:美国务卿电法政府,请令越督放存越钨锑出口。宋子良电,Audinet 已允废约。

何淬廉来谈管理食粮办法。

浦心雅请晚餐,刘航琛说明:电力公司(一)保外线兵险一千万元;(二)拆移机件款项之补助;(三)电表收压金;(四)电加价,请张公权及余帮助。刘之子在复旦大学被炸死。

万长庆谈仰光抢运情形,车辆及司机皆为西南运输处统制,资委会有汽车一百四十辆在仰光。

派吴翔甫查防空办事处发证情形,并商拟改良意见。

七月三日　星期三　日晴,晚大雨

与吴闻天、朱伯涛、张丽门、何淬廉谈平价事。

与何淬廉访张岳军,闻蒋手令召集多人,于七日前商粮食事。

以管理粮食办法折呈蒋。

接见 Fitch、Edwards、Beranot 三美国人。

接见李赓阳、朱子元，出示中央【大学】地质系学生函，要求李宇洁为系主任，任何他人皆不要。如此则原拟请朱子元为主任，王竹泉、李宇洁、俞建章为教授之计划皆不易成矣。当然好意不成，只好不管。青年知识未成，可慨也。

七月四日　星期四　晴

日机炸沙坪坝、中大及杨公桥小工厂，警报十一时至三时半。

参加七中全会经济组审委会、物价特种委员会。

萧铮主张设土地银行，并反对徐可亭的中、中、交、农四行局农贷，谓中央信托局、中、交二行办农贷皆不合理。王漱芳反对官僚资本主义。黄绍竑主张粮食归政府专营，曾养甫反对，熊式辉统制粮食，使万余人民饿死。

日本要求英国停缅运输，英政府未允，且在香港疏散人口。美国海军离开夏威夷后，现已驶回。

七月五日　星期五　晴，夜大雨

六时，七中全会，余报告经济部工作。蒋讲外交方针：继续抗日，美、英、法、苏友谊，与德亦和好。吴稚晖赞同不向日言和。

往江南岸向家坡，贸委会开小组会，商物价事，到者：徐可亭、黄季宽、徐恩曾、彭浩徐、萧青萍、谷正纲、何淬廉，商请加经济总监一人。徐可亭慨言，许多现象应亡国，又言自抗战之日起，自誓从此绝不营私。（可以自认为前营私，实则抗战期内亦未始不图私利。）

十一时至下午三时，日机来袭。

贺贵岩来访，言曾自苏联至德，由德返华。

薛太太携一侄女自前晚住在我家。

英 Churchill 于七月四日报告国会,在非洲 Algeria 之 Oran,英海军与法海军交战,击沉法国军舰四只,又伤二只……海舰中 Dunkirk(26000tons),Strasberg(24000tons),2battle-cruisers Superior to Scharnhorst of Gneisenau,二只中,一只击沉,一只逃往 Toulon,但遇英飞机及鱼雷追击,Bretagne 式舰一只被沉,各驱逐舰及一航空母舰被沉(三日下午事)。

法 Petain 内阁议决与英绝交。

七月六日　星期六　晨阴,余晴

七中全会,蒋提议设经济作战部;行政院内设经济会议,院长为主席;财、经、交、工(现经济部改为工商部)、农等部长、运输统制局主任、后方勤务部长、四联常务员皆参加。

在张岳军宅午餐。

到经济组审委会。

Roosevelt 声明五种自由之可贵,不可学极权国家(德、意、苏)因求效率而弃自由。

英断 Syria-Mosul 运油之管,以绝油之往法、德,但自 Mosul 至 Haifa 则仍通。

汪精卫与阿部在南京商订条约。

自昨日起,重庆往成都途上,有兵搜检行人。

七月七日　星期日　晴　抗战三周年纪念日

蒋发告国民书及告友邦书。

经济部自本日起星期日上午照常办公。

与朱谦、章元善谈中德交涉事。

薛太太移住南岸海棠溪黄桶垭东方旅社。彼名沈州华。

七月八日　星期一　晴

日机分三批来袭，警报自上午十时半至下午三时一刻。嘉陵江畔之交通银行、孔祥熙宅、张群宅（大溪别墅九号）皆全炸毁，秦景阳、钱乙藜住宅亦受损失。

催资委会工、矿、电、工处修正工矿计划。Audinet 自越返渝，面言已取消购钨合同，主张中、美、越经济合作，以应付日本。

钱乙藜谈经济作战部长当为白健生，何淬廉亦以为然。

函美国大使，赠以《四川地质图》全份，缩尺五十万分之一。

美国大总统秘书说明门罗主义真意，欧洲国家在美【洲】之领土不能由欧洲战侵国作主移转，应由美洲各国共同商定，欧亚二洲亦应同此原则，并提及安南。

法外相 Baudoin 宣言，英军前至欧陆者仅二十万人，援法不力，颇表不满，皆由争夺海军而起也。法海军有在美洲之 Martinique 者，故美国政府有说明门罗主义之必要。

七月七日侵略纪念日，日本发表成绩为：日军战线长 2850miles，占领面积 617760sq. miles（＝1600000KM^2），较日本大 2.4 倍，占中国百分之十六。共卤〔虏〕获山炮、大炮 1396 门，迫击炮 1859 门，平射炮、速射炮 359 门，重机枪 4156 挺，轻机枪 12352 挺，步枪 357701 支，坦克车、铁甲车及卡车 896 辆，击沉军舰 30 艘。又击落中国飞机 396 架，在地面受炸毁者 168 架，华军三年来死伤共 1587600 人，连同被俘及潜逃者，共达三百万人。以上为日政府所报抗战三年中我国所有战事损失之总数。又据报，日机在中国被毁者仅 57 架。（数必太少！）

日本大藏省公布本年上半年贸易额(以千日元为单位)

	对日元集团输出	由日元集团输入	比较(出超)
本年(1940)上半年	1162250	496914	665536
去年(1939)上半年	981513	428696	452817
	对第三国输出	对第三国输入	比较(入超)
本年上半年	856730	1856729	503085
去年上半年	734011	1590152	427445

抗战开始以来中国发行的公债

二十六年	救国公债五万万元
二十七年	国防公债五万万元
二十七年	金公债五万五千余万元
二十七年	赈济公债三千万元
二十八年	军需公债六万万元
二十八年	建设公债六万万元
二十九年	建设金公债英金一千万镑,美金五千万元
二十九年	军需公债十二万万元

以上各项公债,共合国币四十七八万万元。

又总计中、中、交、农纸币共约三十八万万元。

七月九日　星期二　晴

行政院第472次会,讨论军用纱布购买办法,孔允由农本局主办,取手续费百分之二。又商重庆粮米办法。

十时至一时,日机四批来炸民生机器厂。

接见汤尚松,熊天翼派来考察化铁办法,以便江西永新天河间办小钢铁厂,函介往见杨继曾。

又接见顾钟祥,商往美留学事。

七月十日　星期三　晴

十时至一时半空袭警报,日机一百四十余架分四批,袭成都、三台。

四行理事会开会,因徐可亭、章元善互相攻讦事,余告徐:章已辞去平价处长,各机关不宜徒相责难,平价事虽不敢自称成功,但重庆物价在川省犹为较低,可见工作亦有若干功效,不可一概抹杀,尽称失败。

陈果夫、萧铮议立土地银行,孔庸之、徐可亭皆大反对,称为亡国之计。

邀 Arrey、Hewel 在嘉陵宾馆晚餐。

七月十一日　星期四　晴

日机未来。蒋召集粮食会,张群主席,经、交次长,农本部[局],川内、建长,川康建设期成会委员。

与杜再山、许粹士面商修改工矿三年计划。王守竞来渝。

英派 Duke of Windsor(即前爱德华第八)为 Bahama 岛之总督。

又闻英海军与法海军在 Martinique 海上开战。

地中海内英、意开始海战,意舰受损,德机袭英,损百三十架。上海美、日兵冲突。

法国会在 Vichy 以 395 票对三票,通过授权 Petain 内阁起草新宪法,系由不管部阁员 Laral 所提议,将组成极权制度。

报纸发表七中全会议案,设妇女部、经济作战部、设计局、考核委员会,并改经济部为工商部。

今日敌机未来川,闻系攻击在巴东之我军。陈辞修亦在巴东。接见德国合步楼代表 L. Werner。

七月十二日　星期五　晴

接见苏联商务代表 Bakulin 及其他一人,商洽:(一)运输矿产品,拟分水陆二路,水路走仰光,陆路经兰州。彼方主猩猩峡,余未允。(二)Selenga 上之矿产(即钨砂一千二百吨,锑四百吨,钨一百吨),售美后以价款交还苏联。(三)陆路运输之汽油,请彼方供给。

今日敌机未来袭。自昨夜起重庆各处电线又通,大放光明,且可工作。

张家祉与电力公司洽成龙章区及裕华区电力联络办法。

函四联总处,拟以吴闻天兼平市处长。

抗战期内,资委会有用人员,如王德森(曾探湖北灵乡铁矿,往湘西勘煤矿)因撞车而死;郑龙飘(重庆炼铜厂派往湖南)中途遇匪被戕;管中一(中央机器厂煤气炉主任,试车自滇缅路归途遇车倾覆)因倾车而卒。此皆有用专材,因公而没,可为慨叹!

七月十三日　星期六　晴

日机未来(第三日未有空袭)。

接见张西林(邦翰,滇建厅长,谈宋子文因滇纯销纸烟生气,不买烟叶)、伍展空(廷飏,浙厅长,谈铁硫酸进口护照及合作于工矿事业,江眉仲同来)。

法国改造政府,Petain 为最高领袖 Supreme Leader(即兼大总统及国务总理而有之),各部长及秘书长皆对彼负责,上、下二院暂存,但惟彼有权召集会议。

日本军人主张米内内阁太软弱,不应向英国谈判,不必畏美国空洞谈话,应径行南侵越南、东印度及英属各地,并力逼中国政府。

上午,余偕张丽门、林继庸、徐名材同至猫儿石参观天原电化厂,已于昨日开始出产,每日用盐四吨,产 NaOH 约二吨,又产 Hcl 及漂白粉,照目前出产,每年可盈至四百万元。又参观龙章纸厂,庞赞臣、尤巽照导观,工程大部告成,尚未开始出产。

与吴蕴初商制造硝酸事。

七月十四日　星期日　晴

日机未来之第四天。孟信之来谈仆役事。

往北碚金刚新村竟日,孙越崎眼疾已愈。卢作孚亦往北碚。

法国新宪法系在七月十日公布,以贝当为元首。

七月十二日,德机大批袭英,英王及邱吉尔均险遭不测。

中国通知英政府,缅甸交通应开放,该路线之维持对中英友好之继续极为重要。

今日为法国国庆日,法人多为国殇志哀。

七月十五日　星期一　晴

接见苏联商务代表 Bakulin 等三人(昨曾赠以地图及茶叶),谈二小时有余,约下星期一再谈,商西北运输办法。又见胡光麃,谈中兴加股至二千万元。又见陈光甫、郭秉文,商与复兴公司订合同售锡事,告以滇、桂锡须用原来招牌。

合众社电,英政府已允停运军械(汽油?)三个月。

义空军猛攻地中海英海军,欲将东地中海英海军与 Gibraltar 英海军分为二地,不能联络。又英、德空军亦大战。

胡光麃言,Prontosil 可治丹毒病,余即函询燕娟。

七月十六日　星期二　晴（晚间骤雨）

日机二队来袭城内，香国寺亦受弹。大空袭第二十三次。

行政院第 473 次会议，（一）綦江水利工程二百五十万元；（二）财政部取缔禁止进口物品办法，大家皆以为不妥。

Halifax 面告郭大使：澳洲及新西兰皆盼英在此时期不得罪日本，故已决定暂停缅甸运输三个月。

接见 Gunther Stein（颇不满中国改组政府之办法）、邱致中（谈煤炭管理事）。

七月十七日　星期三　阴

蒋令平粮价办法照办，令平价处及农本局。

接见刘鸿生（向国货银行借五十万，余允由处作保）。函复张剑鸣、庞赞臣，商龙章入股事。

请王梦非往金刚新村视燕娟，并偕返沙坪坝宅。

美国商务部财务司报告，美国外投资总数为 11365000000 美金元（即一百十三亿六千五百万元），远东投资以中、日、菲三地为主，总数达 789000000 美金元（即七亿八千九百万元），占全部投资额百分之七弱，以上统计系截至去年年底为止。远东投资中有四亿二千万元为直接投资。

李庆逵昨来函，言土壤同人努力为学，仍在地质所范围内妥为工作。复函慰勉。

七月十八日　星期四　阴

招集蔡承新、沈国瑾、吴闻天、李景潞、郑达生、王子建，商洽粮食平价办法及纱布平价方法。与朱谦谈蒋对燃管处不放心，交吴市长核议事。

马克强自安南来，商其任商标局局长。

日本米内内阁因畑陆相辞职(军人不合作)而辞职,日皇派近卫文麿组新阁。

美国国务卿赫尔发表声明:"美国有合法权利保持全世界各部分商业动脉之畅通,英国如禁止货物由缅甸运入中国,则与最近滇桂铁路案相同,对于世界贸易造成不正当之阻碍。"

闻中越密码电已不通,但外交官仍可用密电。

四行理事会第 38 次会议,商增加钞票之方法。孔招徐可亭及余谈组立经济作战部事,谓约二月前孔曾对蒋请辞财长,蒋言无人可继任,但又询请他任经济院院长,能担任否(可见蒋亦并非绝对不准)。近日蒋曾言,拟用顾翊群为经济作战部次长,大约蒋自任部长。财部(孔、徐)皆以经济作战部将管贸易及外汇而大为担心。

七月十九日　星期五　阴

招集朱谦、萧柱中、赵英达等商煤炭管理。

与孙越崎、许粹士、金公弢、张心田商玉门油矿事。石油河区现有井七口,其中五口出油;平巷三座,其中二座出油;大小炼油座五座。每月现在出原【油】五万加仑,炼出汽油一万加仑,柴油二万五千加仑。自本年九月起,每月可产原油十二万加仑,即成汽油二万五千加仑,柴油六万加仑,可行汽车八十五万公里。自明年五月起,原油及炼油均可加倍。以节略呈蒋并送俞。

本月十八日 Churchill……

本月十九日 Hitler……

同日 Rvosevelf……

七月二十日　星期六　阴,晚及夜雨

闻蒋在黄山商国家大计,张岳军、王亮畴皆往。

偕医士罗少一来宅,看燕娟病,打针 Prontosil 并服药。

与孙越崎、金公弢商玉门油矿事。

胡光麃言,中兴、华西将做水泥,日出约六十筒。

朱森来谈中央大学任教事。

七月二十一日　星期日　阴

在部召集朱谦、吴闻天、李景潞谈话。

访张岳军,谈粮食管理局(卢作孚为局长,何廉、何北衡、稽
[嵇]祖佑为副)、设计局、经济作战部组织及人选,谈颇久。

闻桂永清将被派往德国。

接见高振西,将往福建。

燕娟随孙越崎往金刚碑。

七月二十二日　星期一　阴,小雨

军委会纪念周,蒋讲:应振作精神,时间化,具体化,行动化。

蒋嘱筹划汽车燃料,余答:(一)四川现月产酒精十五万加仑,
二三月后可加至二十万加仑,六一八月之后,滇黔可产十余万加
仑;(二)煤气炉应提倡多用;(三)玉门矿现月产汽油一万加仑,柴
油二万五千加仑,自九月份起,可月产汽油二万五千加仑,柴油六
万加仑,明年五月份起可加一倍;(四)汽油用途仍宜节省。又报
告与苏联代表商西北陆路运输及供给汽油。又报告美政府协助运
出存越矿产,又及福公司 Bell 协助情形。

十一时半至三时半,日机一百另八架来袭,大炸合川,又炸綦
江、铜梁,但未炸重庆。又,今晨有日本侦察机二架来重庆,被我空
军击落一架,内死日军官二人。

Milligan、孙越崎来谈。Milligan 言,中福修正合同宜俟商得
Woodroffe 同意后再送较妥。昨闻岳军言,七月二十日蒋在黄山商

谈对英办法,有人提撤回驻英、法二国大使,蒋未同意,故中英大局尚可不生大变。又 Bell 电言,廿四日可自港返渝。

七月二十三日　星期二　雨(昨晚起始)

行政院第 474 次会议。何敬之报告与共产党商洽,陕北行政区十八县……指定专员,直辖于行政院,其人选由第十八集团军报荐。又,第十八路集团军及新四军于一个月内调至冀察及鲁北(皆在黄河以北)。谈洽者为何敬之、徐永昌,又白健生亦参加。

镇海城及镇海之镇远、宏远炮台皆于数日前为日海军占领。兹镇海城亦收复,炮台在争夺中,但炮台已毁,盖日军志在封锁也。

日本近卫内阁昨日已就职。

泛美会议在古巴之 Havana 开会。

爱(Esthonia)、拉(Latvia)、立(Lithuania)人民会议议决改为苏维亚社会主义共和国,加入苏联。

林语堂在《大公报》发表《回国试笔》,主张中国应联美及联苏,使中、苏、美成为对付日本之三雄。

七月二十四日　星期三　雨

访 Lossing Buck 于张家花园五号,孔拟续聘彼为顾问。彼拟回金大任教,待遇甚薄。

接见 Bakulin 等三人,商陆运矿产往俄办法。

丁文浩来谈,Burma 禁 Motor Spirits,但 Diesel oil 仍可[不]运禁。莫葵卿往购,俭日飞机可行。

昨日 Halifax 广播讲话,力斥 Hitler,不接受德国指挥之和议。如此,则希脱拉讲演所提者又不能成。

昨日新闻,近卫内阁对于以前(1938)不以蒋政权为对手方之宣言可不坚持,蒋可径与日军停战或由汪居间商洽云云。今日报载谈话则谓,仍继续前阁助汪方针并推翻渝政府云云。

李月三来谈中大事,告以李宇洁宜决定做主任或不做。

朱用和来谈贵阳煤矿与省府不易合作,何辑五引用私人。

袁复礼来谈西康调查,现住盐务研究所。

日机三十六架炸成都,闻系从山西飞来。

七月二十五日　星期四　雨(下午大雨)

重庆市商会呈为二十四厂敌货嫌疑一,交潘宜之查明处理。

接见魏文翰(商扬子电气公司欠债事)、Oukin(缅甸人)。

何淬廉、吴昧经、李博侯、吴玉任、郑达生、王子建等商粮食及纱布事。

四行理事会第 39 次会。徐可亭所提应付伪组织"发还军管理工厂办法",简直不通。如此人才而居要位,可叹。

孙越崎来言,福公司董事长来电,已同意中福合同改正字句。

蒋派桂永清为驻德武官,又派齐焌往德接洽。电 Klein、Thomas 以接近 Gering。齐焌行动甚密。

七月二十六日　星期五　上午及午后大雨,晚晴

蒋宅谈国际形势。陈博言,英未大败以前,日海军不取荷印及香港。近卫内阁曾言,合理方法解决中国事件,可见不但主战,亦有可以活动(和)之意。张可銮说明门罗主义原以美国为主,今以美洲各国为主。对他洲领土问题,美国只申明反对侵略立场,但不以实力干涉,如遇经济问题及和平会议,则美国愿为参加。共和党外交主张向较积极,大总统选举后可望有行动,例如武装为英、德谋和,如不成则参战。蒋言,如英伦不能保守,则英政府迁坎拿大,并调军舰至远东与中国携手保全印度等地,实为上策。王雪艇言,中日和平看条件,更须有保证。英如失败,德、意参和亦无不可。

中国宜能再战一年有半。王亮畴言,德、意与日势必瓜分亚东及南洋利益,形势不同并不可靠(彼实有主和之意)。朱骝先言,即使英败言和,亦是暂时结束,世界大战并不就此了结。德国记者言,八月终英、德战事可完。

接见 D. R. STEVENSON(United Aircraft Exports Corporation),谈协助运输进口物品事(住大溪别墅七号)。

李宇洁七月廿五日来函:"空气虽较前和缓,但仍起伏不定,恐其中杂有其他问题,如不因此而牵连地质系则幸甚。设地质系事不早日解决,生诚不忍见其纷扰也。"本日余复函:"所荐朱、王、俞三员,皆为弟所愿聘且曾聘之人,此事商洽且曾为罗校长、孙校长及弟共同言之,既得同意后,乃劝勉三君加入,以期与弟共成较健全地质学系,实皆为地系前途及学生好处起见,别无他意,可质天日。目前办法惟有请弟与罗校长商洽定之。兄未顾棉薄,未知可以为力之处,想所深谅也。"又加注:"如校中不要他们,尽可取消,想不至有何困难,绝不负纷扰之责。"此事原因,实为此君假意辞主任,而实不愿舍去而起。可叹!

七月二十七日　星期六　晴

日人造谣,谓宋子文在美失败,中央两电召回。

陈文虎往立法院审查会商《社会部组织法》。谷部长正纲争社会社[部]有权许可人民团体之组织,陈文虎谓,经济部为主管机关。

中常会议决:经济作战部案及萧铮提加强经济机构案,均交孔祥熙、何应钦、张群、张[陈]济棠□□□①五委员审查,由孔委员召

---

① 原文空白。

集,经济部翁部长列席。

电宋子文,红十字会需布二百万匹,询捐或购。

今晨,李宇洁来谈,意颇冲突。彼仍愿为系主任,余函商罗家伦,罗复言:"当于商议后面陈乞教。"李辞主任而意实恋栈,麻烦实由于此。

七月二十八日　星期日　晴

李宇洁、宋品石来访。

偕鄂生至金刚新村。

十二时至三时廿分空袭警报。

美总统言令统制炼油、废铁出口,准以油船租苏联,但不租于日本及西班牙。

日本捕路透社驻东京之记者。

德国 Jaly Berg 谈话,Romania 代表原则认割土地于匈。

德经济部长 Funk 谈"新欧洲经济制度"。

国联秘书长 Avenol(法国人)辞职。

七月二十九日　星期一　阴,晚大雨

七时国府扩大纪念周,蒋讲:文官不准以生活困难为理由而要求加薪,武官如所带军士食不能饱者,应处分;办合作社,省汽油,提倡驿路运输。

接见杨重熙(求精中学校长,拟设商学院,请余加入为董事)、张星联(谈光华事,不日返沪)、张莘夫。

邹秉文谈代陈光甫商二点:(一)资委会与复兴售锡合同,请自海口起即作为复兴工作;(二)即借款以外之售美矿产品,亦统归世界公司名义出售,资委会在美不宜设办事处,不宜请李国钦为代表。余以复兴及世界公司并未取得对美贸易专利之权,余实无

法照允。

卢作孚、何淬廉来，请允以卢郁文为粮食管理局主任秘书。

七月三十日　星期二　晴

行政院第 475 次会，(一)《粮食管理委员会组织章程》，卢作孚为局长；(二)《各机关房屋空袭修复办法》。

接见 Curt PREU、Hern EIEMSSEN，商运钨砂二十吨往德及华货至 Konisberg 展览事。

将存越钨锑出售美政府经过情形呈报于蒋。

Reuter 驻东京记者 Merille James Melville COX 被日捕后，坠楼自杀。泛美会议通过议案，阻止法、荷在美领土转移，限制各国外交代表特权。

七月三十一日　星期三　晴

空袭十二时至四时半，炸李子坝、牛角沱，农本局办公室毁，交通部中弹，资委会中弹，但余之办公室尚存。

周枕琴(军需署长)病故，年六十九岁，今晨钱宗泽(慕霖)往吊，亦病卒。

《新经济》同人在农本局晚餐，蒋廷黻谈考察湘、赣、粤、桂各省情形。

慧娟来函，言杏仙病及穷。余即电竹垚生，垫送一千元。

八月一日　星期四　晨大雷雨，余皆晴

对敌经济部封锁委员会会议，徐恩曾、庞松舟、黄少谷亲到，戴笠、贾焕臣派人代表，商：(一)厘订查禁敌货种类；(二)调整各地方负责机构；(三)防止走私办法。

中委会审查会，孔庸之、何敬之未到，孙哲生、张岳军、陈伯南到。孙主张行政院内应分三委员会：军事、行政及经济，蒋为长，各设副一人。因孔称病未到,故停会。

在张岳军宅商谈,宜查明德国经济制度及看重易货方法。齐焌不日赴德,拟并派陈介生、杨荫培往德接洽考察,以为设计局之中坚工作。

以《西北运输合同草案》函送苏联代表。接见潘钟岳。

朱子元、李赓阳来谈中央大学地质学系事。此事只为李宇洁私心所误,爱莫能助,只好听之而已。

日本近卫内阁政策:建设大东亚新秩序,结束中国事变,讲究有建设性的且有弹性的政策,以期国运之进展。

八月二日　星期五　晴

孔病,住江南岸。

十二时至三时半空袭,炸广安及泸州。

接见 E. Saquez de Breuvery S. J(韩怀礼,震旦,吕班路 223号)、汪代玺、美国记者欧德南。

八月三日　星期六　晴(夜雷雨)

日机袭铜梁。

接见 Bakulin 等,Salenga 上矿产仍认为中国所有,可以售美,即电告顾少川。

孙越崎来余家,谈协和铁炉事。

马君武病故,电唁。

俄外长 Molotoff 报告对各国关系,对中国抗战亦提出。

自八月一日起,汽油进口无须用特许证。

自八月一日起,银行挂牌汇率,自七便士改为四便士半。

八月四日　星期日　晴,下午雷雨

访陈布雷。

下午骤雨。

传闻日本广播不再炸重庆。(诳也!)

起草《经济政策根本问题平议》,送蒋。

八月五日　星期一　晴

接见李汉魂、徐韦曼(拟与李氏合股经商)。

China Air Mail(Gunther Stein 出版)记,日本曾向我议和,拟以安南、缅甸相赠,蒋未接受。(闻为孔所告!)

八月六日　星期二　晴

行政院第 476 次会,孔病,蒋主席。蒋言:(一)平价认真办理,官吏营私者应报告;(二)各机关职员生活困难,应按人协助。

接见汤尚松(办江西钢铁者)。

起草《天富中国》。

八月七日　星期三　晴

贝安澜昨日返渝,今日往见美大使。

往万松山虎啸泉景林桥见孔,谈苏联代表愿允 Selenga 船上货可售美,以款还之,兹又要求运往海参崴。电力公司发电机 4500KW 一部,运装鹅公岩,付款办法。

过江颇受麻烦,交通部所办不良,由军部人说话始成。

存越矿产已起运往纽约者如左:

	Birminghan City	Porta Rico	Total
Wolf. ore	4632 tons	242 tons	4874 tons
Antimony	900 tons	5516 tons	6416 tons
Tin	——	177 tons	177 tons

八月八日　星期四　晴

召集管制平价处、农本局、燃管处、工调处人员谈话,商订放纱收布办法,纱厂制品管理办法。

蒋宅午餐。陈豹隐论远东时局,足见其思想不清。

接见 Percy Chen(陈丕士、深圳农村福利会主席、广东省政府□□委【员】会委员、香港《孖剌【沙】西报》董事。香港德辅道太子行四楼三二九号,电话二五六二一),谈华侨投资五百万元及组顾问委员会,又谈走私运汽油。

访 Bell,并见及 Milligan。

八月九日　星期五　晴

敌机三批八十余架来袭,警报十二时半至四时半。曹家巷中国银行、前工调处、新街口之中央日报社,其斜对面大梁子、水巷子、棉花街、打铜街等处均着弹。余在经济部壕内,壕受震,并有空气激动(二时五十分)及弹气喷入。谢蔺窗在半边街自三楼用绳缒下,亦入壕来避。又,海棠溪桐油着弹,烟焰甚烈,飞入云际。

日本海军往越南,有武力取占之势。何应钦拟明晨飞滇,布置抗战。

Hitler 亲至 Essen,为 Krupp von Bohlen 厂主七十寿日授勋章庆祝,并参观克虏伯工厂。在此大战期间犹有此举,足见其重视工业之意。

苏联大使馆来 *U. S. S. R Din Beur*、*Soviet Land*、*Moskow News* 等刊物。

夜间,俞建章来谈,告以地调所愿请加入。

孙科于八月四日飞港,闻因不甚愉快之故。

张彭春已起身赴驻土公使任。

八月十日　星期六　晴

钱乙藜因宋子文在美商借款愿以钨砂作抵,故谓英政府拟购矿数亦不愿允,又欲取消中福公司经销合同!

接见苏联商务代表巴古林等,允以 Selenga 前所载矿产在西贡交货。

八月十一日　星期日　晴

今日本拟往铜梁,但因蒋招谈,故作罢。

偕张岳军、卢作孚、吴国桢、陈方往黄山见蒋,徐可亭、何淬廉已先到,谈粮食办法。此事极不易,而蒋所望又极高,颇感不易。何淬廉后言,此种彻底控制办法,良心上实感痛苦!

敌机八十余架来袭,警报十二时至三时半。海棠溪、化龙桥皆投射炸弹。

遇见蔡承新、张季鸾、赵祖康、范旭东、徐宽甫。

朱谦来谈,请辞燃料管理处处长职。

八月十二日　星期一　晴

警报十二时至三时半。余偕景阳至化龙桥交通银行防空壕。何雪竹、徐可亭、吴任之、胡叔潜、许凤藻皆在。日机炸自流井及泸州等,未炸重庆。泸州死伤甚多。

接见龚祖德(往看北碚酒精厂)、郭象豫(往威远煤矿)、郁国城(拟办电瓷厂)、徐恩曾(查工厂存货)。

函胡适之,以 Rogers Green 信送王雪艇阅,以□□信送尹建猷阅(内有西康经纬度)。

世界黄金产额（每年）

南非洲	每年产金 12000000 onces
苏联	每年产金 5000000 onces
加拿大	每年产金 4750000 onces
美国	每年产金 4500000 onces
澳洲	每年产金 1500000 onces
其他	每年产金 2250000 onces
共计	40000000 onces 价值美金 1400000000 元，比 1930 年产额加倍，价值加三倍

各国中央银行及政府所藏黄金之价值约达美金 26000000000 元，比一九三〇年藏量多二倍半，比一九一四年大战前夕多六倍。

目前美国黄金为美金 19000000000 元（七月份《哈普杂志》估计至本年年底将增至美金 21000000000 元），约占全世界藏金额之百分之七十。在此一百九十万万美金存金中，内有一百一十万万美元来自各国。

八月十三日　星期二　晴，晚雷雨，夜雨

"八一三"第三周年，蒋发表《告沦陷区民众书》。

行政院第 477 次会，孔仍病（？），住万松山，蒋主席。通过出口进口准运物品表；缉私办法交另拟；军政部军服费已有预算一万六千数百万元，追加二万二千八百余万元，未通过，交军、财、经另议。

法驻滇领事访刻在昆明之何总长敬之言：日要求安南军事据点，利用军事机场及经济协助，法拒绝前二点而允第三点。一时形势颇紧，法军准备抗战，兹已较为和缓。

邹琳（财政次长）准备往任粤财长。

九道门社会部举行物价审查委员会初次会议,张岳军说明设会用意,谷正纲主席,到者:张厉生、徐恩曾、吴国桢、何淬廉、何浩若及余。

英、德空战颇烈,义军攻英之 Somaliland。

八月十四日　星期三　晴　空军节　夜大雨

召集李景潞、郑达生、吴闻天、吴味经、赵英达、王子建等,谈平价工作。

接见何淬廉(商换平价处科长)、卢作孚(询电力办法)、徐宽甫(谈纸券缺乏)。

航空委员会告同胞书内言:已击落敌机848架,击毙敌空军人员1148人;又言,六七月间敌机大队袭渝及川中各地,消耗油弹16574660元。

华北各伪官:北平市长温世珍,河北省长吴赞同,山东省长唐仰杜,青岛市长赵琪,山西省长苏体仁,河南省长陈静斋。

资委会工厂工人数

中央机器厂	716 人	中央电工器材厂	650 人
中央电瓷厂	123 人	中央无线电机厂	282 人
纯铁炼厂	64 人	重庆炼钢厂	186 人
昆明炼钢厂	158 人	动力油料厂	120 人
四川酒精厂	91 人	资中酒精厂	72 人
化工材料厂	14 人	共计	2477 人①

---

① 应为 2476。

1940 年日美海军比较表

	美船数	美总吨数	日船数	日总吨数
主力舰	15	464300	9	272070
航空母舰	5	120100	6	88470
重巡洋舰	18	175200	12	107800
轻巡洋舰	19	157775	15	97555
驱逐舰	182	236070	84	113476
潜水艇	63	71175	35	52432

新归苏联波罗的三国节要 (皆在六月内归并)

Country	Capital	Premier
Lithuania	Kaunas	Paleckis
Latvia	Riga	Kirchingsteins
Esthonia	Tallinn	Vares

八月十五日 星期四 晴

经济部通知各工厂:于文到三日内查报存放物品数量,并派员协助查报。

四行理事会第 42 次会议,余代主席。各行钞券缺乏,军饷及各经济事业用款皆不能发,形势极为危险;加速运入钞券(中央行尚有多券存仰、港)及吸收存款,但感收效过少耳。

与潘宜之谈纪念周所念各文,(一)党歌为胡汉民所编,词尚佳;(二)遗嘱为汪精卫所撰,时在尚未北伐之前,故称"革命尚未成功",且其时联苏甚紧,故言"联合以平等待我之民族";又列举具体工作，如国民会议……故时间性极重，殊非长久有效之作，且按之他国，如苏联，如德国，凡革命已成者，政府皆严禁重起革命，乃吾国在北伐已成，国家已统一，国民政府已成立之后，犹终日称革命尚未成功，按之事理，殊不可解；（三）党员守则十二条为蒋所定，所言忠、孝、仁、义等十二点，诚皆美德，但与某某事之本，则配合随便，殊少可通及必然之理，尤如"礼节为治事之本"，"服从为负责之本"各语，实有许多人不能了解。其前之议决案文字，则为戴季陶所拟，在此短文中用了许多大字，实又并未说出任何道理，且言上对亿万世之祖宗，实则最古猿人，距今不过数十万年，即以廿五年为一世，自猿人至今亦不过二万世，今乃漫言"亿万世"，其毫无近世常识，尤可叹息。故一个纪念周所读文字，细思实有不少可慨之事也。

张啸林在沪被刺，闻系其保镖所为。杜月笙仍住香港，此等特殊人物颇能爱国，不向日本，亦不向伪组织，可爱也。但闻张啸林态度不同，或即因此遇害。

潘钟祥来谈，言于后日起身赴美，李连捷已先行。

收到胡适之寄赠《藏晖室札记》四册，系 1911 至 1917 年彼在美留学时之日记。

为葛绥成著《中外地名辞典》作序。

为朱熙人著《云南矿产志略》作序。

豫丰纱厂可开 10000 锭，现开 6000 锭，拟移合川 15000 锭；

裕华纱厂可开 24000 锭，现开 16700 锭，一部作移动；

庆新纱厂可开 10000 锭，现开 7000 锭；

军部可开 10000 锭，现开 5000 锭；

共可开 60000 锭, 现开 34000 锭①。

每日出纱共可 115 件, 实出 60 余件。

印度式纱机分配表:

重庆溅澜溪纱厂有印式机一套(每套 168 锭), 已开工;

维昌厂有印式机四套, 一套已开工, 余俟十月底开工;

理治纺织公司有印式机一套在昆明, 拟运至渝沙坪坝;

益民纺织厂印式机二套, 已运至渝李子坝;

益民厂自沪购一套, 拟在渝设厂;

福生庄在浙江有十套;

桂林纺织机械厂有二套。

战区及后方应备军粮表

第一战区	23 个师, 6 个军, 共计 400000 人	三个月需面粉	1200000 袋
晋南	14 个师, 8 个军, 300000 人	三个月需面粉	900000 贷
第三战区	43 个师, 14 个军, 共计 850000 人	三个月需大米	510000 包
第四战区	52 个师, 12 个军, 共计 960000 人	同上	570000 包
第五战区	23 个师, 15 个军, 共计 620000 人	同	370000 包
第六战区	40 个师, 15 个军, 共计 630000 人	同	378000 包
第八战区	15 个师, 共计 210000 人	面粉	630000 袋
第九战区	32 个师, 12 个军, 共计 530000 人	米	320000 包
共计	4500000 人	米	2148000 包
		面粉	2730000 袋
四川后方总库按百万人六个月计		米	1200000 包
陕南应屯(备第五、第六战区及滇省部队之用)			150000 包

---

① 应为 34700。

陕西后方总库按七十二万人六个月用（备第一、第二、第五战区之用）	米	864000 包
甘肃后方总库按三十五万人六个月用（备第八战区之用）	面粉	2100000 袋
贵州后方总库按三十三万人六个月用（备第四战区及滇省部队之用）	米	400000 包
湖南后方总库按九十六万人六个月用（备第四五六九战区之用）	米	1170000 包
江西后方总库按一百卅万人六个月用（备第三四九战区之用）	米	1560000 包
广西后方总库按五十六万人六个月用（备第四六战区之用）	米	700000 包
云南后方总库按廿五万人六个月用（备该省部队之用）	米	300000 包
共计	米	6344000 包
	面粉	2100000 袋

大米每包为 200 市斤，面粉每袋为 45 市斤。以上假定每人每月食米：每三个月 0.6 包，即每人每月 0.2 包，亦即每人每月食米四十市斤。每月食面粉：每三个月三袋，即每人每月一袋，亦即每人每月食面粉四十五市斤。

八月十六日　星期五　晴，晚大雷雨

空袭警报十一时至二时半，闻炸泸州。

日本军力综合公报言，自五月二十八日以后，日空军共袭重庆二十七次，参预空袭之飞机共三千三百架，投炸弹共二千余吨，华方损失飞机一百三十一架。

接见谢季生（树英）。谢新自康定归来，与刘文辉（自乾）、李

万华(光谱)、杨永济(叙五)商西康矿事。(一)铜矿归资委会办;
(二)益门煤矿会六省四;(三)天宝山锌矿省三会七,省股款由会
垫,组理事会,会五省四,但刘为理事长。

报载,在英国落有德国之降落伞,但未觅得德之军人。德空军
攻英仍甚力,意军攻英属Somaliland,攻势颇紧。

世界高建筑(二百英尺以上者)比较表(单位:呎)

中国	上海	国际饭店	265 呎
英国	伦敦	St. Paul 教堂	365
美国		Farmers Trust	742
美国		乌尔活司大厦	792
美国	纽约	R. C. A. Rockefeller Center	850
美国		60, Wall Street	950
美国		孟哈顿	975
法国	巴黎	Eiffel Tower	985
美国	纽约	Chrysler	1046
美国	纽约	帝国大厦	1248

八月十七日　星期六　晴

空袭警报十一时至三时半,日机三批炸自流井、永川,一批曾
至黔江(该县为第六战区之中心)。

罗时实(字佩秋,代表陈果夫)、金瀚商木浆厂事。此次设备
已向美国订购,但财部尚未复电;又公司尚待组织。此事实由金瀚
主动,陈果夫特愿助成也。

昨日德机一千三百架攻英,在伦敦附近 Croydon 机场投弹。
英机较少,虽努力作战,强弱究不同也。

中国军界恐日军用降落伞运兵五千人至渝,故渝市近设机关

枪座以防备之。

本晚九时至十一时大雷电雨,日机适于是来渝,未投弹而去,但至万县投弹。下半夜二时半至四时,又有警报,月色颇佳(阴历七月十四夜),敌机至江西及临江门、小梁子等处投弹。是夜,余偕范旭东、孙颖川等避至重庆防空洞中,曾见江北岸有人放火光助敌。此夜几乎不能安睡。

八月十八日　星期日　晴

上午七时半,偕白健生参观炼钢厂、豫丰纱厂、渝鑫钢厂及动力油料厂,张丽门、李博侯同行。

下午至华严寺宿(此为余在华严寺住宿之第一次)。下半夜二时至三时半,敌机又来袭渝,炸城内。

本晚为阴历七月十五夜,天气晴朗,夜景极好。

观李毅夫所作画谱。

昨日德飞机二千五百架攻英国,英以一千架迎战,空战规模之巨大,为空前所未有。英国颇感不易支持。

渝鑫钢铁公司略历:大鑫钢铁工厂,民国廿二年八月发起于上海,廿三年一月在上海杨树浦齐物浦租地建厂,九月完成,开始生产。主要设备有炼钢电炉、炼铁高炉,及工作机、电焊等。主要出品为铸钢、铸铁、马铁、耐火耐酸等合作钢铁。经营数年,颇有成效。廿五年起,上海英商汽车公司、自来水厂,美商电力公司,法商水电厂,以及京沪、沪杭、津浦三路局皆来订购。廿六年起,协助上海金陵等兵工厂造国防要品。自廿六年秋抗战事起,先奉命迁武汉、大冶,旋又于十一月间遵令迁渝,复于同月与民生实业公司订立合资合同,遂定今名。至廿七年一月,机件人员陆续到渝,先在江北民生堆栈立临时工所,同时勘觅场地,至廿七年四月始定现有之土湾厂址。七月间厂房次第完成,九月间陆续复工。除原有之电炉二具、熔铁炉二座,二吨起重机及各工作机外,新添钻床四部,车床廿二部,五吨电起重机一部,碾石及轧石机各一部。一吨气锤一部,小型轧钢机一组,小型发电机五组,各式锅炉六座,制矽炉一座,大号熔铁炉一座,大小油水机十二部,大小鼓风机十五部,拉丝机四部,造钉车九部,大刨车三部,小刨车七部,钻床四部,大轧钢机一组,炭精电机制造机一组,造钉车十二部,拉丝车九部⋯⋯等。预想每月能产钢五百吨。并合办清平炼铁厂、北碚火砖厂,自炼矽铁、锰钢,并拟制电石,每日可制钉 30—50 桶。

八月十九日　星期一　晴,晚雷雨

蒋在军委会召集联合纪念周,怪各部长未能全部【到】(余昨住华严寺,今晨到部,故亦未能到)。又宣布欧阳格舞弊,并失守马当要塞,虽有前功,仍当枪决。

空袭警报十一时半至三时半,日机三批自宜昌来,并有战斗机(第一次),皆猛炸□牌坊、大梁子一带。军委会部分被烧,自来水厂受损,故消防乏力,焚烧愈烈。

闻陈诚请辞政治部长、三民主义青年团长及湖北省主席。

与邵象华(谈威远小化铁炉)及孙越崎(谈朱伯陶坚辞燃管处处长)谈话。

彩云自金刚碑移沙坪坝,备考南开。

资委会运务处预计,每月应运出口矿产计为钨砂一千二百吨,锑七百八十吨,锡四百吨,滇锡八百吨,水银二十吨。其内容可分别如下:

每月自桂林至仰光钨砂九五〇吨,每吨运费三一四八元,一四〇盾;

自桂林至重庆钨砂二五〇吨,每吨运费二〇一八元;

自桂林至仰光锡一五〇吨,每吨运费三一〇八元,一四〇盾;

自桂林至重庆锡二五〇吨,每吨运费二〇一八元;

自昆明至仰光滇锡八〇〇吨,每吨运费一二四六元,一四〇盾;

自桂林至仰光锑四〇〇吨,每吨运费三一四八元,一四〇盾;

自晃县至仰光锑三八〇吨,每吨运费二八八六元,一四〇盾;

自晃县至仰光汞二〇吨,每吨运费二八八六元,一四〇盾。

每月共运三二〇〇吨,共需运费七八八二二〇〇元,三七八〇〇〇盾。

款项来源分摊如左:

钨业管理处月支运费三三〇〇〇〇元;

锑业管理处月支运费二一〇〇〇〇元;

锡业管理处月支运费九〇〇〇〇元;

云南出口矿产品运销处一二〇〇〇〇元;

本会垫支仰币三七八〇〇〇盾。

廿九年(本年)上半年平均每月收购数量为钨砂六百八十吨,锑八一八吨,锡二四〇吨,滇锡九百吨,汞十吨。积存尚待运出口者,至六月底为止即钨砂七三〇〇吨,锑三九〇〇吨,至七月底止,锡一一〇〇吨,滇锡一六〇〇吨,汞八三吨。

罗家伦至部面谈,李宇洁荐张梗、杨遵仪为中大教授,王竹泉薪盼由地质所月发一百廿元。

八月二十日　星期二　晴,晚阴

行政院第 478 次会,蒋主席。顾翊群另有任用,粤财长免职,派邹琳继任;缉私及运输办法;外王报告:昨日美大使詹森面告,美政府电令驻日大使向日政府声明,以前国务卿谈话关于荷属东印度主权及国际关系不应变更者,对于安南同样适用(即盼日政府不占侵之意)。又顾少川电:与法外长谈日本向法要求政治、军事、经济问题同时商谈解决。蒋言:(一)日本在越如无军事行动,华军亦不入越;(二)电陈介,商德政府劝日勿占安南,中国可由安南运矿产品往德;(三)劝法勿与日商谈安南之政治、军事问题。

十二时至三时空袭,日机四批(并有战斗机一批)来炸小梁子一带,燃烧极烈。川盐银行受一弹,毁五六两楼,余无恙,但部中人皆受惊,余车二次皆不能达。至资委会后,派员乘车再往,接出秦景阳。又弹子石及大湾亦受炸,工调处仓库有损失。昨日猛炸,死人二百余名,毁屋三千余间。昨今二日并有传单飞下。

接见魏华鹃,聘为专门委员(与德人接洽)。

余前向蒋陈政治根本问题意见,蒋复谓切中时弊,令更拟具体改良办法。

昨日空袭时,余在白鹤洞,今日余在化龙桥交通银行。

八月二十一日　星期三　晴

有警报,但日机未到渝。

朱谦请辞燃料管理处长未准,但给假一个【月】,派吴至信暂行代理。派吴闻天为平价购销处处长。

接见张梁任(国防最高委员会参事、粮食管理局处长),谈经济统制及人事制度。彼在邮局颇有经验。又见梁子青,将往洛阳任铨叙处长。

与孙越崎、恽荫棠谈甘肃事业。

八月二十二日　星期四　晴

闻昨日敌机炸渠县、连县、贵阳,未来渝。

四行理事会第 43 次会,余代主席。钞券缺乏,七八两月欠发军饷一万四千余万元。自英国印之券在运途中,绕好望角而来,在美国新印十万万元,在海防(闻转至西贡)尚存二十万万元,但在此二月内一切无法应付。燃管处已商允四十万元购煤,四行现止[只]允发十五万元。此为目前最危险之现象,财部及四行当局不早筹备,临时着急。钞券存放外国不早内运,及越南运输困难,国内应付万难,始着手办理而为时已不能及,遂使国家大受其苦,殊可浩叹。

接见 Bakulin、Prokhorof,商西贡矿产 1700 吨苏运往海参崴事。

派潘宜之考察广西经济事业。

英首相 Churchill 演说,坚决抗德,战至 1941 或 1942 亦所不惜,并说明与美国利害相共,当共同努力! 以坎拿大、纽芬兰及西印度之英属军港租给美国,以保美国之安全。外相 Halifax 亦在国会演说。

苏联革命首领 Trotsky 在墨西哥为人以铁棍击伤,伤势颇重。

前日《大公报》载,孔将往峨眉休息。今日报载,财政部秘书谈话,孔病已愈,不往峨眉,不日即可照常办事。徐可亭今日往江南岸见孔,未到四行理事会议。

非洲英属 Somaliland 之首城 Berbara 已为意军所占。

八月二十三日　　星期五　　晴,晚大雨

空袭一时至二时,驱逐机一批,轰炸机二批,在弹子石、大湾投弹,裕华被毁,利民皂厂亦毁,材料库亦受损失。自敌军用战斗机以来,此为第三次炸击,时间改短,则集中攻击力量甚强。与张丽门、欧阳峻峰商,招工厂主持人商谈预防办法。

闻法国已允日人假道安南攻我西南,有不久即将实行进兵之说。如此,则滇、桂又有军事矣。

在张岳军宅,与张及浦心雅谈话。

八月二十四日　星期六　晴

司机与资委会张仁宗相打。张人杰控卫戍司令部,捕司机张阿有[友],旋释回。

访张岳军,谈设计局之设计委员会。又在张宅与吴达诠通电。渝今日敌机未到。

八月廿五日　星期日　晴

偕谢蘅窗、婵娟、珙书往金刚新村。已割新谷,正在收稻中。

美国务卿照会日大使崛内言,美、日悬案甚【多】,美总有时清算。其全文尚未公布。

报载,有德潜艇袭英船于澳洲洋面;英能自产飞机一千八百架,自称已超过德国。(实犹未也!)

义、希国交颇紧。

八月二十六日　星期一　晴

司机张阿友罚薪廿元,彭科长告诫,不得对职员有无礼言动。

资委会技士张仁宗请辞职。余批:该员办事操切,当面报告又隐蔽事实,殊有未合,姑念事出仓卒,如果忠诚服务可无庸辞职,但应改任他项工作。

与钱乙藜、孙越崎、恽荫棠、莫葵卿谈话,他们明晨往甘肃。金开英昨返自兰州。

潘宜之明日飞桂林,余电徐宽甫,面洽用省存砂平购锡事。

接行政院机字 970 号公函,(八月廿六日)奉蒋手令:"对俄货贸易与交涉应专责成一个机关及一个人负责办理,其余机关与人员,非经本委员长指定不得任意擅自交涉。此事准由何总长负责主持办理,其他财政、经济、交通、航空等各部会指定一人,日常受何总长指挥,办理对俄贸易事宜可也。"此令突如其来,用意何在,殊不易明!

八月二十七日　星期二　雨

七时,国府孔子诞辰纪念典礼,到者人数不多,张继主席。李文范报告:中国文化由孔子整理集中;文化三要素:道德、智识与能力;总理民族主义首重存中国固有文化,八德与守则,诚、正、修、齐、治、平。孔子周游列国,访史馆、阅书、整治六经(《易》、《诗》、《书》、《礼》、《乐》、《春秋》),使后人有书可读……奉祀官孔德成继之发言,礼成。

春秋战国思想发展,秦用法家而兴,汉重老庄而立。孔氏弟子在当时并未得大权。自汉高,因矫秦弊,曾以太牢一祀(实则当时崇老而不崇孔)。嗣后五行之说附会儒者,古文今文纷纭聚讼,穿凿注解,争相发明,而政治人物则意在利用古代规模,定为当时范畴,更以忠君学说收拾治下人心,因此遂成崇尚孔教之习。盖自学术探讨,变而为政治工具,因而所用教义与原来意义亦不无异同矣。唐代韩愈以孟子为大醇,荀子为大醇小疵,因而孟荀学说并为见重,尤以孟子特为学者推崇。宋初,赵普谓半部《论语》可以治天下,因此《论》、《孟》二书殆成为一时教义之中心。未几,承学之士深受佛教学说之影响,其思想较有系统,故对于《大学》、《中庸》二书特为引重。关闽濂洛以及朱熹、真德秀诸儒皆于《学》、《庸》二书特用工夫。宋儒精华实在于此。元代政属夷族,无所发明。明代八股取士,以经书为作文工具,实则遗章教义,只重空文,甚至出题不按句读,其糟蹋斯文,诚可浩叹。清初满人主政,迭肇文字之狱,故言论不能自由,又因西教东来,中土思想亦受科学影响,因而特出人士，博罗古训，融通贯通，对于经书之注释、考证，宏博精审，蔚成大观。但其工夫尤在事实之说，词句之诠释，而于修齐治平之精义反不注重。晚明王守仁、朱舜水诸儒守心立行，蔚成风气。清之中叶，曾国藩等立身治事，一时称为理学精神。洎至清末，康有为稽古变法，邃古箴今，焕然光明，殆为晚近旧学之绝响。嗣是以后，徒有肤浅之谈，绝少专精之作。袁世凯下令崇尚孔教，其命令文字且极蠢俗不通，《藏晖室札记》已极慨叹。北大提倡新说，曾以提倡科学及民治［主］、打倒孔家店，悬为三大目的，一时青年反感之深，可以想见。国民政府治下，对于孔氏学说真实研究者未闻有人，而无聊举动，往往而是。封孔子遗族为奉祀官，世代相接，其办法与封建时代无二。定孔子诞辰为教师节，定学术一尊之制，违与时代进步之旨。一言学说，则如谓《易经》（实为古代卜筮之作）为科学奇书，尤为荒谬可笑。如此做法而自称崇孔，甚奇谈也。余以为，六经文字保存古代情形，洵极可贵。《诗经》词句最为可靠，其中如君子求淑女，求之不得，辗转反侧；又如云子于归，宜其室家，出其东门，有女如云。情意甚真，但言心情，绝非伪作。后人加以"乐而不淫"一类的判语，实则作诗与唱诗者，绝未尝有"乐"与"淫"之成见也。《书经》与《周礼》，当有若干真迹，但实多汉儒附会伪作在内。盖孔学说援古训今，故后儒遂不免以其欲施于今者托之于古，伪文原因实在于此。《春秋》记事为历史创作，但参阅《左传》、《公羊》、《穀梁》，则大事益明。三传虽略有异同，实仍各有价值，尊一绌二，大可不必。六经皆非孔子著作，仅系保存旧文。《论语》为孔子口说之唯一记载，其书虽古，而其意尚明，故研究孔子本人之思想，实应以《论语》为根本标准。

　　其主旨特重"仁"、"忠恕"、"克己"诸事，不轻言"怪"、"力"、

"乱"、"神"。可见孔子为人道之导师,而非神道之教主。对于立
国行政特重行仁,而并未言任何具体办法。对于君子与小人,显为
区别,不但在贤、不肖之分,亦实含有孔子生时封建社会之遗迹。
综其大体,孔子遗教诚有极多可为模范之处,然较之晚周诸子学
说,余实不信有任何理由可以独尊孔子,而抹杀其他极有精义之言
论。孔子绝对的学重古人,不感考证之必要,尤失阙疑求证之精
神,而阻思想进化之途径,揆之近代教育实不相宜。《大学》、《中
庸》,书略晚出,其思想诚较富系统,但是否为孔子本人所教示迄
无证明。殆为晚一辈学者之著作,似较可信。孟子所说与孔子略
有不同,孔仅言仁,而孟言仁义。对于治国方法,孟氏亦称道略多,
其措词更近于立说辩护。此自为时代使然。

资委会廿九年六月份员额薪额表

		人数(人)	薪额(元)	平均每人(元)
本会		364	40224	110.5
附属工厂		1179	123911	105
附属矿场		2661	208733	78.4
附属电厂		464	43900	94.8
共计		4668	416568	89.3
以上矿类内分二部分	生产机关	995	89941	
	管理机关	1666	118592	

　　金公毅来谈,新自甘肃归来,朱一民主张炼油厂宜设在永登以
东(例如洮沙)。其意盖不欲油矿及厂皆在回人势力范围之内。
以现在马步康驻肃州(酒泉),马步青驻凉州(武威),故永登以西

皆为彼等驻军范围。

与金公弢、孙颖川同至浣花晚餐。

钱乙藜、霍亚民等今飞兰州;潘宜之飞桂。

八月二十八日　星期三　阴

行政院第 488 次会议,蒋主席。国民教育请先发一千六百万元,蒋不允;省粮管局、县粮管会、渝市粮管会均通过。

徐可亭报告,八月份由港运入钞票四十九次,共二万万元;九月份由港运入钞票可有三万万元;十月份起,仰光厂可印每日八百五十万张;现有三船运钞来华,在途中。

蒋宅午餐,晤黄任之。

徐可亭邀在嘉陵宾馆晚餐,有邓汉祥、陈介生(川康建委会正副秘书长)、甘典夔(川财长)、何浑廉、蒋仲文、张静愚,商谈筹备川康兴业公司办法。

往中研院,与任叔永、傅孟真、傅[顾]一樵、蒋廷黻谈话。

与 Far East Trading Corporation(Manager Head)订合同,假售在海防机件 A 批(德、捷货)总价三十五万金元,B 批(其他各国货)四十余万金元。

八月二十九日　星期四　雨

接见高维勋(派为资委会科员)、黄任之(谈宜宾煤矿事)、刘荫茀(谈 Marsman 事)、Gardon 及原颂周(J. C. J)、丁涤杰(售《黄埔丛书》)、周昌芸及高振西(闽所)、丁液群及丁骦、顾翙群(盼入交通银行任事)。

外交部宣言:如日人在越南有军事,则中国军队即开入抵抗。法政府如允许日军入越,则法政府即负责任。同时并闻法政府已原则上允日军假道矣。

八月三十日　　星期五　雨

国民参政会驻会委员会开会,张伯苓主席,余讲办理平价情形。

王世杰代外王报告,法政府已允(口头)日军假道安南并用飞机场,众请商何敬之(前日由滇返渝)定期对会说明。

接见尹赞勋,商:(一)新生代室办法;(二)俞建章事;(三)地质学会歌;(四)昆明办事处;(五)上海美金存放办法。

德、义、罗、匈四国代表在维也纳开会,商巴尔干问题,苏联未参加。可见苏、德关系互相冲突,国交并不友好,如此则英、苏国交有改良之势。

八月三十一日　　星期六

往山洞陆军大学,讲《中国国防工业简史》。晤万耀煌(教育长)、林薰南(兵学研究所主任)。该地一带委员长、军政、军令部长等各军事首领,皆已备有房屋,随时立可应用,以期军令巩固,绝不因轰炸而致停顿也。又闻贵阳附近已备有委员长驻所,以便有必【要】便亲往指挥前线。

维也纳四国会议终结,罗马尼亚割地四万余方公里给匈牙利,德、义二国保证罗国完整。

九月一日　　星期日　雨

昨夜连宵大雨。

丁龙骧来谈中央大学事。接金公豝函,送日本用油数量及入口情形。

草《抗战时期几种地质工作的商榷》。

清洁房屋。家中二仆,李运洲无能,小黄贪懒,弄得灰尘满室,蛛网满壁,不得已自起整洁,并督使小黄工作,略为洁洁。国人不好整洁,习性如此,奈何!

余之党证为特字第一二七二五四号。

余之救国公债

号	元	利息(元)
1941170	5	0.20
82932	50	20
2897079	10	0.40
2897080	10	0.40
53574	1000	40
53575	1000	40
53576	1000	40
53577	1000	40
53578	1000	40
53579	1000	40
53580	1000	40
53581	1000	40
共计	8075	341

欧人航海史

一四八七,明成化二十三年,葡人 Bartholmeu Diaz 发现非洲好望角。

一四九二,弘治五年,意人 Colombo 自大西洋发现美洲之西印度群岛。

一四九七,弘治十年,葡人 Vasco da Gama 经好望角至印度 Calcutta。

一五一六,正德十一年,葡人 Rafael Perestrello[Raphael Peres-tello]抵广州及澳门。

一五一九,正德十四年,西人 Magellan,自大西洋绕南美洲出太平洋发现菲律宾。

一六一九,万历四十七年,荷人,在爪哇设 Batavia 为首府。

一六〇〇,万历二十八年,英人创东印度公司。

一六三七,崇祯十年,英人 Weddell 至广州通商。

一六八四,清康熙二十三年,英人通商,清立粤、闽、浙、江各海关。

中国方面,明太祖已派人至南洋,成祖永乐三年(一四〇五)郑和始泛海,至宣德七年(一四三二)最后归国,其间二十七年中航海七次,其时盖犹在葡人航海远行之前云。其间如梁道明之王三佛齐(洪武十年),陈祖义之占旧港(洪武十四五年),粤人某氏之占爪哇顺塔(永乐初年),黄森屏之移渤泥(婆罗洲)(洪武八年),李马奔之辟吕宋西境(万历年间),莫登庸之王安南(嘉靖七年),阮璜之王广南(万历年间),可见汉人纵横南洋,颇有人焉,惜记载不详,未可尽考耳。

九月二日　星期一　上午阴,下午晴

国府纪念周,蒋主席。居正讲粮食应足,政府应购军粮,不必多管民食,使粮价反涨。

接见国货联营公司寿墨卿。该公司领平价款五百四十五万元,货多在途,请其从速清理。

接见傅孟真、陈介生。偕傅孟真、任叔永同访张岳军,请呈蒋早定院长人选。晚间,又晤何淬廉、陈可忠。

日来英、德二国空军互袭颇烈。维也纳会后,罗马尼亚人因损

失太大,在 Bucharest 示威。

九月三日　星期二　晴

行政院第 480 次会议,孔假后返院,照常办事。日人所传孔往菲律宾等说,实不确也。何应钦赴滇返渝后,亦首次重复出席。王亮畴报告:顾少川电,维琪(Vichy)政府已于上月底签订协定,允日军假道安南并利用飞机场,以攻我国,但未允征用权及用安南汽油,亦未限定日军数额。此项协定安南政府不肯接受,仍不允日军通过。何敬之言:军粮缺乏,农本局宜尽先供给军粮。忠烈祠办法、资委会预算应修改。会后,孔又邀余及何敬之、徐可亭谈话。孔拟允供给烟土于安南,Audinet 要求二百吨。徐言,可有二千担。Audinet 又欲代售锡砂,孔言暂勿允,但闻其详细办法。对俄交涉,何言应有一委员会,请孔为长,彼及余为副。

空袭,十二时至一时半,日机击广安、合川及南川。

至海外部谈话。

王亮畴宴请美国共和党记者 Roy Howard。其人主张罗斯福为美国大总统重要人物之一,但彼除引美参战外不能有更好贡献,不懂 Bussiness,故失业者仍有一千五百万人,且不宜第三次任总统。Willkis 则极懂 Bussiness,其外交方针无多分别,但不至引美参战。又言,there should be more bussiness on the politics,but this politics in the bussiness. 此君曾历游澳洲、菲律宾、爪哇、新加坡、仰光而至中国,但拟早返美。其人聪明敏捷,为记者中之健才。

安南总督 Decoux 决计拒日,允中国运输海防存货。余即晚面告李博侯、林继庸。

九月四日　星期三　晴

昨日敌机袭广安、南充，今日闻袭沅陵、芷江。

晤吴任之。吴谈，曾在上海见左宗棠（在西北军事之后）接见属僚参谒，声势甚盛，但左面虚神疲，已入衰老之年；又曾见李鸿章自日本议和归来，由轮登岸时，神色严肃，衣箭袍黄褂，万众敬仰。又言盛宣怀天才卓越，在汉冶萍公司不收薪金，筹划大事极中肯綮；李一琴通英、法等文，亦一人才。又晤胡叔潜，言中国兴业公司已收购永川铁厂，兹已热心协和铁厂，并谓均已得孔同意。

接见 Jean Audinet，欲代售美钨砂一千吨（由华昌转售），言彼应取佣金 5%，安南收通过税每单位美金 0.85。又言，彼明日见孔，商售烟土于安南，又约周至柔商谈中国以飞机助法在安南抵抗日军。

阅薛岳赠《"剿匪"纪实》，记民国二十三年至二十五年"追剿"共产党军事，于军事地理所载颇详。历年征战煞费心力，箕豆相争，可胜浩叹，但藉此经历，养成将才，对日抗战，亦实有益。

九月五日　星期四　晴

函张宪秋，告以 China Institute in America 在 119West 57th Street New York City。

辅助金矿基金委员会首次开会，刘荫茀主席，邀余训话。

四行理事会（第 45 次会议），孔主席。议决有奖储蓄、增加存款利息、处理目前银根紧急各办法。

接见史维新（四川矿务局会六省四，资金六百万元）、郭森扬（款事）。

李国钦九月三日来电：美国大选后参战，三个月内需钨砂一百五十万单位（二万三千余吨），现已有六十万单位（九千二百余

吨），尚乏九十万单位（一万三千八百余吨），请中国供给，由缅甸
运往。

九月六日　星期五　晴

上午见蒋，以李国钦来电送阅。下午见孔，送阅同电。孔不信
美将作战，谓不过扩充军备而已。

杭立武宴太古施怀德等三人。王亮畴宴美记者 Rogal Gunni-
son（亦共和党），此君明日即离渝飞港。

行政院，孔召人讨论粮食办法。徐可亭言，卢作孚所拟管理大
纲必扰大乱。又见军委会所印布告。又闻将派青年一千二百人查
巴、江二县粮食。举动操切，恐多失当，动摇人心，可虑。

孔召节约建国储蓄会在嘉陵宾馆开会，空谈而已！

自七月下半月起至八月底止，四行自香港内运钞券数额

中央银行	155000000 元	中国银行	23360000 元
交通银行	69160000 元	农民银行	92990000 元
共计	340490000[340510000]元		

蒋九月三日手令要点：零户存款最好按月计息，银行招待须殷
勤，不得傲慢。商业放款应停止，农贷似可即停，以农村已不虑无
款也。严禁商业银行之比期放款，积极推广有奖证券。

九月四日，美国务卿 Hull 声明，日本不应争占越南。

Romania 首相 Antonescu 专政，废宪法，解散国会，迫王 Carol
Ⅱ 逊位赴瑞士，由其子 Michacl 继任其位。

德机袭伦敦，警报七小时半，为开战以来伦敦被空袭时间之最
长者。

九月七日　星期六　少雨

全国粮食管理局公布(六日公布)《四川省管理粮食暂行办法大纲》。

国府令(六日):定重庆为陪都。(宋时彭水名绍庆,南充名顺庆。)

Audinet 言,安南总督决计抗日助华。下星期,法大使、武官当来渝,商军事合作方法。

燕娟偕彩云自金刚碑来沙坪坝。

电复李国钦:三个月可供美钨砂九千吨,产额足,但运输难,盼助。又盼能助成借款,请径商宋子文。又电宋。又电告兰州钱乙藜。

接见张贻惠(少涵,到部任技正)、高维勋(到会任科长)。

为协助工厂疏散及保安,请发工调处基金五百余万元,呈蒋并提院。

接见德国记者 Fretz Von Btiessen,但美、德经济方式不同,战后当两均重要。彼言,德在战时年需汽油 20000000ton,其中五百万吨来自 Romania,二百万吨自苏联。

九月份各省收购矿产价格

	江西	1847 元		湖南	13000 元
	湖南	2046 元	汞	贵州	14000 元
钨砂	广东	2366 元		四川	14800 元
	广西	3446 元		广西	7510 元
纯锑	湖南	861 元	锡	湖南	7110 元
	广西	1186 元		云南	12445 元

日本飞机炸击重庆三十六次,共投炸弹七六八四枚,燃烧弹二五一二枚,共计一〇一九六枚。每弹重量以平均二五〇公斤计,即所投弹共重二五四九吨。

九月八日　星期日　雨

上午,余到部办公。

美海军长 Knox 至 Hawaii 视察军港及海军。

法内阁改组,以 Laval 为内阁主席,Petain 为政会主席,Weygand 不在阁员之列,但为非洲法属各地之首领,表示决意保全非洲法地对法中央之统一。

全国粮食管理局公布四川粮食调查办法,由四川粮食管委会联络有关事业,组四川省粮食调查委员会,向行辕政治部战干部调一百人,青年团劳动服务营调六十七人,派为调查技术员,限期工作。渝市社会局设联营处卅四家平价米,每日一千一百九十石出售。

渝市食米以前(本年一月以前)来自大河者为多(约百分七十),来自小河者较少(百分卅)。另有江、巴二县之山米,市内食用不甚多。自二月以后,大河来米突为大减,小河供给遂较重要,山米关系亦加大。三月份起,米价迭涨。嗣小河来源亦减,山米亦有问题。渝市公卖处售米价 3.7 元及 4 元,每人每月以二斗为限。农本局平价米价分为五十二元、五十元、四十八元三种。

山米价每斗三十余元,农本局每天供给公卖处米。每天以前为二百担,现增至五六百担,商人供米每天约一千担,供给军粮总局每月一万六千担。八月份农本局共供渝市米六万三千担。九月份农本局现存米一万八千担,可来者二万担。江、巴山米拟买谷碾米六万担。川米应供给第六战区之军粮,每月四万五千担,九、十两月之粮已有。九月六日行政院谈话时,孔主张:(一)四川各县钱粮应收粮不收钱。(二)各仓库存谷应出售;(三)兵士每月所得钱不加多,但粮食须充分供给,粮价不足之数皆由政府支发;(四)购买湘省环湖粮食以供军用;(五)新定办法应明白宣布;(六)严惩造谣惑众;(七)对藏粮较多者派员面为劝告,定期流动;(八)在四川勿急收粮。但此类意见蒋因急于图治,不肯见听,故无效也。

张建秋入动力油料厂工作,今日来谈。凤书来宅过夜。

九月九日　星期一　雨

国府纪念周,蒋主席。吴稚晖讲四十五年前总理在广州起兵革命,仅有枪二百支,藏于士敏土筒内,今日对日抗战,全恃志愿与气象。蒋责问不应漏读《党员守则》。

资委会纪念周,请傅孟真讲。

张悦联、许志湘自沪来渝。

招经济部各司长,商编卅年工作计划。

招资委会各处长,商改工矿建设三年计划。

美国目下之实力:

一九三九年七月一日,陆军航空队飞机二〇〇〇架,一九四〇年八月增至三二〇〇架,另已定购五二四五架。

一九三九年七月一日,海军航空队飞机一六四八架,一九四〇年八月增至一八九七架,另已定购二四二〇架。

一九三九年七月一日,陆军常备军一七四〇七四人,一九四〇年八月增至二八九〇〇〇人。

一九三九年七月一日,战舰三六四艘,本年八月增至四八〇艘,其中有驱逐舰五十艘(即转送英国),目前建筑中军舰一三二艘。

一九四〇年五月,海军实力一三六一六四人,一九四〇年八月增至一四七五一三人。

一九四〇年八月中,陆海军飞机共五〇七九架,至一九四二年可达三五〇〇〇架,目前已定造飞机七六五四架。

蒋电话,嘱电李国钦,为钨款［砂］借款事就近与宋子文商洽。

九月七日伦敦受德飞机大批(闻有四千架)烧炸,白天猛击,损失甚重。

九月十日　星期二　雨

行政院第481次会议,(一)四川建设公债七百万元;(二)工调处追加资金五百余万元,为工厂保护及疏散之用,以借款行之;(三)滇缅铁路为非必要,叙昆路可拆滇越路南段加轨;(四)昆明各校院迁移;(五)成都市长杨全宇免职,派余中英继任。

越南事:越南政府已签字允日军假道攻我,但谓我兵进越亦不反对。

接见欧德南(Audinet)。

张悦联来住沙坪坝宅中,明日偕燕【娟】往金刚新村。

九月十一日　星期三　晴

部中平价谈话,训斥燃料管理处办事糊涂,致市内无煤可购。朱谦揽权不治事,赵英达措辞不通,准朱辞兼处长职,派都樾周代理。与何淬廉商定,本月份担任全市粮米,自十月一日起移交粮食管理局,呈蒋备案。纱布办法,定于星期五下午宴商何应钦、陈良、王钟等。

接见谭声一、齐燠、刘祖彝、何杰(唐山工学院)、张奚若。

九月十二日　星期四　晴

十时半至二时，日机来击，十一架、九架、廿六架，炸浮图关、李子坝。《时事新报》馆被毁，海棠溪附近亦被炸。晚七时半，又来袭，三架，炸城内。

张岳军宅（大溪别墅九号），西南经建研究所董事会议，到者：张公权、何淬廉、吴晋航。

九月十三日　星期五　晴

十一时至二时半，日机炸国民政府、行政院、范庄、大溪别墅。（张岳军宅被毁，张移住何北衡处，在求精中学）。水泥厂亦被炸，受伤，闻修理约须一月。

在嘉陵宾馆宴请何敬之、陈良（军需署长）、王钟、严宽（参事）、潘伦（厂长）、何廉、吴味经等，谈供给军用棉布，棉花五万担（可再加五万担），价一千万元；棉布五十万匹，价三千万元，分六个月代购（十月至明年三月）。

英相 Churchill 广播言，德军将大举攻英，下周前后，为英国历史上极重要时代，英空军已加强，陆军已有一百五十万人，必誓死守土。又言空战平均损失德较多，为驾驶员六比一，飞机三比一。

日本代表团小林一三等换荷印，开始谈判。

昨日四行理事会第 46 次会议，孔主席。孔提四行须切遵理事会议决案办事，不得曲解或违反议决案，以图一行之私利云。

今日，交通银行防空洞中，徐可亭对农民银行徐子青大发威风，高声责骂。大约农行有人（周佩珍）向蒋言徐可亭之错误，徐可亭自认彼之发言为人误解，或谎报，因之大发雷霆，对叶琢堂、周佩珍、徐子青诸人均大表不满。徐子青唯唯顺受。不论曲直如何，可亭态度骄横至此，可叹！

昨今两日中国空军奋勇作战。凤书移住白市驿,亦参加拼命,安危如何,未知确息。为国努力,不惜性命,思之黯然!日人记载,本日中国飞机被击下二十七架,日机完全安返,且华机五十余架击落占半,日驱逐机仅二十余架。

九月十四日 星期六 晴 (阴历八月十三日)

日机二批袭九龙坡机场,警报十一时至一时半。晚七时半警报,至十一时,日机来者仅三架,在……投弹。

九月十六[五]日 星期日 晴

八时至十时,敌机八架炸曾家岩、中四路。

十二时至三时,敌机八、十三、七架炸曾家岩、上清寺、相国寺、猫儿石、南温泉等处。现在日机每批架数不多,分在数处下弹。

偕张悦联、郭景琨、燕至歌乐山,见及戴自牧、何熙曾、陶俊人、戴笠亭、胡光麃、薛桂轮。金城银行防空洞颇佳。

丁骕、李合颖来宅谈。

夜间二时至三时,日机三架来袭。

九月十七[六]日 星期一 晴,中秋

国府礼堂已被炸毁,八时改在军委会礼堂作纪念周,蒋主席,言中国炸毁老开铁道桥梁,极有政略及战略之意义;又言、党政人员宜安心,勿妄疑军纪及粮食。陈济棠报告农林部方针。孔私谈,Morgenthau 盼由环球公司售钨。

十时至一时三刻,日机来袭,南温泉政治学校及孔宅皆受弹。接见 Audinet、任叔永,皆明日飞滇。

孔言,Morgenthau、Jones 争购华钨,仍盼有若干交由世界公司出售。

某君言,王克敏首次赴日,当系为我国言和,去后返住青岛。

彼以司徒雷登为代表,与渝方接洽。

苏联因上次德、意、罗、匈四国在维也纳会议,兹照会德国,请将会议内容见告。

美国会投票通过《征兵法》。

九月十七日　星期二　晴

行政院第 482 次会。院昨被炸,有一弹重八百公斤(何应钦估计),但会议室及正副院长办公室仍可用。通过军服追加款一万四千余万元(原预算一万六千余万元)。何言,明年军政部需款六十万万元,军队五百万人。孔言节省之必要。

魏华鸥言,Goering 曾乘飞机在伦敦上空,归言四星期内可攻下。Bell 自港返渝,来见。

鄂生今日乘资委会车往成都。

蒋广播讲演,为明日"九一八"纪念日也。

第十八集团军(C. P.)在山西反攻甚烈,卫立煌拟趁此抢回晋城。

英国宣布八月十五日打下德飞机 181 架,九月十五日 175 架,英陆军二百万人准备抵抗德军登陆。

法 Vichy 政府逮捕 Leon Blum,是则 Daladier,Gamelin,Mandel,Reynaud 及 Blum 皆被捕矣!

九月十八日　星期三　晴

昨今两日敌机未来。据日人宣布,本年(四月廿二日至九月十六日)敌机袭川渝 40 次,击落华机 83 架,毁地上机 53 架,共计 141 架。

平价谈话,并对吴闻天及寿墨卿谈,忠实顺利结束国货联营公司平价物款。

接见顾翊群、傅斯年（傅言，中研院院长，张岳军请蒋示，蒋原欲任胡适之，嗣任余，最后已改朱骝先暂代。彼以为，此事王雪艇主见最多。王不欲适之离驻美大使任，但仍欲留此位以待之，故此时只有代理。王与骝先交谊并不佳，但此时则欲骝先暂代，因此骝先颇不悦。彼又言，总干事或请郭任远或请陶孟和兼）、王守竞。

接见德国新闻社主任编辑 Wolf Schenke（Schriblteilit）沈克。余告以大战之后德、美二大强相对峙，德对美宜示好意。彼言，诚然，中国届时可与德易货，向美借款。又言，德、英之战一月可完，德人并不愿日占安南。

张家祉言，重庆现行电价：电灯每度三角六分，优待者二角五分。电力每度九分或一角二分（以煤价每吨四十元计），实际成本每度二角五分三厘。现拟加价，电灯每度六角五分，优待五角五分。电力二角一分六厘、二角七分（以煤价每吨七十元计），平均电价每度二角九分七厘。

四行储蓄之标准数（截至本年八月底止）

中信局	44350000 元
中国银行	147850000 元
交通银行	70360000 元（本年一月起至七月底止）
农民银行	12980000 元
储汇局	108070000 元
共计	383629000［383610000］元

九月十九日　星期四　雨

敌机第三日未来。凤书来函：十三日我空军 E15 及 E16 四十余架在白市驿上空遇日机五十余架，我方大败，被击下十六架，死者十人，重伤者亦多，日机皆安全飞去。此为我方之空前大败，实因战机性能太低之故。苏联如此助我，果何意哉。

周钟岳嫁女，在陈家桥顾家院宴客，往返为时颇久。顺偕甘大光、李德明至黑石冲附近禁烟委员会石冲合作社参观，资本一万六千元，支出每月约一百五十元，社员七十余人。

折呈蒋，讨论管理物资及平价办法，措词和婉而忠直。

接见德国大使馆代表罗恒理（Heinrich Robreke），与谈欧战大势，盼德与英合理言和，勿形成德、美之长期战争。彼亲送德律师 H. A. Lorentz 为德国 Krupp Grusonwerk A. G. 商标事之呈文二件。又托 Muller of Debag 自长沙至温州旅行事。

孔函美财长，盼购钨砂二千五百吨（任嗣达来电）。余电询李国钦，并知照宋子文。

西班牙内长至柏林，又参战攻 Gibraltar 之势，但法国海军及非洲法属地又助英攻意之势。安南形势亦变，日人准备撤退。

九月二十日　星期五　晴（阴）

日机未来之第四日。何淬廉来谈，农本局事难办，经济作战部不久将成，拟请改组为农产运输公司或专做原定工作，否则请辞。彼已辞去三民主义青年团经济组主任，物价审委会任务亦因此可以脱离。又言，孔反对粮管局，故该局得款不易，徐可亭虽甚助，但四行愿不相从。卢作孚交徐而不交孔，故甚为难。

接见章培基，谈越隽草把场五字蛮石棉矿事。

周逸聪前由郭泰祺函介来见，谓习数学，欲任教中大，未成，改入政治部为专员,嗣又改任陆大。屡来余宅,已曾面戒。昨日又来宅,燕独在家,周语多不逊,且以身边有枪相胁。晚间来见,余痛加申斥,挥其速去,不准再来。

朱骝先来见,言勉任中研院事,准任叔永辞总干事,拟请陶孟和继任。又欲聘姜立夫为天文研究所所长,余桂云[青松]改所任研究员。此事不能成也,可为中研院前途一观。

德政府现为战事,每月开支 4500000000Mark,英政府£ 240000000。

九月二十一日　星期六

田季瑜寄来湘地质所西迁后工作报告。函黄汲清一千余言,盼立定志气,专心为学,挽回风气。

党部秘书处交际科长徐开平自称,曾得余允,带海军同学六人来水利司工作,实无其事也。青年军人如此行为,可叹。

接见鲁循然、伍智梅。

《自由西报》载国际电(二十日):英政府 Attlee 曾代表 Churchill 向英国会宣告:The Parliament will have the full opportunity to consider the fusion of Britain and United States is a historical project.

钱乙藜今日自兰州飞返渝,即往歌乐山,闻因恙痢后身体尚弱。

曹毓俊来谈,Solomon 代表美国银团来港商借款。因孔令侃、宋子良索经手款为数太巨,故不能成,盼有清廉人员更与商洽,经手费彼愿出百分之二。

滇越铁路实运货物吨数表

一九三七年	39142t
一九三八年	66187t
一九四〇年	148977t

泸州兵工厂(吴钦烈所管)每日产硫酸十五吨,无烟火药半吨。

内江资中,每年酒精厂用糖密三千万斤,值三百六十万元。

能用旧法造水泥者丁继光、陆宗贤。六河沟炼铁有经验者靳树梁、陈次青、申伯贤。城塞局局长马崇六,副局长李晋。

二十七年四月,外汇统制,指定物品出口者,须售结外汇于政府。

二十八月八月,规定桐油、猪鬃、茶叶、矿产为统销货物,取消结汇,凭准运单出口(国营专卖)。

中国植物油料厂公司销售各油:

26 年	343955 市担	值 12523246 元
27 年	289488 市担	值 13634795 元
28 年	257953 市担	值 26918473 元

廿七年四月—廿八年七月(结汇时代),公司运出桐油 46300 市担,结法币 1944000 元。

九月二十二日　星期日　阴

蒋邀午餐,遇蒋梦麟。彼言,西南联大五千人、四百吨,须费三百万元迁川。蒋言,现非必要。张忠绂言,美国政策原先重欧洲,后及远东,现则颇重远东。英海军管大西洋,美海军管太平洋。越南日如进兵,美不作战,则当利用新加坡军港及加强禁运。陈博生言,日本不至立即攻越,御前会议并未决定武力南进。

清华同学会开会,庆祝梅月涵服务二十五年纪念。蒋梦麟在北大已二十一年。王化成主席。

成都纸厂每日可出纸三吨半,资本需二百五十万元,内已有设备值五十万元(自谌家溪移来者)。

阅《柏林回忆录》(译自 *The Failure of a Mission* by Nevile Henderson）。

九月二十三日　星期一　阴

敌机未来之第七日。

联合纪念周,蒋主席。蒋作宾讲视察滇、黔,甚少要领。

张悦联、许志湘飞往香港。

接见江海潮(泛谈德国情形)、张莘夫。

闻日兵由桂入越,被法兵抗拒。

李国钦之华昌电复:Confidentially informal purchasing office of U. S. Treasury never ask U. T. C for China Wolfram, advise Dr. H. H. Kong tell U. T. C. leave enongh alone. Request our telegraphic absolutely maxime amount, no increase possible.

草拟《英德两国之石油供给》。

昨日(二十二日)下午,安南政府总督德古 Decoux 已签认协定,允许日军登陆,假道攻我,并可利用东京飞机场二处。日军当即由桂至同登。法军误会抗拒,但旋即停止。

九月二十四日　星期二　阴,晨大雾

行政院第 483 次会议。王亮畴报告,法国政府对顾大使虽面言如华军入越,法军当不抵抗,但从不肯用文书证明,实系有意搪塞,毫无诚意。内政张次长维翰携示龙云谈话,内言:日军假道攻我有二说,一谓专心攻滇,一谓声东击西,实则重在取渝;中国各区军队均能独立作战,重庆附近中央有重兵,决可无虞;云南将士保卫乡土,无用外援云云。似有不愿外省军队入滇之意。

电李国钦:宋子文函孔庸之,为钨砂售美事。

嘉陵宾馆晚餐,到者:张岳军、陈布雷、张公权、王文伯、何淬廉、顾季高、陈豹隐及余八人,商设计局工作方法。

九月二十五日　　星期三　　阴

敌人机未来之第九天。

平价谈话：十月起渝市粮食供应由二局市处早商办法。王子建告，璧山手工纺纱每月约三万斤，亦织布，价较渝廉，每尺八角。燃料处应早备预算，手续费三角，可自三十年一月一日起停收。

日军自桂侵越同登，越军抗拒，在战争中。

法国 General de Gaulle 乘英兵舰攻法属西非洲首府 DAKAR，法军抗拒，在战争中。

接见胡祎同、贝安澜、王守竞。

九月二十六日　　星期四　　阴

敌机未来之第十天。敌军自桂入越后，仍在谅山、同登与越军作战。法人认为，协定日军自海防登陆，假道攻华，今乃由华攻越，实系违背协定，故应抗拒，正争执中。

孔言：蒋电话告，宋电与美商定借款五千万美金，半数可自由利用，光甫借款之余款亦可利用，嘱孔核议。孔复，中国年产钨砂万二千吨，本年(十月三十日止)已允以四千八百吨送苏，且运输不易，款盼加多，还款期改以十年为宜。

四联会第 48 次会，孔主席。(一)四行分担国库应拨经临各款办法，自十月份起，每月应准备纸币四万万元，计中央、中国各任一万四千万元，交通八千万元，农民四千万元，在限度以内不得拖欠，在限外时可缓付。(二)增印节约建国储蓄券二十万万元，有十元、廿元、五十元至一百元券，不印五元券，必要时拟代添纸币。

日来钱乙藜在歌乐山，不到会，故会中要员往往往山而不到会，今日杜殿英、吴兆洪皆不在会，余欲请杜代表往国防工业委员会，吴拟美购钨砂电稿，皆无人办，故条令各处应在会办公，不可旷会。因公往歌乐山者,应报告主任委员知悉。又条令运务处及甘肃油矿筹备处,汽车不应滥载客人,如有公务人员,则应协助。会中纪纲不振,权责不清,可慨也。

接报告,腊戌至重庆来往汽车亦可带汽油。

贝安澜明晨飞滇,今日来见,与商在港收购私钨,盼港政府设法协助。

九月廿七日　星期五　阴,夜雨

敌机未来之第十一天。

蒋手令:行政院经济作战部改名国防经济部,贸委会、粮管局、平价处、福生庄等皆移归接管。与张岳军、张公权、何淬廉、魏伯聪谈此事。

呈蒋电宋,为借款运钨事。

孙越崎、恽震、莫衡、陈中熙自甘返渝。

朱骝先宅晚餐,遇见英大使 Archibald Clark Kerr、蒋梦麟、王亮畴、罗家伦等。

本日,在柏林,德、义外相及日本大使签订德义日三国联盟条约,互相承认欧洲及大亚东新秩序,互相合作,如有现未参战而来相反对之国家,三国共用政治、经济、军事各种方法以应付之。对苏联之政治关系不变。

九月廿八日　星期六　晴

敌机未来之第十二天。

对《中央日报》记者谈话(滇缅公路事)。昨日魏伯聪来谈,蒋手令设国防部事。今日,与秦景阳商改组办法,并与李博侯略谈。又与孙越崎商玉门油矿由彼经理,张丽门实任中福协理……

钱乙藜以宋子文电见示,曾向美财政部言明钨砂由资委会出售,合同托李恺代表签。加设国外贸易纽约分所,李为代理所长,吴志翔为秘书。钱言,宋返国后,当为财政部长及中央行总裁。

九月廿九日　星期日　晴

罗家伦、江海潮来访。偕孙越崎往歌乐山,访顾孟余、钱乙藜,晤霍亚民。

美国务卿 Cordell Hull 言,德义日三国条约即以柏林、东京方面人心不振,有予以刺激之必要。德攻英,日攻华,俱失败。至日本或将夺取荷印及英属马来,美政府并未加以严重之考虑,但若日本公然进攻美国生存攸关之区域时,则使美国舆论必将赞助对日采取激烈行动。

罗志希言,前星期一日常委会,蒋主席,商洽国民参政会新订条例,孔庸之主张不设,谓战争国家不应有此类会议。王雪艇言,虽苏联及德国亦有国会。孔又不赞成参政员由各省参议院选举。蒋言,此项会议仍为必要。乃定议。孔末言,我辈只好进元老院去。

钱乙藜言,宋子文当上台当权,约下月半内可到。

英空军击法沿岸 Calais,Gris Nez 等处,破毁甚烈。

九月三十日　星期一　雨(夜间雨尤大)

联合纪念周,林主席。丁惟汾讲内层与外层文化。最近数次纪念周,因蒋督促,文武官员到者特多,但讲者,陈济棠之农林方针毫无意义,蒋作宾之滇、黔考察不得要领,丁惟汾之文化空谈,莫名其妙。以外观之庄严,而每次皆是无聊之废话,仅使汽车五六十辆虚耗汽油。貌若认真,实反充分表显不上进的气象。可痛也!

资委会纪念周,莫衡讲运输情形,亦甚空泛。

何淬廉来谈,拟脱离农本局职。

与金开英商玉门炼油厂计划,拟用 G. O. P. C. 计划,日用原油一千桶,即四二〇〇〇加仑,得汽油 65%,即每日二七三〇〇加仑,每年约九〇〇〇〇〇加仑,嗣后续用 Dodgar 所提之 Houdry 第二法,制炼飞机汽油。

王雪艇请晚宴,有英大使 Clark Kerr 等。董显光映演 Universal Newsreel 欧战电影。

十月一日　星期二　雨

行政院第 484 次会,孔主席。(一)西昌祥云公路六千万元(每公里十万元,贵矣哉。交通照例如此计算);(二)《陪都建设计划委员会组织规程》;(三)钨砂出口运输,资委会要求每月三千吨。交通张公权谓,每月能运五千数百吨,现月运桐油三千吨,故必不运桐油方能运钨砂。余言,美国国防委员会军需部为备战计,要求急运华钨,须有三个月每月各运三十[千]吨。资委会现有二千吨在昆明以西,一千一百吨在六寨,一千四百吨在三合,三百吨在滇省;钨业处尚有存砂四千五百吨以上,故存货已有九千余吨,结果拟月运一千八百吨,五个月运完。张公权索先付五十万美金。余返会后,嘱钱乙黎于下午与彼续商,因张明晨即往西北也。此君不重视责任,而只知付钱,可慨。

与魏伯聪、蒋廷黻、何廉面商国防经济部组织,拟设对敌封锁、物资供应、物价平准三司。嗣余又拟改为统制总监部,拟具大意,送魏呈蒋。

接见普莱 Curt Preu(Hapro: Handelsgesellschaft fuer Industriele Producte)及韦尔纳 L. Werner(国府路 A 字二九五号,电话二六七一)二德人。普莱将经滇、沪,经西伯利亚铁路返德。余告以德义日三国联盟,德国尊重日人所造之大东亚新秩序,而日人现欲推翻我政府,因此深感德政府何至忽然变化如此,使部分华人颇为怨愤。在德为大使者，深感为难，不知德方真意究竟如何。普莱言，德人深信，远东和平非有蒋委员长为主之中国政府不可。日本仍盼与此政府言和，德人深望能成。

接见张道宏（段祺瑞之婿）、江海潮。

燕娟昨随孙越崎往金刚新村。

昨日（九、卅），日机廿七架，烈炸昆明。

何敬之言，中央军已有一部分由百色、剥隘开入滇省之富州，故外间所传滇龙拒绝之说与事实不符。

渝市庆祝建设陪都。

十月二日　星期三　阴

日机未来之第十六天，以近日攻越忙也。

孔召何应钦、彭学沛（张公权已往西北）及余，徐可亭、魏伯聪亦到，商财政三年计划。孔言，三十年度支出近一百万万元（＄10000000000），款从银行借来，以周息八厘计，每年应付息八万万元（＄800000000）。事实上国库收入从未能到此数。各机关务宜体仰时艰，力避浪费。

呈蒋言：七中全部通过设经济作战部，为统一事权、增加效率计，请设统制总监部，蒋亲任总监。附送条例及系统表。

与恽荫棠谈，资委会担任国营事业宜更提高效率。

购孙中山书字三幅。

孙中山赠蒋联云：“安危他日终须仗，甘苦来时要共尝。”其推重之殷可想。

澳洲空军已移往新加坡，防日攻也。美国海军舰有访问澳洲之说。

十月三日　星期四　阴

日机未来之第十七天。接见谢家声、杨重熙、赵龙文、黄育贤。

四行理事会第 48 次会,孔主席,有奖储蓄办法。

日军在海防登陆者已有三万八千余人。

十月四日　星期五　晴

空袭警报十时至二时,闻日机三批,约一百架炸成都。未到重庆之第十八天。接见夏浮筠、恽荫棠(明日飞滇,托其商迁厂事)、时昭涵(新到会)、刘祖辉(报告调查西京电厂案)。

商订各公司厂矿节建储蓄数目,本部及所属机关认储经费预算数百分之五(约共六百三十万元)。

昨日,中国飞机到北平散发蒋"七七"告民众书,及"九一八"告军民及日本民众书二十万份。

日本参谋总长闲院宫辞职,杉山元(Sugiyama)继任。又,驻越代表西原(Nishihara)返日,易为住田(Sumita)。

英内阁改组,Chamberlain 引退。

自小龙坎至牛角沱,沿嘉陵江岸之山坡,已凿之防空山洞已共有一百四十八个。

以 Duboc 所著 *L'Indochine Contemporaine* 一书送借魏伯聪。

十月五日　星期六　晴

十时半至二时,空袭警报,日机三批炸成都。未来重庆之第十九天。

接见尹建猷、顾季高(将改就农民银行业)、罗凤超(清华出身,后在伦敦 School of Economics 毕业,新辞武汉大学教授)。

行政院准发四百万元于电力公司,为移装鹅公岩之用。

十月六日　星期日　晴

蒋宅谈话,因空袭未成。警报自十一时到一时,日机36架炸重庆(已隔十九天未来矣)南纪门、弹子石等处。

至新桥附近王文伯处(中国实业银行宿舍,颇佳)。又偕至歌乐山钱乙藜处。

宋子文三日来电:美方秘密表示,中国抗战关键在此一二年,故对各项条件不可过于注意,最后决定借款(三千万美金)。第一年还百分之八,第二年百分之十,第三年百分之十五,第四年百分之十七,第五年百分之五十。惟声明必要时可延长年限,年息四厘。

中国售美矿产品约计如下:

(甲)自越南运往者,钨砂4870吨,约值美金4870000【元】;纯锑6400吨,约值美金1790000【元】;锡400吨,约值美金400000【元】。共计7060000【元】。

(乙)准备续售者钨砂9000吨,约值美金9000000【元】。

(丙)借款(以三千万美金计),钨砂(第一年)2400吨,约值美金2400000【元】。以上三项共计18460000【元】。

重庆附近纱厂近况:庆新,开工者1400锭,每天出纱4件;裕华,开工者13000锭,每天出纱24件;豫丰,开工者11000锭,每天出纱20件;军部,开工者8000锭,每天出纱15件。共计33400锭,每天出纱63件。

十月七日　星期一　阴

联合纪念周,王亮畴讲外交:(一)越南问题;(二)滇缅路开放问题;(三)德义日三国联盟。

接见伍智梅及顾凌霄(往内江管糖密)及鲍国宝。

日前,Hitler 及 Mussolini 在 Brenner pass 会见,商洽国事。

前日,美海军部长 Frank KNOX 演说:海外敌人如以不能接受之要求相逼,则美国海陆军皆可作战,且可操必胜之权。措辞极为激昂。苏联国防领袖 TIMOSHENKO 亦言,苏有遭外界挑衅威胁之可能,应准备应付非常事变。

对苏联第二还款年度,廿八年十月三十日起至廿九年十月三十日为止,截至目前已运出矿产及价格:钨砂 1500 吨(尚欠 3500 吨);纯锑 1165 吨(尚欠 3835 吨);锡 1550 吨(尚欠 1450 吨);汞 50 吨(实运足)。共计约值美金 4240000 元,尚欠交 3770000 元。

兹拟补送汞 50 吨,值美金 200000 元;锡 600 吨,值美金 600000 元;钨砂 60 吨,值美金 60000 元。共计约值美金 860000 元,应尚欠值美金 3110000 元。

1935—1936 年各国发电力比较表(1KM 约等十个人的力量)

美国	43000000KM	德国	14000000KM	
英本部	12000000	法国	11000000	
日本	6000000	中国	870000	约占美国的百分之二

1927 年德国电机制造业情形:

霭益吉,资本 185000000 马克,资产 464900000 马克,职工 65000 人;

西门子,资本 240300000 马克,资产 706500000 马克,职工 110000 人。

目前中国电工器材厂,资本 7700000 元,职工 1330 人。

十月八日　星期二　晴(夜大雨)

行政院第 485 次会议,(一)黄河决口工程,补发三十万元;

（二）行政院需提三十年度概算原则……

接见 Audinet（言法军不能作战，日军到安南后，并不在攻云南）、江海潮（想做参政员，告不能为力）、Deane（Christian Science Monitor）。

凤书来家住宿。刘航琛请晚宴。

德国军队开入 Romania，闻意军已开往。

十月九日　星期三　阴

平价谈话，说明福生庄不宜以营业妨碍纱布平价。

接见 Bakunin（苏联商务代表）。余说明：（一）本还款年度欠送矿产品三百余万美金，盼以一九三八年十月三十日以前已送之矿产品提先一年抵充。彼允电莫斯科请示。（二）下年度（本月三十一日起），应送矿产品价值一千一百余万美金，内拟加多水银，并加少量铜砂，分水陆二路运输。合同本月内盼可商定。运输我国担任至猩猩峡为止。汽油供给办法，俟续商谈。彼方均同意。

天府煤矿昨日发大水，停工。

英国已通知日本政府，自十月十八日起开放滇缅公路。

美国国务院电美领事：劝告中国、日本、香港、越南之美国侨【民】，在目前交通尚为便利之时速即返国。

德国能利用铁矿砂产额（单位千吨）：

Germany 3100（1938），Austria 671（1937），Chekoslovak〔Czechoslovaia〕595（1937），Poland 270（1938），Noway 1030（1938），Sweden 9136（1937），Luxembourg 2287（1929），France 18000（1929），共计 35090①。

---

① 原文如此，应为 35089。

其他各国(德国所不易利用者):

Spain 3185(1929),Spanich Marocco 782(1937),Algeria 1640(1938),Tunis 508(1929),French Marocco 140(1938),共计 6255。

意国 510(1937)。

英国铁矿矿砂之供给(单位亦为千吨):

英本国 1400(1937),英属地 611(1937),外国 6339(1937),共计 8350。

美国 Cordell Hull 与英大使 Lord Lothian 谈话,Frank Knox 与 Admiral James O. Richardson 谈话,皆商洽远东问题。

十月十日　星期四　晴

八时,国府大礼堂国庆纪念会,蒋、孔、于、戴、居、冯、何等皆到。林主席讲:民国八年国庆日总理曾讲,革命尚未完成,须努力造成三民主义民有、民治、民享之国。今抗战已至第四年,正为民主阵线奋斗!

沙坪坝南开中学国庆纪念会,俞主任及女男生各一讲话。

偕凤书、婵娟、珙书游华严寺,毕后送凤书至含谷场。

日机三批来炸重庆,又一批炸北碚区署及织染厂。

本月八日,英首相 Churchill 在下院说明,滇缅路禁运三月期满后决即开放。德义日三国联盟(九月廿七日在柏林签订)之用意,首对美国,次对苏联。英驻美大使明认,日内正与美政府商洽远东问题,日本方面或即藉口开放滇缅运输而起事。

上海美领事说明,美国召回侨民,但各银行及重要公司仍暂不去。

罗志希来谈,对于孔系及张公权之贪污颇为慨叹。

十月十一日　星期五　雨

潘宜之自桂返后，到部办事。

蒋宅午餐。陈博生谈，日本闲院宫、伏见宫皆反对近卫之与德、意同盟，因而辞职；松冈最近发表谈话，颇为软弱，盖避免对日〔美〕挑衅，且上海日陆军对美道歉亦有此意。不过美国决不承认日本以武力强造之所谓新秩序，故日、美关系仍甚紧逼，未必日本即能取得和缓。可虑者，苏联方针究竟如何。

刘文辉、丁次鹤、冷融至部来谈。蒋请刘晚宴。

张文伯、白健生报告共军"扰乱"情形，何敬之亦认为未易理喻。蒋言应面告周恩来，速即实行制止，如果再言而无信，则当封禁共产机关。周等亦应速即离去，完全破裂亦所不惜。

白健生新自西北考察归来，言玉门油矿为大事，须慎防空袭，并对孔言之。

蒋以余之统制总监建议交张岳军及余会商具呈，又与秦景阳、何淬廉商之。

蒋言：罗斯福诚为政治人才，任用共和党二要人为陆海军部长，此为美国破天荒举动，实际上极为有益，美国全国必能随美国之领导而取一致方针。反之，暹罗盲从日本，却是自取灭亡。希脱拉与墨索里尼会见，商定猛攻埃及以取苏伊士运河，同时日本必攻缅甸及马来半岛。

十月十二日　星期二　晴

十一时至三时，日机五十架炸成都。

以宜宾电厂失火事，鲍国宝、楼钦忠记过一次，纪瑞明记大过二次，留职察看，日前桂阳电工器材厂又以失火闻矣。

蒋以魏拟《国防经济部组织法》及余拟统制总监部办法均交

张岳军核议。张拟以贺耀组、何廉为次长。

十一时晨,上海市长傅筱庵(年六十九岁)在虹口宅中为仆人用斧劈死。傅于廿七年十月在沪活动而任市长。汪政府派苏锡文代理上海市长。

十月十三日　星期日　晴

随父、谢蘅窗同至璧山县之青木关,应陈勤士、蔼士之请。有六十以上老人十七,年最高者李春朗八十二,闻六言八十,钮惕生、周惺[生]甫亦到。闻等各携有诗稿,照相饮酒,至下午三时余始散。是日,陈立生一子。接妻及燕返沙坪坝宅。

十二时半至二时,日机来袭。

我军于十一日克复马当要塞。

接见那威代办 T. Knudtzon。其人代表在英之政府,而不认德国创造之组织。

十月十四日　星期日[一]　阴(晚雨)

国府纪念周,何敬之报告十八集团军及新四军在苏北"争夺"情形,以徐向前为首,已以参谋总长名义电令朱德制止,并面告在渝之周恩来,如再不听,则政府对共党当根本改变办法云云。今日纪念周,秦景阳亦到。

大华纺织厂总经理石志学来谈,军部收纱定价太低,沿途查货需索拖延,实情也。

访刘文辉于晓园。刘言,西康事业负责协助。

张岳军邀设计委员晚餐于嘉陵宾馆,商蒋手令,拟(一)战后建设方案,及(二)新实业实施方案。指定陈豹隐、吴尚鹰、何浩若、何廉、王文伯等七人起草,秘书长及副秘书长参加。

行政院令:奉国防最高委员会令,各机关彻底迁移。其办法实不易行也。

昨日，敌机猛炸昆明，损失甚重。

十月十四[五]日　星期二　雨

行政院第486次会，讨论国防最高委员会江令，各机关限十月卅一日前完全疏散，由卫戍总司令部接收房屋。孔、徐及余等皆认为不能实行。经济部答复行政院，说明不妥理由，勉尽忠直贡言之责。

阅定上蒋折呈，附送《甘肃油矿扩充计划》。二年计划需用国币七千余万元，美金三百万元。至卅一年八月起，计可日出原油七万加仑，汽油四万四千八百加仑，即年产汽油一千六百万加仑。

嘉陵宾馆晚餐，张岳军宴请刘自乾。

许世英自港返渝。

十月十六日　星期三　晴

平价会谈。

接见 T. A. Steele（Chicago Times）。

四时至六时，日机来炸七星岗、桂花园、海棠溪。

请彭浩徐、潘光迥（交部）、陈地球（中国运输公司）、项雄霄（运输统制局）、曾昭六（西南运输处），商洽五个月中运钨砂九千吨至腊戍办法。张道宏、吴兆洪、许粹士作陪。

十月十七日　星期四　晴

十一时半至二时空袭警报，日机十八架，专击大溪沟电力厂，落弹五十余颗。厂中三弹，变压机受损，电力全停。

接见陶俊人、鄞云鹤、恽思、陶鹏远。

今日下午四联会，未到。运输统制局会，俞樵峰主席。对于贵阳、定山间月运八百吨钨砂事，闻未通过。

宴请刘自乾、张伯常、杨叔明、丁次鹤、冷杰生、顾季高等。

《史鉴节要便读》,道光年间和州鲍东里(古村)著,起自盘古,迄于清初,四言,六卷。卷七为会稽金石所补,叙至日俄战争。

十月十八日　星期五　上午阴,下午晴

偕张家祉往视电力厂昨日被炸后情形。锅炉房受二弹,但锅炉仍可用;发电机未坏;变压机旁受一弹,机受损,但可修正。余尚完好。

见蒋,报告:(一)运矿产品往苏联办法;(二)运钨砂往美事;(三)甘肃油矿需用美金;(四)重庆电力厂受炸及修理情形。蒋命贺耀组速改高射炮地位,专保护电、水二厂。

与孙越崎商甘肃油矿组织。

日派建川往苏联为大使,盼订互不侵犯条约。

昨日,敌机炸昆明马街子,电工厂及炼钢厂受损。

江西钨砂之成分限制如下:

锡最高百分之一.一四,铜百分之〇.一二,铋百分之〇.二八,钼百分之〇.〇一,硫百分之〇.六一三,砒百分之〇.〇五二五,磷百分之极稀。

越日协定:日本军兵可入二万四千人,但目前事实上日军分驻海防者五万人,河内二万人,其他地方者三万五千人,并占机场五处。孟节、凉山、河内、老街、顺化附近之批□降落伞部队二千五百人已到海防(不甚确)。

十月十九日　星期六　晴(夜大雨)

接见胡石青、张百基(暹罗华侨代表)、张莘夫、童冠吾、严冶之(自滇来)、张道宏(商任油矿总务长)。

昨日滇缅公路开放,大批货车满装军用品内驶昆,未受日机炸击,但日机炸昆明及个旧。

宋子文及 Jones 在美接见记者,谈及借款。美国会外委会长 Key Piltman 谈话,称松冈(日外相)为 Bluffing bull dog insignificant Soldier。

德国在罗马尼亚之 Galatz(Danibe 下流)制造潜水艇,在 Conslanta 建筑军港。

有美国出飞机五十余架抵 Manila,有来华之说。

马鸿逵(宁夏主席)来渝。

重庆电厂被炸后,今晚小龙坎一带电灯又明。

英大使 Archibald Clerk Kerr 请茶会,孔到,但不久即去。杭立武言,美国、英国如此帮助,中国理应改良行政,不宜再缓(指孔应退也)。

十月二十日　星期日　上午小雨,下午晴,夜大雨

偕张丽门、林继庸自望龙门乘洪顺发之小轮,上驶至李家沱,约行一小时半而至。其地为工矿调整处所发起经营,现已有上川实业公司章乃器(并见其妻)、蒯毅,现用内江糖作酒精,目前已日出三百五十加仑,可增至一千五百加仑。糖浆池容量五十七万余公升(Litres)。酒精现出百分之九十五余,可加至百分之九十九。又有硫化钠厂,用芒硝(Na_2SO_4),烧至一千七百余度,用炭还原,以得 Na_2S。已有烧锅三只,生铁制,每只重三吨半,洪顺发所造。炉灶在建设中。又参【观】庆华颜料化学厂公司办公室,周星堂等所办,经理乐作霖(润田),随行工程师沈学源。已购外国药料,可造 Dinitrochlorobenzene,并可用天原之漂粉。又参观中国毛纺织厂公司,在彼午餐,徐谟君陪同说明。建筑最大机器,已运到者只有五吨,另八十余吨已自昆明运输中。全数必要者约一百五十吨,纺机极旧,有二千锭。手工拣毛,现用工人四百,将来工人共一千五六百人,其中四分之三为女工。又参观沙市纱厂,机器已租江新轮上运,现尚未到,建筑大致完成,经理萧……。又……陪同参观电、水、码头等各公共事业,设委员会管理。又有消费合作社,亦共同组织。码头有二。大路名经济路、工矿路及咏霓路,又名复兴路。此为政府发起工业区之始。由政府圈地购买,分配各厂,共同筹划公用事业。又参观李家沱之恒顺机厂,为周仲宣所创,由汉口搬来,现为民生公司所合办,资本各半,其子茂柏经理其事。上午工作,一个月出货值八十余万元,本年可达二百万元。制煤汽机及锅炉,翻砂能至五吨大件,尚存钢料及六河沟生铁数千吨。李家沱公用水塔造成后,每日可供水四十万加仑。

日本国富:日本人民每人每年平均收入一千七百元,全国人口七千万人,即全国国民总收入一千二百万万元。必要生活费约一千一百万万元,所余至多十万万元。(此数收入似太大,是否每人每年收入一百七十元?)

日本全国财产合计约三百余万万元日金。日本公私银行、邮政储金局及保险公司等,存款总数为一百五千万万元。以上二项合总富不过五百万万元日金。

十月二十一日　星期一　雨(夜大雨)

纪念周,李文范讲民族主义,无甚精彩。

程中石来渝,与谈钨砂出口办法。杨华日自粤来渝。

招集重庆工矿实业人士如刘鸿生、余名钰、庞赞臣、潘仰山、魏文瀚、周茂柏、孙越崎、周锦水、寿毅成等六十人左右,在资委会议事室商洽推行节约建国储蓄办法。经济部盼可认储六百万人[元],已得实认约九十万元。

孙哲生已于昨日自港返渝。

读吴达诠著《花溪随笔》。

十月二十二日　星期二　雨

行政院第 487 次会,孔主席,对交通部事批评颇烈。孔言,各公路局现仅收到三月份款,何以交部拖欠至六个月之久?包工人多大赢利?而各路完后即修,辄需国库发款,养路费不知何用。徐次长言,并非攻击个人,造公路征工,工人不但不得工资,亦不得饭钱,以致人心怨愤。又,交通部现装电线,所用竹竿八千根,皆现成征收,并不给价,故川东人心怨愤,组织刀子会,与官吏为仇。大局安危,不可不虑。陈济棠言,许多人民皆信政府官吏贪污太甚,极应据实举发,否则民心动摇,较共党"扰乱"更为可畏。交部由彭次长代表答言,征工系由地方政府代办,有某省政府,交部已送五十万元,而省府并不实发……如上云,实觉纲纪废弛已至极点,如此重大情形而政院只付空谈,未有整顿办法,不胜悲感!

接见谢蘅窗(言乐平煤矿虽受炸击,不宜停办)、宋……(代Steward 来见)。与孙越崎、金公弢谈油矿事。与史维新言合办矿务公司事。与尹建猷言地质所事。

昨日,日机炸滇缅路澜沧江桥。日派荷印交涉之小林返日,谓宜参加开国二千六百年纪念以后拟再往荷印。

接见齐树平,持任乃强函来言,盼中英庚款会在康定设学术教育机关,地质调查所派员长期工作。

十月二十三日　星期三　雨

邱吉尔对法人广播:□□□。

美国前驻法大使 William Bullitt 演说:□□□。

英政府劝告远东英人,离开远东及中国之沦陷区(沦陷区约有英人一万五千人)。

日派松宫顺至安南,商经济合作。前在荷印商洽之小林特使奉召返日。

尹建猷、李赓阳来谈二十万分一地质图之办法。

十月二十四日　星期四　晴

四行理事会第 51 次会议,孔对平价及粮食管理事说闲话。

顾季高为代理农民银行总经理。

请英大使 Sir Archibald Clark Kerr 晚餐,王雪艇等作陪。

日本信闻,日本贮存油量为 2160000000 桶(即合 360000000 吨)。此数似太多,如果如此,则日本不怕美国禁运矣。日本本国年产油 3100000 桶(即合 517000 吨),则较可信。

Hitler 与 Laval 在巴黎会商德、比合作战英办法。Hitler 嗣又至比西边境,与 Franco 面商加入战争。日大使建川已到苏联首都。

十月廿五日　星期五　晴

张锡羊来谈新威冶铁事。

十时至二时,日机五十余架分三批来炸,豫丰纱厂、大鑫钢厂皆【受】弹,朝天门着火,新村亦受弹。交通银行防空壕内,门颇受震动。晤见李组绅。

美拟空军二队至菲律宾。

国府派谷正纲为社会部长。

西南实业协会开会,蔡纶(又名仁抱)讲上海情形。

蒋邀参政员茶会。

英驻美大使已返伦敦(Lord Lothian),美驻英大使 Kenedy 亦启程返美;日驻美大使崛内启程返日,驻苏大使建川至苏,使荷印专使小林返日。加以 Hitler 至法、西二国之活动,此数日诚为世界外交最忙之时,皆以求扩己力而弱对方也。中国却尚未有作为!

十月二十六日　　星期六　　晴

十时至一时,日机十五架炸击城内。

英国大使来谈,谈及国共二党不易真心合作。国民党政府贪污官吏太多,共产党虽较有纪律,但其国际政治意见全随莫斯科为转移,而不以中国立场为依据,若并非中国人也者,亦太可惜。

法国大使 Henri Cosme 来谈,在安南之日军只有六千人,用机场三处,亦认情形不幸,应付为难,但对中国仍具好意。谈后往谒蒋。

Havas 记者 Puru Dufour 来谈,询中国政府专营商业情形。

何涤廉来谈,徐可亭拟改组农本局为土地银行,兹拟提改组为农产运销公司。何又言,茶业公司办法荒唐,吴达诠为实业部长所设农本局、茶业、植物油料厂及国货联合三公司办法皆非尽善。

闻蒋明日赴蓉,吴达诠将与张岳军同往。(蒋实未往。)

李组绅谈,华侨企业公司前与陆子安、陶季鲁所代表之云南矿务公司订合作合同,已商定延期至本年十二月十五日止。华侨企业公司方面应筹资本一千万元,胡文虎已交三百万元,菲律宾侨商尚未交股。杜月笙、钱新之、王正廷热心其事,拟商孔加入政府股本二百五十万元,余由中央、交通认股。炼厂拟在大屯海旁,矿区为荷叶坝,次为黄毛山等处。此事显然又为孔、宋之争。

李组绅又商合办机械厂事。

十月二十七日　　星期日　　雨

十时半到一时半,日机击成都,但未炸重庆。

访孙洪芬。罗志希来谈。

捷克军力(未亡以前)：□□□。

十月二十八日　星期一　晴

敌机未到渝。闻绍兴已失守。

纪念周，孔庸之报告政治及财政："有人谓中国要人有外币存款二万七千万美金，不应屡借外债。实则财政部长付款及外币汇兑均有法定手续，决不能捞钱。外国借款系友邦乐助，义不可辞。""有人怪货币膨胀，故物价奇贵，其实钞票确已加多至六十万万元，但货币并未膨胀(听众皆笑)，且钞票系银行发行，并非财政部发行。""物价之涨因供给不足，运费升高甚巨，工价涨高。""财政部只收税，不开盐店，故盐之足否，财政不能负责。"其言似辩，而实太幼稚。

李组绅来谈华侨企业公司资本一千万元中，孔言经济部、中信局、交通银行各加股一百五十万元。

接见陆子冬、刘□叔。与程中石谈钨矿管理事。

钱乙藜已往龙溪河，吴景超偕行。

电胡适之及齐焌(齐现居德国)。

李国钦来电言，美国政府现有钨砂九千吨，现由南美及南非购到三千二百吨，中国下年还债三千吨，下年度美国自产四千吨，南美洲产假能全购约五千吨，尚余剩市场需要四千八百吨。

收部发旅费五百元。以节建储券 1150(存款 500 元)元捐赠地质学会学生奖学金基金，由周柱臣携去。

合众及路透消息，皆德拟促进苏与日交，然后劝使中国政府与日方和，而劝日勿承认汪组织。原与汪交涉之阿部现已返日。故余电询齐焌，并告胡，急讨美助。

美政府照会法维琪政府，注意 Havana 泛美议决案，西半球法之属,美可收管。

十月二十九日　星期二　晴　自渝至桐梓,至贵阳

晨,偕孙洪芬上午八时一刻自海棠溪乘汽车起身,在綦江加汽油,十二时半在东溪午餐。一时半在东溪起身,经赶水场后,山势突高,盘旋而上,复略下降,经酒店垭、韩家店(地皆穷僻,已入黔省境)而至松坎。綦江上游之松坎河,自南北流入川。过松坎后,又经蒙渡、新站等处,仍沿此河上溯。嗣越花椒屏人岭,车路回环,屈曲而上,登顶后又略下降,至一小平地。于五时一刻至桐梓县内,宿中国旅行社招待所,颇整洁,有西菜。主任诸载之,嘉定人。捐寒武五元,付司机张阿友二十元。

闻附近新迁来兵工第四十一厂,工人一千有余。

十月三十日　星期三　晴　自桐梓至贵阳

上午七时,自桐梓出发,经山地至遵义,地较平坦,又经息烽,渡乌江(已有浮桥),于十二时半至三桥。薛次莘、莫葵卿来接,同至贵阳招待所,住 502 号房(中华路,独狮子,省图书馆)。

十月三十一日　星期四　晴　贵阳

中基会执委会第 138 次会议,在周寄梅宅,孙洪芬及余皆到。

偕何辑五、莫葵卿、陶咸九同参观油脂厂(杨克夫,游毅),制造油墨、油漆及油衣(每月出产约三万元);植物油料厂(桐油、代柴油每筒 48 加仑,即 165.7 公斤);玻璃厂(萧泽);化学工厂(杨起)造肥皂、洋烛(用漆蜡)、墨汁等;油厂(徐伯銎)试制中;烟草公司(林天帆),黄河牌卷烟,每日出三十万支,烟草出平坝,质最佳,贵定亦有出产;印刷所(崔濂);□新电厂(韩德举);矿务局办事处;企业公司。

企业公司晚宴。

我军已克复南宁。

上月廿九日,中航机自渝飞滇,在霑益为日机射伤堕落,机师Kent及乘客六人皆死。机名重庆。此机前名桂林,于廿七年八月廿四日自港飞渝,在中山县被日机击落,胡笔江、徐新六均死之。兹又遇此厄,霍亚民未知在内否。

十一月一日 星期五 晴 筑

省政府月会,到者数百人,余讲《国防工业建设概况》。省党部讲演会,余讲《建国宜养成积极向上的风气》。

接见陈职民(贵阳市商会)、张荣□(参议员)、蔡森久(商会)、张慕良(商会)、商文三(参议会副议长)、薛次莘。

偕莫葵卿参观汽车修理厂,拟改为修装厂,修有车约三十辆。黔灵山侧材料库(有钢板、胶轮及另件)及二铺附近之山洞,可藏汽油约八万加仑,加远新设修理汽车厂。又参观工矿调整处之材料存货七十余吨,主任秦则颐。

莫君言,西南运输处有汽车六千辆,实用者仅一千五百辆;中国运输公司有汽车二千数百辆,实用者约七百辆;贵阳商车约共五百辆。

四行薛蓉城、章伯可、赵雨圃、胡上炎请晚餐。

程中石、贾胜之、张莘夫自渝到筑。

十一月二日 星期六 晴 筑

接见刘含章(高等法院院长)、王新元(机械厂【经】理)、李葆和(煤气机总经理)、葛宏夫(宏慎建筑师)、丁继光(水泥厂)、夏□云(大夏大学教授)。

偕何辑五、莫葵卿参观卫生委员会、饮水供应渠、头桥水泥厂址、农业实验所。

美对中日贸易额(1940 年 1 月至 9 月)

华货输美	474000000	较上年同期加 74%	较 1936 年同期加 16%
美货输华	68250000	较上年同期加 60%	较 1936 年同期加 80%
日货输美	104000000	较上年同期加 2%	
美货输日	165000000	较上年同期加 64%	

贵州矿务局贵阳办事处现存精汞八六瓶,三〇·二〇二公斤。每瓶汞重七十六磅,计合三十四公斤四七二九九。自筑运昆,九月二十日交运一五八瓶,七月一日交运一二八瓶。贵阳又存毛汞二瓶,八一九公斤二〇〇①。

偕朱季青(章庚,卫生训练所所长)至云浮[图云]关参观中国红十字会总会救护总队部(China Red Cross Medical Groups)。其中心人物为林可胜(Robert Lim),并有张先林(外科)、周寿恺(内科)、周美玉(护理)、容启荣、施正信(防疫)、过祖源(环境卫生)等为助。器械、药材为前方用者,配制装箱,可运前方,X 光镜手摇可发,滤清饮水,清护水井,灭虫等皆有训练。医院可用[收]病人一千人,现有六百人,备受训练者实习。现有四大队在前方(襄城、邵阳、弋阳、柳州),现计划拟每战区各设一大队。总队运输股有汽车二百辆(多由华侨捐送),实用者六十余辆,显微镜、X 光镜亦多出捐助。附近有军政部卫生人员联合训练所,林可胜兼主任,卢致德为副。分四班,工作颇为有系统及秩序。据闻医师待遇最多三百元,颇富努力服务精神,多出林可胜提倡率导之力。林住宅在山顶林中,中室悬蒋立像。林现自港至韶,拟于八日返筑。

---

① 原文如此。

葛正权送来液化沼气替代汽油计划书。葛住贵阳西湖路西湖里养园。

宏慎建筑师葛宏夫（心源曾□□，住会文路 14 号）言已建科学馆及陈列馆，共估价约十六万元，现因材料价涨，计亏四五万元。

张莘夫曾见叶纪元（建厅长）及虞振镛。叶盼尊重省溪土劣之权利，否则难保治安（！）。余嘱张：汞矿分三大区，一为湘之凤凰、晃县，及黔之省溪铜仁；二为川之酉阳、秀山；三为黔之三合、八寨。皆为宜采收。

十一月三日　星期日　晴

偕周寄梅等至花溪，先参观清华中学。兼任校长虞振镛（慈溪人），学生二百人。余对学生讲《尚志》。嗣至碧云窝何纵炎宅午餐，摄影。下午四时，至贵阳商会欢迎会，陈职民主席，卢晴川相陪，到者约五十人。余讲《应勉新生活、新组织以贡献国家》。晚访王伯群于其宅。王主应造湘黔铁路。

意军自 Albania 攻希腊，希军反攻入 Albania 境。

英以"机中炮塔"向美换得"瞄准器"。

欧战第一年中，各国船只被毁者共 1080 艘，达 4096000 吨。英国共损失 396 艘，计 1516000 吨。轴心国被击沉、被俘及自沉者共 131 艘，计 1300000 吨。英国同盟及中立国损失 503 艘，计 1235000 吨。英损失平均为每周三万吨，而第二年开始后十三周间，每周平均为六万二千吨。

自十月廿九日离渝来筑，至今日已六天。

十一月四日　星期一　晴　贵阳至桐梓

晨八时，偕孙洪芬自贵阳出发，十二时至遵义。午餐后至何家巷浙江大学，由胡刚复陪观各处及江公祠（江炳琳，造新城，与苗匪战而死)，颇庄严，现为浙大图书馆。又晤王季梁、叶左之诸君。下午三时三刻自遵义起身，约六时至桐梓，住招待所。过乌江后即至老君关，山势颇峻。遵义以北，过板桥后即上娄山，设有娄山关，为桐梓县之南塞，在此验米。

十一月五日　星期二　晴　桐梓至重庆

晨六时三刻自桐梓起身，即登花椒屏，山势较娄山尤峻。一路多山，至新站附近略平，但峻阪复起。中经松坎，至酒店垭，为川黔二省之交界。又至观音桥，皆在山中。旋山势渐降，经赶水、东溪，于十二时半抵綦江，在五芳斋午点。一时半又自綦江起行，四时至重庆。

黔省公路里程略记如左：

贵阳至遵义157公里，小汽车每小时可行42公里，

遵义至松坎135公里，小汽车每小时可行40公里，

贵阳至黔西125公里，黔西至毕节117公里，毕节至威宁175公里，

贵阳至安顺95公里，贵阳至马场坪115公里，马场坪至独山115公里，

独山至六寨73公里，马场坪至镇远148里，镇远至玉屏95公里。

贵州企业公司人员如下：

董事长何辑五，常务董事周诒春、王志莘、徐广迟、徐寿屏。

董事彭瑚、张兹闿、叶纪元、赵宗溥、程志颐、薛迪锦。

监查人何玉书、林继庸、王韧、陈子培。总经理彭瑚，陶理①陶桓棻(咸九)。

---

①　原文如此，应为副总经理。

十一月六日　星期三　晴

回部、会办公。昨日,美国选举总统,Roosevelt 或 Willkit 当选,尚未揭晓。今日,孔柬邀中美人士在嘉陵宾馆开会,象(代表共和党)驴(代表民主党)竞走。

访傅斯年。傅言,余松云助员尽去,朱骝先拟改为天文数理研究所,请姜立夫为所长。

川康经建委员会自二日起在成都开会,蒋未去,张岳军代主席。到会委员 68 人,内有贺国光、刘文辉等,五日闭会。

意军攻希军在 Albania 之 Koritza 地方大战。

日前,在某会场,周恩来言:中国外汇存款达一万七千万美金,而政府只知借外债,加重国民负担。张西曼言,财政当局孔氏有此大存款,罪实可诛云云。秦景阳言,昨日行政院会议,孔提论及此,颇为愤愤,曾讨论如何处分张西曼之办法云云。

李博侯言,日内煤炭及棉纱市价颇为平稳,而粮米价值特涨。粮管局多写文章,而事实上迄少成功。

尹赞勋函请辞所长职,函复留之。

美国 Roosevelt 当选为第三任大总统。

十一月七日　星期四　雨,甚冷

苏联十月革命第二十三年纪念日,大使馆茶会,英、美、法大使均到。

训练班讲演。

四行理事会第 53 次会议,孔主席,对农本局及四川丝业公司颇有批评,并言银行家不宜大赌。

十一月八日　星期五　阴

日军占宜昌附近之南津关。

【至】浮图关训练团讲话，见及第七十五军军长王耀武。

七弟文波来谈甘肃油矿，彼谓永昌油极佳，但出自断层而非自背斜，且倾斜太急，故范围恐不大。

接见叶友才（华生）、史久恒、云照坤（粤省银行）。

十一月九日　星期六　阴

接见 Bell、Hull Patch。

十一月十日　星期日　晴

接见朱子元、丁龙骧。妻与燕往金刚新村，当日返。

苏联在 1934 年投资于国家经济各部门的钱，共达 30200000000 卢布；德国在 1935 年税收达 9600000000 马克，公债 4100000000 马克，共计 13700000000 马克。

今日为日本二千六百年建国祭。日本明治帝于明治五年十一月九日宣布改用阳历，以次年为明治六年。六年一月四日废止上巳、端午、七夕、重阳五节，代之以"神武即位日"及"天长节"。同年三月七日，定以"神武即位日"为"纪元节"，并定为神武即位在周惠王十七年辛酉岁，以后不准再有异说。又相传神武即位诏有"奄六合以建都，并八纮而为字"语句（此即所谓"八纮一宇"之根据）。日本史家批评：石黑浪速著《天地开辟史说》言，照此计算，最初九代之日皇皆应八十以上生太子，长命者活到二百余岁，否则不能连接。那珂久[通]世言，神武纪元非周惠王十七年辛酉，而为汉宣帝神爵二年辛酉，其实日人历史原无文字纪录，在持统女帝（唐中宗）以前（即西历七世纪以前），当无通记岁次月日，至延宝八年（康熙十九年）习中国历数的保[涩]川春海始仿中国年表，著《日本长历》一书，因而增入。由是可见其伪造古史。

希特拉演说与英作战到底，分化领袖人民，称美为巫师。

英国 Neville Chamberlain、美国 Piltman、中国汤尔和皆病殁。

余广播：《我们应节约储蓄，以增长国力》。

十一月十一日　星期一　晴

国府纪念周，王亮畴讲外交。

杭立武宴 Hull，Patch，Rogers，Mackenzie 等。

何淬廉昨自蓉返渝，面言：日人愿与我政府言和，华北可不特殊化，曾商之张岳军，日内贺贵岩往蓉，或亦有关（！），未知结果耳。

接见国际通讯社记者 Belder，谈一小时。

苏联 MOLOTOV 往柏林！

沈君怡面送《中国经济建设纲领》初稿（中国经济建设协会编印）。

十一月十二日　星期二　晴　总理诞辰

Rogers 来谈 T. V. 与蒋合作宜设法，供给专款。

访陈布雷，适罗家伦来谈中央大学学生伙食请愿事。

钱乙藜偕其夫人及子来访。

十日及十一日，Romania 大地震，Bucharest 被毁甚重，煤矿亦有着火者。意军在 Albania 战败。

十一月十三日　星期三　晴

行政院第 490 次会议，社会部长谷正纲初到出席。卢作孚报告管理粮食办法，但对于四川粮价暴涨（每斗四十余元，比上年此时涨十五倍），并无即可有效之方法。议定国立各学校粮米救济办法。

接见葛敬康（商贵阳油厂办法）、王之玺（谈云南钢铁厂事）、俞国钧（化工材料厂事）。

文波来谈甘肃油矿事。

与钱乙藜谈日人提和事。

今日为王亮畴六十寿辰,行政院赠册页并午宴。

十一月十四日　星期四　晴

接见高维勋、刘玉麟(国外贸易事务所驻甘人员)、阎树松(甘省机厂)、尹建猷等。

《大公报》记者张季鸾、曹谷冰、王芸生,请英大使、孙哲生、何敬之等晚宴,在柴家巷四十号康宅。

苏外长 Molotov 已离柏林返苏,未签何协定。

英海军在地中海 Taranto 与意海军相战,英得胜。

十一月十五日　星期五　晴

接见尹仲容,谈驻美矿产品贸易事;刘宝忠谈筑东煤矿事。

行政院对外易货委员会第一次会议,孔主席,凌冰(主任)、俞大维、庞松舟及余,搜集已来及已送清账。

行政院粮食会议,孔主席,到者二十余人。此时粮价(米每斗四十余元)较上年同时升十五六倍,盐、煤、棉纱则皆在十倍以下,但大市场皆缺乏供给现象,实极可虑,自宜急救。目前之急,粮食管理局局长卢作孚迄少办法,军人只知索军粮,而不知大局为更可虑。此次会谈仍不易有效也。

罗志希在朱骝先宅晚宴美大使 Nelson T. Johnson 及秘书 MacDonld。

近时渝市久无空袭,昆明亦已平安八九天。日本御前会议意见一致者,大约即系对我言和,故目前时局又有日本欲和气象。王芃生以为,虽牺牲汪亦所不惜也。

十一月十六日 星期六 晴

Konx 演说，美国宜力助中、英，不对任何方面姑息，助华于短时间内宜与助英相等。余函复 Rogers Green。

接见支秉渊、任叔永。与陈皓民谈湘南电厂。

十一月十七日 星期日 晴

偕妻及文波往北碚及地质调查所，及度量衡制造所。

本月十三日，日本御前会议，阿部、板垣皆到，商中国事件，意见一致。

十一月十八日 星期一 微雨

纪念周，孔庸之报告，又提及周恩来、张西曼所言中国存积外汇一万七千万美金事。嗣为社会部长谷正纲及次长洪兰友、黄伯度就职典礼。监督员张继训词："汉奸有二类，一为大众共知，彰明昭著之汉奸，如汪精卫；一为后方服务，常言抗战建国而行为实多害国之人。许多坏行为，使社会崩溃、政事纷乱而实大官庇护，甚至其家太太、小姐、少爷种种妄行，法律不加处治。"其意明系指孔辈而发。此人向肯直言，此日尤见精神。彼又言："行政院中设社会部，不但为中国创制，亦开世界各国未有之先例。"此亦事实也。

接见郭葆东（商谈钨锑价）、严敬斋（孔因傅沐波不易为中国兴业公司经理，拟任吴任之为总经理，严为协理。严则盼为总经理，留胡子昂为协理）、李祖芬（谈甘肃油矿事）、费福焘（谈新造二十瓩装置事）、戴技正（会计处人员）。

十五日，德机猛攻英国，Coventry 之飞机工厂损失甚重。希腊军已占领 Albania 之 Koritza 城，意军受挫。Taranto 海军战，意主力舰中，三艘受创极重，英国则有主力舰十六舰，尚有三新舰即可加入,故意国军事相形见绌。且 Corfu 及 Crite[Crete]二岛又同归英海空军利用,故意形势不利。

英国每月能出新机二千架,购美机约四百架,德国则每月能出三千架,故英仍不及矣。兹 Coventry 机厂被炸,则出产必更减少,势非由美加增机数不可,故英之抗战殊为艰苦而不易也。

促各司加速办文,准月薪在 240 元以下者,每月各借五十元。

十一月十九日　星期二　晴

行政院第 491 次会议,蒋代管院,定公务员、教员及眷属发给平价米办法纲要,讨论颇久。

共产党接参谋总长何及副长白电令后,由朱德发长电辩护。

送南开房租一百元,南开不收。派尹国墉为纽约分所所长。

美国收买矿产机关为 Procurement Division of the Treasury Department。其用途为长期积储,至特别必要,经大总统特令时,方得使用。

中国矿产中特收钨砂及水银,又为 Metal Record Company of the Reconstruction Finance Corporation 购钨、锡、锑及锰。美国每年自产钨砂五千吨,南美 Argentina, Bolivia 等合产五千吨,共一万吨,购他国钨砂约共一万五千吨,以中国为大宗,葡萄牙年产三千吨,一部份亦售给美。美国政府现拟储足二年数量。

十一月二十日　星期三　晴

钱乙藜、杜再山、陈皓臣等往川西。

与严冶之、孙越崎谈话。

接见 Bukulin, Prokhoroff, Saratovsky, Kugminsky, 订立 Contract for the Year Nov. 31,1940~Nov. 30 1947,规定应送苏联

$$\left.\begin{array}{ll}\text{Wolfs. ore} & 4000 \text{ ton} \\ \text{Antimony} & 4000 \text{ ton} \\ \text{Tim} & 5000 \text{ ton} \\ \text{Mercury} & 200 \text{ ton}\end{array}\right\}$$ 总值 U. S. ＄11865000

请 Bukulin、Mutiushin、Prokhoroff、Saratovsky、Kugminsky、吴兆洪、许粹士，在嘉陵宾馆晚餐。

毛邦初在美国商航空事。英受德军空军炸击甚烈。德、意外相及罗、匈、南国等使臣在 Vienna 相会。保王曾往德国。

上月十九日，何、白以皓电令共军(第十八集团军及新四军)，朱德、彭德怀、叶挺、项英以佳电(本月九日)答复，措辞甚辩，并请中央宣布是否假"共同剿共"为名向日投降。

下午二时，在建设新村《大公报》社讲工矿事业情形，约二小时。曹谷冰、王芸生招待。

十一月二十一日　星期四　晴，晚雨

接见严冶之(谈新威铁厂)、吴蕴初(谈天利淡[氮]气厂)、孙越崎(谈甘肃油矿)。

德空军猛炸 Bermingham。匈牙利加入德义日三国联盟。

周作民代表中国油矿公司，请延长甘、新、青三省勘矿权五年，批复不准。

于冰来商纸厂借款及作文送 China Monthly。

十一月二十二日　星期五　晴

往黄沙溪，参观大川实业公司工厂。机械厂以济南搬来之陆大机器厂设备为基础，已开工，制车床及纸烟机，旧经理……；制针厂以青岛移来之大中针厂为基础，旧经理为尹致中，尚未开工，因机未到齐。董事长崔唯吾，兼做牛皮胶及砂纸(火柴盒用)。又做石棉绳,已出产,石棉来自西康,每吨价二千五百元,较棉花尤廉。工人约二百名,其中最大多数来自山东,约百分之四五为本地人。宿舍颇齐整,膳食由公司供给,每人每月约五十元。为题"制作精良,经营完善"八字。又参观新昌新机器厂,规模不大,徐建邦(山西人)所办。二家皆能翻砂。

请美大使 Nelson T. Johnson 及 MacDonald、Weid、Lafoor、杭立武、尹仲容、罗志希、傅斯年、蒋廷黻、顾一樵、袁守和、王化成、任叔永、孙洪芬、林伯遵晚餐。

国防最高委员会秘书长职务,现由陈布雷执行,由李惟果及陈芝[芷]町协助。

昨电蓉钱乙藜,令电蓉刘治万,为川人所批评之国营矿业事。

十一月二十三日　星期六　晴

接见李组绅,谈华侨企业公司与云南矿务公司合作事。

接见孙越崎、金公弢,谈甘肃油矿事。金对动力油料厂情形说明,自明年一月份起,每月出汽油五千加仑(每日四百加仑);柴油二万五千加仑(每日一千加仑);滑油二千加仑。汽油价每加仑二十元,即每月产值十万元;柴油价每加仑十八元,即每月产值四十五万元;滑油价每加仑二十元,即每月产值四万元。三者共计每月产五十九万元,即全年总产值七百〇八万元,预计应可得盈七十二万元。

接见黄文治、李承祜、路平甫,谈运务处款事。

访任叔永、孙洪芬、傅孟真等。

英国 Air Marshall Boycl 为意国俘获。

十一月二十四日　星期日　晴

孙越崎、文波、张丽门、都樾周来宅谈话。

罗马尼来又继匈牙利之后加入德义日三国协约。

意国庆祝 Koritza 之胜利。

美国第二十大队空军抵菲,加强空防。

新定美购钨砂标准：Wo_3 60%，Sn 2.2%，As 0.5%，Cu 0.12%，Po 0.5%，Bi 0.4%，Mo 0.4%，S 0.75%。

十一月廿五日　星期一　晴

在南开讲《青年立志的途径》。

李组绅来谈华侨企业公司事。

下午三时,在行政院会议粮食办法,何敬之、白健生、俞樵峰皆到,卢作孚提治本治标办法。

晚宴谷纪常、谷正纲、商启予等。

又往朱骝先宅,陈布雷亦在。

十一月廿六日　星期二　晴

行政院 492 次会,为《取缔囤积日用品办法》,徐堪谓为提倡囤积,扰乱市面。余责其过火。

交通银行聂光堉来谈华侨企业公司事,余告胡文虎投资甚少,及缪、陆相争情形。

接见何北衡(谈水利局事)、姚传法、张肇元(合川路桥办事)、贺耀组(滇西飞机场事)、程式、邹□、杨树棠(大华钢厂)、何淬廉、郑朗昭、欧德南、刘鸿生。

凤书自昨晚起住家。

日本元老西园寺(九十二岁)逝世后国葬,以后不设元老。

日派野村使美。美派 Leahy 使意。

十一月廿七日　星期三　晴

接见吴达诠、孙洪芬、蔡承新、金瀚、胡叔潜、罗文柏。

与严冶之、靳树梁、王调甫谈事。

何北衡邀晚餐,商谈四川水利灌田事。

今日粮米跌价,每旧担跌十三元,成都米价亦续跌。

Bulgaria 联苏联,不附德,不参战。

英国战费每日九百一十万镑。

电力厂因修理锅炉,自今日起停发电,但上清寺附近电灯仍能供电。

十一月廿八日　　星期四　　阴,晚雨

接见刘鸿生(毛纺织厂公司筹划资金四百万元)、章剑慧(面粉价格及煤矿)、郭葆东(滇钨锑价)、吴半农(派为简任秘书)、叶子静、秦馨菱(往西康)、孙越崎、严冶之。

严冶之与张锡羊谈定,购新威设备价二百五十万元正。

矿产品易货价格:

钨砂每吨 11000 元	纽约价每单位 17 美金,香港 23.25 美元
纯锑每吨 4500 元	纽约价每吨 260 美元
锡每吨 16300 元	纽约价每磅 0.51 美元
水银每吨 42000 元	纽约价每管 207 美元

十一月廿九日　　星期五　　晴

蒋宅午餐,有张伯苓、黄任之、吴达诠、李幼椿等客。陈博生言:日本枢密院会,有条约司司长、法制局局长等参加,当系讨论日汪条约。阿部及周佛海已自日返南京。日承认汪组织,即当实行。张子缨言,中国联美应与经济合作,先解决远东问题。

接见任叔永(明日飞滇,孙洪芬已飞港)、谢天锡、周茂柏(商合办协和铁厂)。

苏联 Molotoff 自柏林归苏后,面见邵力子,告以继续援华,已

允美派领事至海参崴,又允助保加利亚守和平,不加入轴心方面。即罗马尼亚之内乱,亦恐与苏联有关。凡此皆见与德、日并不友助。英海军在地中海又毁意军舰三艘,希军仍往前进,凡此皆见意军力为难。惟德国猛炸 Birmingham、Bristol 等地,使英国制机数量减少,又击毁英国商轮数量更为加多,颇使英国为难。

报载胡适之、宋子文见美国赫尔谈话。

十一月三十日　星期六

以 *Constructive Efforts of Industrialization in Free China* 一文送董显光。

胡文虎呈请加入华侨企业公司,资本一百五十万元,折请孔核示。

李景潞与魏莲如(魏文瀚之妹)在嘉陵宾馆结婚,由余证婚。

以甘肃灯油送孔及徐。

谢天锡来告,刘季辰电乐平煤矿锅炉受炸,损失颇重,修理需时。

估计 1940 年工矿生产价值如左:

煤	2000000 吨	价 50 元	共计值 100000000 元
铁	50000 吨	价 700 元	共计值 35000000 元
金	500000 两	价 600 元	共计值 300000000 元
铜	800 吨	价 1500 元	共计值 1200000 元
钨砂	12000 吨	价 12000 元	共计值 144000000 元
锑	12000 吨	价 5000 元	共计值 60000000 元
锡	12000 吨	价 16000 元	共计值 192000000 元
汞	150 吨	价 50000 元	共计值 7500000 元

续表

炼冶工业			共计值 56000000 元
机械工业			共计值 25700000 元
电器工业			共计值 20600000 元
化学工业			共计值 30300000 元
纺织工业			共计值 119300000 元
食品工业			共计值 38900000 元
电动力			共计值 12000000 元
共计			共计值 165000000 元

四川米价比较表:

县市	九月上半月	九月下半月	十月上半月	十月下半月	十一月上半月
成都	39.25 元	73.25 元	91.47 元	97.00 元	108.97 元
重庆	37.00	37.00	——	78.00	99.00
自贡	47.67	62.00	64.87	68.00	69.25
泸州	60.53	70.72	71.67	82.12	113.40
内江	85.13	84.42	93.30	103.12	115.32
遂宁	80.93	84.27	87.13	120.81	146.70
万县	43.39	47.87	52.23	55.48	67.20
南充	60.53	64.80	79.00	97.01	101.41

　　十一月三十日,汪精卫在南京以中华民国国民政府名义与日本国代表阿部信行签订条约,汪方作陪者有周佛海、林【柏】生及梅思平,阿部方面有日高信六郎及松本俊一。所签订者为(一)调整中日两国关系条约九条,(二)议定书四条,(三)谅解五条。上午九时十五分在南京国府。此即汪所自称重建国家之重要工

作也。

重庆国民政府十一月十日令:汪精卫即汪兆铭通敌祸国……近更僭称国民政府主席,公然与敌人签订丧权辱国条约……亟应尽法惩治……一体缉拿,如能就获,赏给国币十万元。

重庆外交部部长王宠惠声明,汪为傀偏组织,全属非法,任何行动对中国人民及任何外国完全无效,其所签条约亦属非法,全无拘束。任何国家承认该组织者,我政府与人民当认为最不友谊行为,不得不与该国断绝通常关系。

十二月一日 星期日 晴

偕妻至金刚新村见父,午饭后同至北温泉一游,即返寓。现在汽车已可直通北温泉,故路途已较前为便矣。孙越崎往金刚村。

昨日日汪签约,又由"满洲国"派往南京之枢密大臣臧式毅与汪组织互相承认;又发表中日"满"三国共同宣言。

日使方面人物,除阿部信行外,为日高清[信]六郎(Shinroku-ro HIDAKI)、松本俊一(Shunichi MATSOMOTO)、影佐(Sekaaki[Akira]KAGESA)、须贺(Hikojiro SUGA)。

上午十一时,日机九架飞至渝,但未投弹。

十二月二日 星期一 晴

国府纪念周,蒋报告:近卫第一次组阁时,有三大事:(一)与德订立反共协定;(二)对华侵略开战;(三)倡导东亚新秩序。近卫第二次组阁时,又有三大事:(一)在国内提倡新体制,以期统一人心;(二)订立德义日三国联盟;(三)与汪伪组织签订协定,又发日"满"支共同宣言。此协定并无丝毫实效,但为历史上侮辱中华民族之一大污点而已。

十一月三十日(即日汪签约日),美大总统 Roosevelt 宣言,美国已与中国代表商定借款五千万美金,另有五千万美金亦即可商订。国务卿 Hull 对记者团声明,只认重庆政府为中国唯一合法政府。

钱乙藜、杜再山等已于昨晚返渝。

接见周焕、夏宪讲、张心田(六月飞港,往美)、马新吾(代张办事)、贝安澜、顾一琼。

英大使 Aachibald Clark Kerr 请晚餐,有何敬之、俞大维、张公权、Blackburn、Millar 诸人。

希腊军队攻克 Koritza 后,又攻占 Argirocastro。意军易统帅 Badoglio。英、意海军在 Sardinia 附近会战,意舰受伤。

十二月三日　星期二　晴

行政院第493次会议。(一)易货委员会开办费二一二五○元,每月经常费一八○○○元。(二)滇越铁路不接收,代管时代维持费已发一百万元,另发机厂费一百万元。(三)交通部添设公路督察处。(四)中央制药公司官股七千万元,官[商]股五十万元;董事九人,官股占三人;监察人三人,官股占一人。(五)合作及劳工事,经济部移交社会部,准备案。(六)孔报告,蒋函设物资总监部,蒋自任总监,贺耀组、曾养甫为副监。内设管制、稽核、财务各司,贸易委员会、农本局、物价平准局、对敌经济封锁局等附属之,嘱孔核议。

孔午宴法国大使 Cosme 等。宴后,与孔谈:(一)华侨企业公司事,孔已交李组绅洽商;(二)贺、曾二人为副监,及物资总监部事,孔颇感慨。

与钱乙藜、叶渚沛、孙景华、曾世英谈话。

德政府认汪日订约反对苏联,与德方针不同,大约不至承认汪政府。泰越有空军战争。

鄂北战事,孙震军作战颇力,王缵绪及冯治安军偕同抵抗,日军有引退之势。我军收回镇南关,广西已无敌军。

钢铁专家会议,余讲钢铁厂事业之亟待推进。

十二月四日　星期三　晴(夜雨)

会谈物价办法,(一)海防平价货物办法,宜函外交部长;(二)以米价为煤价标准,宜使煤价安定,不多变化。

访吴达诠,又函送合办筑东、林东煤矿办法大纲。

接见刘贻燕(盼设雅安电厂)、黄人杰(犍为焦油厂立式炉烧煤炼油成绩:每炉烧煤每次五小时,每天可烧四次,共用煤半吨。每煤一吨,可得汽油一加仑半,〔气体中亦有汽油一加仑半〕,〔质极好,蒸发温度一七五度〕;灯油一加仑,〔蒸发温度二三〇度〕;柴油五加仑,〔蒸发温度二七〇度〕;沥青三十磅,半焦〇.七吨,出品总值约四百元。拟改良炼法,使灯油加入于汽油,所得汽油在二三〇度蒸发,并修改柴油使在三三〇度蒸发。)

新定收购矿产品价格(本月起实行),由资委会矿产品评价委员会议订(单位:元):

钨砂	江西	2600	锡	江西、湖南	7110
	湖南、广东	3000		广东	6110
	广西	3446		广西	7510
	云南	10080		云南	12495
纯锑	湖南、贵州	920	汞	湖南	13000
	广西	1181		贵州	14000
生锑	湖南、贵州	400		四川	14800
	广西	700	铋砂	赣、湘、粤、闽、桂、浙	2600
锡砂	江西	2150	钼	赣、湘、粤、闽、桂、浙	2000

中国与美国,及日本与美国商务变迁概况:一九四〇年一月至十月之十个月期间:

本年十个月	上年十个月	增加
自中国输往美国货值 77581000 美金	同意值 48488000 美金	百分之六十
自日本输往美国货值 122677000 美金	同意值	减低
自美国输入中国货值 67508000 美金	同意值 40170000 美金	增加
自美国输往日本货值 191413000 美金	同意值 179337000 美金	增加

谷正伦飞至兰州就主席职。

日机在个旧芷村投弹。

德机猛炸 Southampton，破坏甚烈。

尹赞勋请辞所长，余复留之。

十二月五日　星期四　晴（夜雨）

寄于斌（野声）以 *China Fights Japanese New Order* 一文，为 *China Monthly* 用。

接见 Longway、Louwen、潘铭新、鲁循然、董时进。

工业专利办法筹议委员会训话。

蒋令速拟西南国防工业计划。

四行理事会第 57 次会议。会完时，孔言美国允借一万万元美金，英国可借六百万镑，抗战胜利已有把握。

朱子元、廖……来谈。

陈嘉庚离闽外返，对陈仪治闽办法颇为不满。

十二月六日　星期五　晴（一夜雨）

接见潘铭新、沈昌（与谈个旧锡矿事）。

经济专委会开会，萧铮、罗霞天等提出《非常时期食粮管理法原则》,主张公有,不得自由买卖,国家得强行征购并公卖之;公有食粮一律存公仓;征购粮价,中行搭发节建储券,人民凭食粮准购证向公卖处购用。

财专会审查资委会建设预算,徐可亭大言宜多用款项,赶紧建设。不知钞券有限,不禁浪费也。

阅定下列各书:一、《张居正年谱》,滕山著;二、《文天祥年述》,傅抱石著;三、《三年计划》,蒋经国著。

与 J. E. BAKER、吴味经商谈红十字会美布分配办法。

十二月七日　星期六　晴

接见丁耀中(城固县长)、石延汉(福建气象局局长)、孙越崎、俞物恒、王性尧等。

行政院以设立物资总监部事征军、财、交、经农各部意见。

英国派至新加坡总司令 Air Marshall Sir Robert BKOOKE-PO-PHAN[BROOKE-POPHAM]言,将尽可能方法保守新加坡及远东属地。

美总统 Roosevelt 乘 Tuscaloosa 军舰巡视 Carriban Sea,至英属 Jamaica,行动情形,极守秘密。

英国会有工党议员讨论议和,辩论极烈,卒以大多数投票通过续为作战。美国 Mirganthan、Jesse Jones 皆发言,可以财政助英。又,美国允借款一万万美金于 Argentina 国。

希腊军已占阿尔巴尼亚之 Santi Quaranta,意军续近,总司令 Badoglio 辞职。

以 Gedye, *Betrayal in Central Europe* 还张平群。

阅 J. Maynard Keynes, *Position of Indain After Year of War*。

十二月八日　星期日　晴

齐树平、袁复礼、张鄂联来宅。

孙哲生邀晚餐，有张君劢、吴达诠、许静仁、江万平诸人。

石友三在河南为卫立煌枪决，其弟友信亦同时枪决。

十二月九日　星期一　晴

国府纪念周。何应钦报告，月前何、白以皓电致朱德等，彼等以佳电见复；复由何、白电劝尊重中央命令，诚意为国。

接见陈长蘅(批评川康兴业公【司】章程，拟呈委座)、李组绅(告以云南陆、缪互争锡矿，华侨公司加入纷纠，殊为不值)、傅斯年(袁守和有神经病!)、Anna Louise STRONG、程义法(新自赣、湘来)、邝森杨、罗文柏(明日飞港)。

闻马寅初因屡骂宋、孔，并怪蒋只为抗战领袖，不能大义灭亲，以为民族英雄，致为政府传告戒饬。

十二月十日　星期二　晴

行政院第494次会议，(一)甘肃油矿款应由银行借用，并即组公司；(二)褒恤钱昌淦(桥梁专家)。

接见袁守和(病后，自谓已痊)、林伯遵、Ralgh A. Ward、Luman J. Shaffer、胡光麃(争办协和铁厂)。

国防工业委员会第八次会议，余初任主任委员。到者：贺耀组(副主任委员)、徐可亭、朱森(周至柔之代表)、俞大维、钱昌照、彭学沛，列席者：杨继曾、孙拯、罗志如。为甘肃油矿事，钱主张款应由国库拨，公司俟第一期计划实行后再为组织，与徐争辩。

十二月十一日　星期三　晴

晚宴吴达诠、汪楞伯、霍亚民、沈立孙、徐景微……

苏联警告德，勿经过保国出兵。

日机击梁山。

十二月十二日　星期五　晴，大雾

日机入川，未下弹。

乘机至成都。贺国光适自成往渝，遇见邓、刘，访见……邓晋康、刘自乾、向传义、陆季□、张岳军。邀中国工程师学会在励志社晚餐。余住北纱帽街85号川康铜业管理处。

十二月十三日　星期六　晴　成都

工程【师】学会专题讨论中国实业计划，陈立夫主席，叶秀峰说明，顾毓琇读序文，许心武提意见。军校午餐。航空谈话会。

访 Guibanli Bechamp（贝珊）。贝前任法国外交部驻蓉交涉员，极力法大使戈思默□德收受，与日友好，极不可信。Népre 已离大使馆而去。

川康毛织公司等十四家请晚餐，盛绍章致词，余答之。

十二月十四日　星期六　晴　成都

上午在寓谈话，接见铜管处诸君。

在张岳军宅午餐。

下午，在军官学校讲话，教育长陈继承招待，听众四五五八人。

购书：陈澧《东塾读书记》、顾祖禹《读史方舆纪要》、严复《群学肄言》、《吴梅村全集》。

市政府等五机关公宴，市长余中英（原为邓晋康之参谋长）。

十二月十五日　星期日　晴　成都

洪深甫等导观启明电厂及新建设中之麻柳湾分厂。又观建川电化工厂，导者言，电化工成分99.3，现在每月铜约六吨，拟加多至每日用0.5吨，即每月15吨。铜线造12、14、16号，以14号计，每吨铜能拉线长25公里。川人向育华、陈……等痛评"粮食政府"之办事不善。

下午,在省党部公开讲演《生产建国》。陈筑山亦讲四川建设。

晚,中国工程师学会公宴,给凌鸿勋以奖状(造粤汉铁路),宣布新当选会长凌鸿勋,副会【长】恽震。

昨晚(十四日)开矿冶工程师学会年会,议:(一)参加实业计划研究会(翁、曾养甫、孙越崎、邵逸周、叶秀峰);(二)工程团体联络及联系办法;(三)本会现在进行办法。

十二月十六日　星期一　晴　成都

金陵大学及华西大学纪念周,刘世传、张凌高二校长招待,余讲《风气》,注意:(一)去伪崇拙;(二)实事求是,不专讲形式;(三)发扬国家思想。

偕曾俊千访邓晋康。

晚宴刘自乾、杨叔五[明]等。刘要求资委会出款办研究所。

十二月十七日　星期二　晴

偕沈君怡自蓉飞渝。

法国内阁协理 Laval 为总理 Pettain 免职,并监禁。

美国 Calonel William J. DONOVAN 至英国,其任务尚未发表。

东非英军攻入意属 Iybia。

德国计算每陆军一百万人,每月应需:钢铁三〇〇〇〇〇吨,煤四〇〇〇〇〇吨,油二〇〇〇〇〇吨。以上数似太大,不甚可靠。

世界名首领诞生及当权年份表

（一）斯大林	诞生一八七九年	当权一九二四年
（二）罗斯福	一八八二年	当权一九三三年
（三）墨索里尼	一八八三年	一九二二年

续表

| （四）蒋介石 | 一八八六 | 一九二七 |
| （五）希特勒 | 一八八九 | 一九三三 |

吴华农,基昌工程司,渝报恩寺巷卅八号,能剪人像。

曾宪武,启明电厂工程师,麻柳湾分厂筹备主任。

张仲篪,建川工业公司经理。

胡耀辉,建川电化厂厂长,蓉外东星桥街 72 号厂址。

顾葆常,化学工程师,川陕农工学院。

十二月十八日　星期三　晴

部中会谈平价事宜。

接见贺阎[恺],商商检验局事(贺字嘉伊)。

十二月十九日　星期四　晴

四行理事会第 59 次会议,孔代主席,讨论粮食办法。余言,公卖办法事实上不能实行。

法国 Petain 受德政府要求,释放 Laval。

十二月二十日　星期五　晴

聂光堉来谈交通银行盼与资委会合作,答以自极欢迎。

苏联大使 Panyushkin[Paniushkin]来谈,询及(一)物价状况;(二)工资建设;(三)甘肃油矿愿商协助办法;(四)约下星期三偕观工厂。

政府中人,如孙哲生、卫挺生、萧铮等皆主粮食公卖。

昨日东京日、美友谊会席上,日外相松冈为日驻美大使野村送行演说:□□□。

按 Grew 在 1939 年 10 月 19 日曾在东京发表演辞,畅言美国对日本侵略政策之不满,兹于十四月之后又有此明确表示,足言无论日政府如何虚辞敷衍,美国绝不退让也。

近日,德机停炸英伦,但英、美二国皆信德正在准备大批武力攻击英国,故美国准备加紧助英。

十二月二十一日　星期六　晴

复兴水利建设委员会,余说明盼有 More business in the Politices,由水利专家热心促进事业。

蒋召见余、何廉、李景潞、吴闻天及章元善。蒋言,物价须尽先妥善办理,嘱平价购销处及农本局将资金收支开单呈阅。

蒋二十日手令孔及经、社、交部长,妥为办理物价事宜,并设统一指挥机关。

昨日,德大使馆 Dr. Jus. Heinrich Northe 陪同新到渝之 Baron Leopold von Plessen 来见,彼言德政府已决定不承认汪组织。

前日,英国 I. C. I 之 R. D. L. Gordon 偕 K. R. Luicle 来见(余外出,未及接见)。G 他往,Q 留渝。

桐油产额(全年):

四川	780210 市担
湖南	717630 市担
广西	290710 市担
湖北	289350 市担
浙江	214660 市担
贵州	94850 市担
其他	60000 市担
共计	2447410 市担

自民国三年海关报告始专列出口,近年桐油出口数量如左:

24 年	738865 公担	41582879 元
25 年	867383 公担	73378654 元
26 年	1029789 公担	89845563 元
27 年	695777 公担	39237038 元
28 年	335016 公担	33614794 元

接见孙颖川、张子丰、张禹九。

十二月二十二日　星期日　晴

吴味经、傅沐波、钱乙藜、孙越崎来宅谈话。

父自金刚新村移居沙坪坝。

钱欲将资委会改隶国库,组设基金保管委员会及主持金融组织,又欲取消福公司代销钨砂合同。

袁同礼(守和)来宅谈,将偕徐鸿宝、李瑞年共四人往美国。拟《青年国防科学运动办法刍议》送张治忠[中]。

十二月二十三日　星期一　阴,转寒

国府纪念周,蒋亦至。陈树人讲总理之道德救国论,无非为忠孝、仁爱、信义、和平,及礼义廉耻等套话。因此思及老子所云:"失道而后德,失德而后仁,失仁而后义,失义而后礼。夫礼者忠信之薄而乱之首。"又文子云:"深行之谓之道德,浅行之谓之仁义,薄行之谓之礼智。"古人见解之不同如此!

前成都市长杨全宇,因囤积粮食被枪决。大川银行(其后台闻为杨森及王缵绪)渝分行经理欧书元,合川万福臻粮行经理李佐臣各处徒刑。不知其他囤积者反响如何!

L. Reenly Taylor(泰路尔,Chief Engineer,Hunt Power & Mining

Co. inc)来谈合办水电厂及工厂办法,并言 Hunt 亦将至渝。

A. J. Bell 来谈,与商取销代理钨矿合同,给款赔偿。

谢树英到渝,闻与叶渚沛言语不合。

与吴闻天、都樾周谈话。

十二月二十四日 星期二 晴

行政院会议。先举行第二次经济会议,商研蒋手示平价(粮价、物价、工价)方针,议决十项。孔言,告侍从室不宜滥上条陈,陈方(芷町)辩护。实则蒋之方案即为彼所拟也。次开第 496 次会议,商讨物资总监部职掌及经济会议组织。又议决,明年一月份起,薪俸皆发十成。

接见金瀚、何廉、黄人杰、任国常。

农本局,《新经济》同人晚餐。

英政府派外长 Lord Halifax 为驻美大使,Anthony Eden 为外相。Captain David Margesson 为军政部长,Lord Cranborne 为自治领部长,兼为外部在上议院之代表人。

国府明令公布参政员 240 人,中央指定者占 138 人。

因德国之要求,美驻法大使馆 Acil Gross、Lee Hunt 二人即将离法返美。德飞机猛炸 Liverpool,较前炸 Coventry 尤烈。

十二月二十五日 星期三 雨

今日本约苏联大使潘友新同往李家沱参观工厂,乃昨晚蒋邀彼今午中餐,故彼未克成行,余乃偕刘鸿生、周茂柏、孙越崎、张丽门、张传琦同往铜锣峡、郭家沱第五十兵工厂参观。厂长江标招待竟日,返渝已天黑矣。

面责孙越崎不应招回赵英达,致扰燃管处。

谈话间,闻悉近时政府奖励告密,及特务工作人员广为侦察,致地方人士颇为忧惧。康心之、心如已离渝,黄文圻亦他适。三才生王家不敢做生意,官吏亦人有戒心。如此扰乱人心,殊可惜也。

十二月二十六日　星期四　晴(阴)

党政训练班讲演。平价会谈。

中国兴业公司董事会。

接见 Bond(CNAC)、Bell,商机运钨砂。Bond 言,每吨运费 U.S. $300。余言盼只出美金二百,进口可运汽油。待续商。

请陈聘丞晚餐,在锡福里三号李博侯宅中,商温溪及川嘉公司事。

昨日国府纪念会(余因外出,故未及到),白崇禧讲二十五年前的云南起义推倒袁氏帝制,及五年以前(民廿五)的西安事变,委座出险。

十二月二十七日　星期五　晴

接见美国 Magor Carlson。

孔请行政院简任官及各部部长、次长晚餐,并演电影,为庆 Christmas 也。

十二月二十八日　星期六　细雨

偕苏联大使 Alexander Paniushkin,参事……翻译……刘鸿生、孙越崎、周茂柏、张兹闿等参观李家沱工厂。

燃料管理处代理处长都樾周代理处【长】辞职照准,派本部科长郑达生兼代之。

报载德国大军数十万人入 Romania,又数万人经 Breunner 入意国。但在北海岸又充分整军,为侵入英国之用。又传闻,德将迫西班牙参战!

十二月二十九日　星期日　晴

昨晚章司长元善及国货联营公司寿墨卿均为特务人员请去。今日,在蒋宅午餐。餐后,蒋告余,因平价基金人多闲言,已派员查明,被查之人应照常执行公务,不准他去。余复告,自应照办,但愿陈明者,章元善持身廉洁,可以力保。至平价基金二千万元,原定分为粮食、服用品、煤炭及日用品四类,分别委托农本局、福生庄、燃料管理处及国货联营公司办理,其用意原在购运货物,充裕供给,以免抬价,至周转不灵之原因,尤在运输困难。谈后至部,与管制司长李景潞商洽,通知有关人员不可离渝,听候查问。特务首领戴笠至部面谈,奉蒋手令,约集蔡承新、吴知、吴味经、沈国瑾、章元善、吴闻天、朱谦、都樾周、王性尧、寿墨卿十人,于今晚八时前面谈,约其于明日起往化龙桥附近复旦中学校址(现为四联总处宿舍),清理账目,嘱余代为约集,于五时半到部面谈。当经约集吴味经、王性尧、朱谦、都樾周、吴闻天等到部,请李司长景潞亦参加。至时,徐堪、徐柏园、戴笠亦到。先约彼等面谈,戴言,将约请彼等同住化龙桥。余言,如须照常办公,不宜久住化龙桥不准返署,否则公务必至停滞。戴言,日间定可返署办公,不过晚间较暇,便于互相商询。当即与吴味经等共同见面,余略说大意后,戴言应即携同账册立即同往化龙桥,以便呈报委座,颇有迫令实行之势。嗣即共同前往。余即至秦景阳宅晚餐。何廉即来,告知经过情形后,何即返局,将沈国瑾及吴知,用车即晚送至化龙桥,惟言蔡承新与此事无关,无故牵累可惜。并电话成都卢作孚速即返渝,主持粮食局事。又于晚间偕秦、何访孔于其炮台街住址,告以经过,并商各员可保其不至逃逸,盼能出外办公。孔出示蒋致彼手令,言应于行政院内设粮、物、工平价执行总局,以孔为主席,谷正纲、贺耀组为总干事,于有关各部调用二三人,分期降价,不必多数事业费,务必从速实行云云。余复言,如果主管各人不能办公,则势必使关于物价办法大部停顿,务盼救济云云。谈后各返。余返宅时已夜间十二时半矣。

十二月三十日　星期一　晴

国府纪念周,孔讲演完后,徐堪邀余面言,对被邀各员,决非逮捕,仍可出外办公云云。但事实上无一人出外办公。下午五时余,何廉往化龙桥探访,初不允入,嗣见戴笠,乃邀其入室,则徐堪、张厉生等均在。蔡承新昨晚因住江南岸,今晨亦为特务人员邀往。何言,蔡并无关,何愿负责留住。徐堪力持不允,不欢而散。余因主管各员皆失自由,余实无事可为,只得于晚五时余具呈请辞本兼各职。六时半,偕秦访孔,报告辞职,请其转陈于蒋。秦亦备文请辞次长,以文送孔。访傅斯年,略谈后,拟访陈布雷,说明办事为难情形,因陈忙于起稿,未及面晤。

日机九架袭成都。

航委会朱霖来谈制造飞机需用之物品十种及约计数量,盼资委会设法生产。余交工业处筹办。

十二月三十一日　星期二　晴

余未到部,亦未参加行政院会。闻张公权、何浑廉亦未到。卢作孚、余上书蒋,请令查办者迅即查明,有罪者停职,无罪者释令办事。蒋令陈布雷电话,劝余勿辞职,所留人,除国货联营公司有关者外,余皆释出交部。余即电告秦、吴,并嘱转告放出诸君,勿外逸。

罗斯福发表炉边谈话,反对极权国家,并非美国无动议和平之理。

温溪造纸公司资本

总额	实收数	部股	商股	借入庚款
320 万元	3175000 元	1000000 元	2175000 元	328796.39 元
银行存款	活期 208027.51 元		定期 1302141.48 元	

川嘉公司资本(万元)

总额	实收	工业处股	温溪股
100	100	31	79

蒋令戴雨农将被拘在化龙桥之八人(蔡承新、吴味经、吴知、沈国瑾、吴闻天、王性尧、朱谦、都樾周)皆行释放至经济部。余电话告总务司长吴代为接洽,章元善及寿墨卿尚暂缓释。

往地质调查所,与尹、周、杨、计、李、卞诸君谈话。又访王仲济。

与陈大庆谈话。

民国三十年　1941 年①

一月一日　星期三　晴

蒋发表《三十年元旦告全国军民》文。抗战已至第五年头。

美财长 Morgenthau 说明，美总统或将以租借军需品之计划一律适用于中、英、希三国，但待国会同意。

蒋亲检阅童子军。

吴翔甫来，说明昨夜被拘人员蔡承新、吴味经、沈国瑾、朱谦、都樾周、吴闻天、王性尧等被释，至部与特务人员说明经过。到宅来访者为秦景阳、潘宜之、陈郁、卓宣谋、吴培均、庄智焕、彭……、王梦林、吴闻天、李景潞、朱谦、都樾周、蔡承新、何淬廉、吴味经等。又有卢心培、金公弢、李祖芬、李组绅、凌启东、陶桂林等亦来宅。余未离宅。

一月二日　星期四　晴

上午，卢作孚、何廉来宅。卢言，物价不易骤平，必须信托主官，次第推进，中途偶有波折，不宜朝令暮改；现在求治太急，形势困难，故拟辞粮管局局长。何言，党中若干份子歧视太甚。秦景阳亦续到，言昨日释放诸人因忙于清账，且账册仍存化龙桥，故仍不能照常办事。谈后，余访孔，未遇。又访张公权，同午餐。公权言，曾于十二月卅一日函呈蒋，力言对官吏须留体面，深恐学术及事业

---

①　本年日记共两册。

出身之优秀人员从此灰心，不肯任事。下午，又访傅孟真。彼言，俞大维极为愤慨。又访张岳军，彼于今日下午自蓉到此。彼言，卢作孚在蓉时，言及政府处理物价近情，声泪俱下，极为慨息。余托彼求蒋，允余不任部长……从种种事实看来，徐堪存心与若干人为难。以彼著名污吏乃竟大胆欺凌正人，当局竟受其蒙蔽，可叹莫过于此。

一月三日　星期五　晴

上午未出门，下午至资委会。钱乙藜、秦景阳、陈聘丞、李博侯、张丽门谈话。与秦同至孔宅。余乞孔陈蒋，准余辞职。孔言：（一）余辞呈未送蒋阅，可不必辞。余仍求其照准。（二）蒋本欲枪毙章元善及寿墨卿，何雪竹求免。但国营［货］联营公司以竹竿上油作蜡烛，衡阳货价反贵于重庆，皆不合。（三）福生庄账实应查。嗣至秦宅，何淬廉、傅孟真亦来谈，知蒋已令俞樵峰整顿西南运输处，陈体诚、龚学遂皆受蒋面斥，大约将改归运输统制局管辖。又闻对于液管会亦多指摘。往访陈布雷，托其劝蒋准余辞职，至少辞去部长。陈言，上年十二月三十一日晚，蒋面言，劝余勿辞，照常任事；但盼徐堪此次清查，一秉公正，勿以私见害人罪。又言，蒋办事盼多加稳重。余正式辞呈（十二月三十日下午送行政院）明文致院长蒋者，乃孔抑不送蒋，又不明文答复，使之搁浅至今。如此形势，不知何意也。

一月四日　星期六　晴

何淬廉、钱乙藜、张丽门至宅。下午，至张公权宅，与张岳军谈话。张禹九及肖梅亦在。岳军言，昨晚嘉陵宾馆晚餐时，曾说明粮食平价应考虑政治关系及用合理办法。今晨访孔，请其负责主持，设总局或会议，应拟定一种办法，商蒋同意。彼又认物资总监部之设与宋子文又有关系,劝余勿辞职。吴达诠不愿加入行政院范围,即来中央,亦不任院之部长,亦提及可否以张公权长经部,以俞樵峰长交部。(笑谈?)余言,并非推委责任,实以此次查办事件未及参加,恐命令不行,办事不成,为公称累。托其进言于蒋,准辞部长。彼不肯允。谈后至资委会。秦景阳、潘宜之、胡博渊来谈。

有德军舰一艘或三艘在印度洋及太平洋射击英国商船。闻携有英海军密电码并以日本委托地 Marshall 岛为根据地。

德国空军移入意国,大军集中罗马尼亚,苏联布防。美国国会开会。

日外相松冈新年谈话:The coming year will prove to be a most tragic and unfortunate one for all mankind。

法国大部分军舰开往北非海港 Bizerte, Oran, Casablanca, Dakar。

一月五日　星期日　晴

地质调查所为丁文江逝世五周年纪念在北碚开会,并将恐龙化石展览,朱骝先、傅孟真等皆往。

魏道明持孔慰留函及余辞呈至宅,劝留任。

见蒋,彼言余公平廉洁,声名甚佳,不能准予辞职,并嘱返部任事。再辞,未允。

张丽门、李博侯、孙越崎、胡光复、何廉来宅谈话。

一月六日　星期一　晴

余复返部,召集简任各职员,谈数日前经过各事。

美大使馆 McHugh 请晚餐,遇见 Johnson、Clark Kerr、Craighton、商震、吴国桢、徐谟、王世杰诸人。

意属 Libya 之 BARDIA 已为英军攻陷,意将 General Berganzoli 及意军二万多人被俘。

德大军有侵 Bulgaria 之势。

日本使美大使野村(Kichisaburo NOMURA)历游北平、南京、上海,在京与汪精卫及日大使本多(Kumstaro HONDA［HONDO］)谈话。

汪组织之中央准[储]备银行今日在上海开幕,发行纸币。

日耳曼人	85000000 人	占地	8600000 平方公里
不列颠人	46000000 人	占地	40000000 平方公里
意大利人	45000000 人	占地	8500000 平方公里
法兰西人	37000000 人	占地	10000000 平方公里

一月七日　星期二　晴

经济会议。蒋已核定《经济会议组织大纲》及《粮食物工平价执行总局组织纲要》;通过渝市物品登记办法。

孔午宴,余、秦、潘、蔡承新、吴味经、吴知、朱谦、都樾周、吴闻天、王性尧、李博侯。

蒋代电:(一)章元善可由余保释,随传随到。(二)经济【部】可指定次长一员,加入清查平价购销处及农本局。余派吴培均往见徐可亭、戴雨农保章,并派秦汾加入清查。

Bell 来告,函仰光,可允资委会运钨出口。

罗家伦偕其妻至余宅谈话,彼因中央大学办事为难,昨日已函教育部,请辞校长职。

一月八日　星期三　晴

章元善被释返部,由特务组织徐法官陪来。徐要求总务司出条证明。章被押在黄学巷两湖会馆。徐法官审问是否营私舞弊等统笼词句,并未询及任何具体条款。以如此空洞无据之控词,拘押政府职员,可叹可慨。

孙越崎、金公弢、童受民面商甘肃油矿局组织章程及薪给表,许粹士亦参加。

接见高长庆、樊泽培、聂光塽、胡西园。

苏联商务代表 Bakunin 请晚餐,在夫子池六十一号,大使亦到。

罗斯福派个人代表 Hopkins 往英伦。

一月九日　星期四　晴

部内平价会议,何淬廉、吴闻天、萧柱中、赵英达、孙越崎等均到。

蒋宅午餐,知(一)罗斯福已在美国会提议对英、中、希军器租借,盼于四十八小时内通过;(二)日本海军准备四月间与美作战。

接见 Carl Neprod(面介美国热心油矿之 Walter S. Clute, 151, Coronado, Los Angeles, referance Eliot Blackwelder), Lieutenant General V. J. CHOIKOFF(Mile Air Attache of USSR in China)(中将武官), Stephan Andreyer(Chinese Secretary)

访傅孟真(今晚往李庄,西川邮区南溪县境)。

孔宅(炮台街七号)宴张群、俞樵峰,余往陪。

一月十日　星期五　晴

秦景阳初次参加清查委员会(查平价事)会议,在化龙桥。章元善亦被传前往。

接见谢霖甫(谈光华大学及启明电厂)、王性尧(谈保释寿墨卿事)、寿景伟、尹赞勋(商致函 Hunghton、Weidenreich……商存平标本保存方法)、曾俊千(商川北探勘)、谢蔺窗(鄮乐矿事)、何辑

五、叶纪元(再鸣)、彭湖(石年)、陶桓棻(咸九)(谈贵州企业公司事)、Major James Marshall McHUGH(麦克猷 Assistant Attache, A-merican Embassy)

麦克猷谈话时间较长。彼意:(一)蒋为中国最大领袖,但方法宜改良。(二)中国政府人的纷纠太多,宋颇有才,宜有相当地位;孔派疑忌太甚,使他人不能对蒋直言;张公权为银行家,但交通成绩不良;张岳军人尚可爱,惜对公权过于袒护;俞飞鹏似较有用;董显光才具较低,工作欠佳;王雪艇或较有用。Donald 因事远往 New Zealand。(三)中国请外国顾问,毫无用处,前次美国来华之三顾问,对改良运输虽有建议,但亦无成功,以后应能参加执行为善……彼明日见蒋谈话。

香港政府规定:自本月十四日起,中国人赴港应有护照。

一月十一日　星期六　晴

平价购销处、农本局之清查委员(徐堪、徐柏园、张厉生、谷正纲、戴笠,现又加入秦汾)誓约:各事绝不发表,主张应求公允。

在 Bell 宅晚餐,参与者樊泽培、孙越崎,商停止赣、湘、粤钨砂出口贸易代理人之契约。

一月十二日　星期日　晴

刘文腾、孙越崎来访。余访秦景阳,谈物价事。

苏德签订:(一)经济协定;(二)波罗的海各国日尔曼人迁出协定;(三)自波罗的海至匈牙利边界苏德勘界协定。

美总统在国会提出《加强国防法案》,并言盼早通过。

美规定,自二月三日起,统制铜、锌、镍货出口。

中国军委会布告:全国各线路稽查警卫应归运输统制局监察处(处长曾养甫、副处长张炎元)统一办理,其他组织一律裁撤,否则即以阻碍运输有意敲索论罪,并移运输统制局监察处强制执行查并。

往张公权宅晚餐,与张岳军、卢作孚、何廉、蔡承新、何北衡等谈话。

一月十三日　星期一　晴

接见赵志垚(淳如,谈鄂省企业公司及合作社)、陈延炯(谈钨砂运输)、刘驭万(谈太平洋国际学会)、汪德耀(谈闽省学术研究)、樊泽培(谈取消福公司代理钨贸易事)、刘鸿生偕新自沪来之江山寿及刘念曾、朱惠清(浙江粮管局副局长)。

西南经建研究所开会,商研究物价办法。

一月十四日　星期二　晴

经济会议第五次。贺耀组言,拟设之执行总局之组织方法,实等于经济会议之秘书处,不如仍作为秘书处,仍可设立小组。孔主仍遵蒋令,孔为主任,贺为副,谷正纲为总干事。渝吴市长拟货物合法利润及粮管局拟取缔囤积办法,皆恐反以抬值,未通过。

行政院第 499 次会议,(一)羊毛统购统销办法,归富华公司主办;(二)四川水利局请款二千万元,徐可亭不赞成,故未通过。

昨日,朱子桥(庆澜)在西安逝世,年……岁。

苏联大使馆请看电影,冯玉祥、孙科颇受优待。

接见谢佩和(谈天水电厂)、沈觐泰(谈徽县酒精厂)、阎树松(谈兰州机器厂)。

一月十五日　星期三　晴

昨日,平价购销处、农本局清查委员会开会,商量发稿,约今日下午签字。

朱骝先偕柏园来谈。彼言,探得委员会查处对何廉、章元善、朱谦三人最不好,盼见蒋挽回。余将昨日所作呈蒋折文盖章,送陈布雷转呈。蒋及陈闻皆在江南岸。

余往见孔,请告蒋,分别"办理不善"与"营私舞弊",后者宜认真处分,前者应劝辞职或改良办法,不可冤枉得过分害人。

中法庚款会开会,李润章主席。余言,基金本不宜用,章程既不禁止,不得已而使用,应力从节省,以免用完太速。

苏联大使邀余及潘宜之晚餐。

与 Bored、Bell、秦汾共午餐,共【商】空航运输。

一月十六日　星期四　雨

访陈布雷,谈平销处、农本局事,盼有结束案件办法,不宜久延;请准余辞部长职,并宜稽核外汇,并及孔、宋关系。

在 Bell 家午餐。会见缅甸代表团之总督府参事克罗、工商部长宇巴丹、工务长尼可生。

下午四时,英大使偕同该代表等及 Blackburn、Mackenzie……至资委会正式拜会。

五时,在军委会参事室与杭立武、刘驭万谈太平洋国际学会事,王雪艇因他事未到。

设计总局秘书长改为王世杰,副秘书长顾翊群辞职,陈伯庄继。

昨日,美国务卿 Hull 在众议院外交委员会演说,指斥德、意、日之侵略行为;对日本指斥尤力,谓自 1931 年强占满洲以来,排斥其他各国利益,于 1937 年大军侵占中国;【美】必须将一切可省之物资援助民主国家,抵抗极权国家之侵略,支持秩序、正义、道义与不干涉主义。

一月十七日　星期五　晴

偕张丽门、林继庸、燕娟至猫儿石,参观方始开工出纸之龙章纸厂。该厂现出包皮纸及二等道林纸（八十磅），每日约能出六千磅（即约三吨）。每纸一吨，约用水六百吨，用漂白粉二百公斤、碱八百公斤。电力现约用 300 千瓦，最高约可用 600 千瓦，现以余力供给天原电化厂。又至新设之天厨味精厂，新屋方成，阴历新年可利用。现在草房内工作，每日出味精三十磅。吴蕴初之子管其事。

贺贵岩请午餐，谓蒋已定设经济会议秘书处，贺为秘书长，蒋廷黻、谷叔常为副，不设平价执行总局。

张公权请缅甸代表团午餐。

余请贵州企业公司之何辑五、彭石年、陶咸九及建厅长叶再鸣晚餐。

苏联大使潘友新（Alexander PANIUSHKIN）及秘书费德林（Nicolas T. FEDORENKO），以英文 PUSHKIN 文集三册相赠。

美财长 Morgenthau 在众议院外交委员会报告，自 1941 年 1 月 1 日起至 1942 年 1 月 1 日止，英需购美军械共值£755000000。英在美国之资产（Total Dollas Exchange Assets 值£443000000，故尚不足款项约为£366000000。

苏联商务代表 PAKUNIN 来谈：（一）矿产品量宜增多；（二）请送告仰光待运吨数及五个【月】内每月西北运量。余答：两国正式合同规定必要任务，上述材料愿设法抄送，以助实际工作，但并非正式协定，事实上因运输情形不同，尽可有所差异。

召集许粹士、徐伯隽、单基乾谈话，告以国营事业务宜力加整饬，完全在正当规［轨］道上进行。

一月十八日　星期六　晴

接见朱熙人、潘安仁（仰山）、薛正清、何淬廉、吴味经、夏彦儒、胡世勋、李书华、孙越崎、魏文翰（民生公司事）。

召集王子建、胡可时、龚□、钱宝时、晏……等谈话,告以外出调查运输应行注意之点。

王亮畴午宴中外二百余人。孔晚宴缅甸代表团克罗、宇巴丹、巴志、尼可逊①等。

军委会通令公布:"据第三战区司令长官顾祝同删电,国民革命军新编第四军违抗命令,不遵调遣,本月初自泾县潜向南移,竟于四日初胆敢进攻我前方抗日军队阵地。业于元日(十三)拿获该军参谋处长(赵凌波)之供词,电陈钧察。兹已将该新编第四军全部解散,编遣完毕。该军军长叶挺当日就地擒获,副军长项英潜逃未获,饬即严缉归案。呈候钧核示遵等语……著将国民革命军新编第四军番号即予撤销,该军军长叶挺著即革职,交军法审判,依法惩治;副军长项英著即通令各军严缉,归案讯办。"

今日《新华日报》刊周恩来笔书二纸:(一)"为江南死国难者志哀";(二)"千古奇冤,江南一叶;同室操戈,相煎何急。"足见共党之愤激。从此国共明白相争!

闻今日有飞机自渝试飞 Calcutta。

以《申报》馆地图还赠苏联大使。

一月十九日　星期日　晴

朱其清来诉其侄家鹏被冤事。

尹建猷、黄汲清、杨克强、周柱臣来谈地质调查所事。

张丽门来谈工矿调整处事。

阅 Winston Churchill, *Man of War by Lewis Broad*。

---

① 前为尼可生。

一月二十日　星期四　晴

国民政府纪念周，太虚和尚亦参加。此人只知势利，不顾体制，狄膺作打油诗讥之。内政部长周钟岳讲演，内称云南领袖尊重中央，服从首领云云。狄膺亦作诗，末言：不是内政部长，乃是云南代表。

接见凌竹铭、王竹亭（谈綦江铁路不易成）、Lossing Buck（谈美国专家协助及中国官吏清明）、熊迪之（谈云大矿系款）、卢郁文（谈粮食管理）、贝安澜（谈缅滇铁路事）。

吴兆洪已自桂回，谈在桂商谈各事。

商请吴景超任草《三十年来之矿政》，日前已商请朱玉仑拟《三十年来之矿工》。

余因卢郁文劝收拾政府要员之人心。余告以：决意为国服务，鞠躬尽瘁，虽苦不辞，但绝不拥甲倒乙，亦决不随风而靡，亦决不图谋私利。对于为官地位，更绝无恋栈之意，不合则去，绝不能有运动勾结行为。耿耿此心，向来如此，现在及将来亦如此。

一月二十一日　星期二　晴

经济会议第六次，孔主席，白健生亦到。议定会议组织大纲，内设秘书处及各组；又议定《渝市合法利标准》、《取缔日用品囤积居奇办法》。

行政院第500次会议。本年度国库收支不符五十八万万余元，议定发行建设公债及军需公债各十二万万元，共计二十四万万元，周息六厘。

张心一与霍亚民议组公司，资本一千万元，省三行七，甘肃全省之农田、水利、森林、畜牧皆交归公司。如此专办，不合理。

经济会议中，徐堪批评何北衡之水利徒托空言，不做实事；交通部造木船,领款而不实。卢作孚略为何氏说明,张公权则当场表示愤怒。徐堪贪污骄横极矣!

何北衡到部,商四川水利工作。

孔晚宴苏联大使、武官及商务代表等,饮"铁观音"茶。

Franklin Roosevelt 于二十日就第三任美大总统职,多数空军飞机及机械化步队参加。

Hitler 及 Mussolini 会见。

Petain 及 Laval 会见。

日外相松冈在日本国会讲外交。

太平洋中,除德军舰外,尚有德飞机 12 或 24 架。

一月二十二日 星期三 晴

日机两队,各九架,来袭磁器口第二十四厂。

接见格桑泽仁(谈宁静油矿、然斯村银矿及木里金矿)、秦望山(中国电化厂定变压器,及岷尼剌敌货事)、谢霖[甫](谈蒋手令停办朝阳及光华大学,孔嘱查复兴公司账)、陈□山(谈毛纺织厂公司与富华合办洗毛厂事)、李春昱(天厨捐款事)。

物价谈话。又招何淬廉谈话。

电宋子文,言经济崩溃,迟恐更甚,最好改良行政机构,如不易即行,战时经济组织,中外专家,筹划改善金融、运输等项亦可有益,盼设法补救。

与沈君怡谈话,蒋招顾孟余及彼午餐,蒋对共党谓不必畏。

一月二十三日 星期四 晴

蒋复清查委员徐堪、张厉生、谷正纲、秦汾、戴笠、徐柏园代电:平价购销处长章元善怠忽公务,藐视功令……已交行政院停止任用。农本局衣食平价未有成绩,应修改组织,另行派员接管。其余俟查明货源价格后再核(！)。

接见 H. H. Craw（缅甸代表团）、A. J. Martin（英总领事）、郭可诠、齐熨。

刘祖彝来谈川北昭化金矿情形，收金价为 630 元。

一月二十四日　星期五　雨

日前余向蒋请辞经济部长职，蒋代电慰留：股肱相辅，患难共济……该部对于平价办法亦多对症发药，应仍继续任事……

与马克强商请任商业司司长。

杜月笙、钱新之、林康侯、王孝赍电保寿墨卿，函请孔转陈蒋。

见孔，商改组农本局事，拟开理事会议决。

蒋宅午餐。王芃生言，日本议会议员延长任期，减少议案……颇似准备剧烈战事，约计当于四月初开始。

蒋晚宴 Craw、Gen. Dennys、Nicolson 及英大使等。

函介莫葵卿见陈地球，商运矿产。片介朱其清见潘宜之，为其侄家鹏事。又为家鹏事寄一函于周维干。

一月二十五日　星期六　雨

接见李仲振，前广州公用局长，现在审计部，热心汽车引擎。

蒋宅午餐，经济会谈。蒋言：经济现极重要，在坐诸人应认事[真]办事，有计划必须实行。对部下勤加考察，有问题即速解决，如此当有成效。学说颇多，但自由贸易目前决不可用，统制则必不可省。又，近时有人主张奖励囤积，禁止居奇，此说不通。囤积居奇不易划分为二。孔言：（一）中国【银行】在沪收受伪中央准[储]备银行纸币为存款。蒋颇不悦，须禁止，即不要此银行，亦所不惜。（二）拟利用华人外汇存款，分为三法：（子）用债率折成国币还之；（丑）依照金元或镑，购取金元或镑公债，实由外国银行移存中国银行，仍为外汇，政府仅酌量利用。

在资源委员会，与吴兆洪、许粹士、徐伯隽、单基乾等面商三十年度各厂矿事业费及流动金数目。

特务机关查资委会职员津贴办法，余除经济部薪公外，在资委会不受丝毫薪公，问心足自安也。

一月二十六日　星期日　晴

A　一九四〇——一九四一年对外易货偿债矿产数量表

矿品名目 用途 年月	钨砂				锡品			锑品			汞
	对苏(t)	对美售钨合约(t)	对美新借款	对英(t)	对苏(t)	对美新借	对美交锡合约	对苏(t)	对美新借款	对英(t)	对苏(t)
1940,10月		250	第一年暂定二千吨			第一年暂定二千吨	约已交足		第一年暂定二千吨		
11月	350	250			400t			350			20
12月	350	250			400			350			20
1941,1月	350	250		25	400			350		40t	20
2	350	250		25	400			350		40	20
3	350	250		25	400			350		40	20
4	350	250		25	400			350		40	
5	350	250		25	400		335	350		40	20
6	350	250		25	400		335	350		40	20
7	350	250		25	400		335	350		40	20
8	350	250		25	400		335	350		40	20
9	350	250		25	400		335	350		40	20
10	350	285		25	400		335	350		40	20
11		285		25			335			40	
12		285		25			335			40	

B　试拟三十年度矿产预计产量与交运量比表(单位:t)

省＼项	钨砂		锡品		锑品		汞品
	产量	交运量	产量	交运量	产量	交运量	
江西	9600	8800t	700	640			
湖南	1920	1760	300	275	7200	6600	
广西	820	770	2700	2500			
广东	2040	1870	300	275			
云南	400	360	11000	10000			
贵州							
合计	14800①	13560	15000	13690	7200	6600	

C　各种矿产品收价表(单位:元)

	矿省种目	金额		矿省分别	金额		矿省分别	金额
钨砂	江西	2600	纯锡	湖南	7800	铋砂	江西	3600
	湖南	3300		广东			湖南	3600
	广西	3800		广西	8400		广东	3600
	广东	3300		江西			福建	3000
	云南	10080		云南	15000		浙江	3000
纯锑	湘黔	940	锡砂	江西		钼砂	广西	3000
	广西	1181		湖南	13000		江西	3000
生锑	湘黔	400	汞	贵州	14000			
	广西	730		四川	14800			

---

① 原文如此,应为14780。

李宗仁、白崇禧、黄旭初邀在嘉陵宾馆晚餐。白谈水力灌田，黄谈水力发电。

英大使邀晚餐，遇见 Smyth（H. K. Colonial Secretary）、Gen. L. E. Dennys、Blackburn 等。

胡焕庸、黄厦千来谈，盼在行政院下设气象局。李博侯来谈管制平价事。

一月二十七日　　星期一　　晴（辛巳岁元月元日）

国府纪念周，蒋自主讲，为国抗战，不问有无内乱，不问国际形势好否，此为革命精神。日本不遵纪律，故"九一八"事后，天皇下诏停进，日军不从。嗣又弑死犬养毅，劫杀冈田、斋藤等大臣，而对肇叛者不能处分，纪纲尽失，但前线兵士尚能听令作战。中国亦应整饬军纪。养不教，父之过，教不严，师之惰。如果军队违令，统帅不治，则统帅有过。以前韩复榘、李服膺、石友三皆因违令枪毙。今新四军"违令"多次，"反攻友军"，违□抗战，忍无可忍，故不能不抢［拘］其首领，解散军队，其用意实全为整饬军纪。至于任何个人、团体或党派，只要尊重抗战建国纲领，政府必尊重保护；如果有违法行为，政府必依法制裁，但决不轻用军队。计讲一小时有半。

偕王雪艇、朱骝先午宴 Clark Kerr、L. E. Dennys、Smyth 于油市街参事室。

接见 Steel Brothers & Co. 代表 Mackay、香港辅政司 Smyth、黄旭初、张光宇。

行政院勇三字 1611 号训令，廿六日发，今日下午五时半收到，令改组农本局，由余另遴人选候核。

一月二十八日　　星期二　　晴

经济会议第七次会，孔主席。（一）各机关仍发平价米；

（二）余上蒋意见四点；（三）粮食管理局呈平价办法；（四）交通部请维持新增木船运费。讨论，余主管理资金应由国库支发，徐堪反对，颇有争执。孔认农本局为官商合办组织，不放弃理事长也。

与张公权午宴白崇禧、黄旭初。

何淬廉来谈农本局事。今日与张公权、卢作孚、何淬廉谈话，认主持农本局可能人选为程远帆、王文伯、徐继礼、蔡承新。何盼以廖芸皋、吴味经为副局长。

Wendell Willkie 飞至英国。英军克 TOBRUK。松冈说明日、美关系，谓日应控制西太平洋。

行政院会议第 501 次，通过《航空法》；讨论滇缅边界。

美政府派 Laughlin［Lauchlin］ CURRIE 来华协助经济工作。同来者闻为 Emile DESPRES。

一月二十九日　星期三　晴

昨日院会议决：商业司司长章元善免职，部派马克强为司长。

中国毛纺织厂公司董事会会议，到者刘鸿生、欧阳仑、张文潜。议决：（一）与富华公司合组西北洗毛厂股份有限公司，资本一百万元，本公司占二成五，即廿五万元。代洗羊毛，原毛二担洗成净毛一担，赢利应百分之二十，现为每洗原毛一担，收取洗费六十元。每年能洗原毛六万担，洗成净毛三万担（本年中国应运苏联原毛十二万担）；（二）本公司原议投资李家沱给水股份有限公司，资本五成，计十万元，现议决增加股本十万元，本公司应加交五万元……刘鸿生报告，购得外汇美金九万五千元，港币六万五千元，英镑七千零七十元，计共国币一百二十万另七千九百一十一元九角六分；机械共重四百六十二吨半，每年需用原毛一百六十二万五千五百公斤,每年出产呢料一百万码。每码以最低之价二十元计,共值(至少)二千万元。

访陈布雷,谈改组农本局事:(一)新组织不应有商股,不宜有理事会;(二)后任以蔡承新为合理,程远帆、徐继庄不甚相宜。又访孔,谈此事:(一)星期五日开理事会;(二)蔡承新、尹任先、程远帆、徐继庄皆不宜,蒋盼任王文伯;(三)蒋原欲拿办何廉。

接见潘仰尧、蔡仁抱、王性尧、顾季高、张心一、何淬廉。

一月三十日　星期五　晴

接见樊眷莆[甫]、Bell、Mann(Arnhold Co.)、温步颐(西北电瓷厂拟设华亭安口窑)。

日本对我军费至一月底止,用去日金 17500000000(即一百七十五亿)。

一月三十一日　星期五　晴

在炮台街孔宅举行农本局理事会,孔主席,到者:张公权、秦景阳、顾季高、霍亚民、徐景薇,列席:何廉、廖芸皋、吴味经、沈国埔。

农本局业务:陈振先任内成立合作金库十四处(二十六年西迁之前),至二十九年冬,合作金库一七五库,提倡股自二百四十六万元增至一千六百十八万余元。是时(即廿九年一月至十月)放款总额为二千三百六十五万余元,存款总额二百八十九万余元,汇兑总额一千七百五十一万余元,代理放款总额七千五百万余元……

农业仓库共八十七处,总容积三百四十四万余市石;贷放总额四百四十四万余元,保管物总值一千七百另五万余元,购销总值六万九千余元,代理购销八十二万余元……

农田水利贷款(至廿九年十二月止)共发五百六十二万余元，灌田九十九万余亩……

农业生产贷款至廿九年年底止，共二百九十六万余元。

农产供销贷【款】四百另七万余元。

农业推广贷款四十一万余元。

农产加工贷款六十三万余元……

棉花购进(二十九年十二月止)六十一万二千余市担，值三千六百五十八万余元，售出二十八万九千余市担，值三千七百另九万余元……

棉纱购进合计厂纱一万七千余件，值一千一百二十四万余元，土纱二十七万八千余斤，值二百三十九万余元。

棉纱换进合计厂纱一万另八百余件，计值一千一百五十九万余元，土纱一万斤，值四万六千余元，……

棉布购进合计厂布十万匹，值一百六十七万余元。土布二十七万余匹，值八十三万余元，自织土布值六万九千余元。

售出厂布合计八万一千余匹，值二百八十七万余元，土布二十三万余匹，值四百十六万余元……

平价粮食自廿九年四月至十一月底，承办熟碛米二十九万八千余市石，其中十二万市石代拨军粮，余均供渝市食用……

平价服用品自廿九年三月至七月，购进十支及廿支各牌棉纱三千三百八十七件，棉布一五七八○匹，并先以自有棉纱一千件平价出售。因越局变化，故尚存海防棉纱一八七○件，布一三七八○匹。其已运到渝者，计纱四七七件，布一五○○匹，余均留港、韶、浙、赣等地。

农本局财务：

	资　　金	费用损益
26 年度（26 年 7 月至 27 年 6 月）	政府 12000000 元，银行 5969750	纯损 722414 元
27 年度（27 年 7 月至 27 年 12 月）	同上	纯益 157389
28 年度（28 年 1 月至 28 年 12 月）	政府 18000000，银行 5969750	纯益 381047
29 年度（29 年 1 月至 29 年 12 月）	政府 27000000，银行 5969750	尚待清算
	农民银行垫拨 3000000	

农业调整处财务：

	资　金	费用损益
27 年度	30000000 元	纯益 643880 元（内福生庄纯益 177435 元）
28 年度	同上	纯益 4156089 元（内福生庄纯益 263240 元）
	农民银行透支　8363793	
	四行购棉借款　3000000	
29 年度	30000000	至 11 月 21 日止纯益 1659446
	农业透支　11070918	
	四行购棉借款　13780000	
	历年滚积　4582237	

福生庄财务：

	资　金	费用损益
27 年度	农调处使用资金　10000000	净益 177435
	农调处透支　2514455	
28 年度	资　10000000	净益 2283240
	同上透支　18844555	
	各行透支　609899	
29 年度	资金　10000000	待清算
	同上透支　27488449	
	各行透支　341846	
	盈余及提存　1210337	

并报告经济部函奉行政院令改组案。（未读，照孔意！）

议决:(一)农贷部分移归中国农民银行接办,有关粮食部
【分】移归全国粮管局接管,所有农贷资金及农仓财产分别划分移
转,资金作为国库增资;(二)人员分别移交接用;(三)商股资金转
入改组后之农本局,仍留理事会;(四)准何廉辞总经理,准蔡承新
辞协理,仍继续负责,至接收完竣时为止。

与蒋廷黻共午宴 Baker、Westphalia、Frfer 等。接见丹麦公使 Hi-
jalmar Collin,又 Escara 介来之胡崔淑言。

昨晚,蒋与英大使、顾孟余共商 Terms of reform for an Economic
Mission to China。今日,孔召集大批人员商洽字句,略加修改。孔拟
明日送英大使,请其电英。

美国专使 Laughlin〔Lauchlin〕Corrie 已起程来华。

昨日为 Hitler 自 1933 年取得政权后之第八周年,发表演词。
对美援英事,有无论何船遇德潜艇一律射击;对攻击事则言,一至
春间,海空军均当猛攻;对意国事则言,定必尽力助护。

二月一日　星期六　晴

中央工业试验所十周年纪念展览会,余偕燕娟参加,主席会
场。孔致辞为时颇久,罗志希亦致词。石家花园午餐。

接见丁趾祥(拟在川办丝厂)、周茂柏(谈协和铁厂、中央机
【器】厂、民生公司)、江海波、尹建猷。

悦联、慧娟自港来渝。慧来家住。

二月二日　星期日　晴

张丽门、谢蘅窗、张悦联、华联、鄂联来宅。

至嘉陵宾馆,访 Baker。

在曹家庵复兴里五院郭景琨住处晚餐,遇席德懋、吕名榜、席
德柄。

二月三日　星期一　晴

国府纪念周,王亮畴讲外交上收回权利之略史,如关税自主,领事裁判权,收回租界,上海法权等。朱骝先就中研院代理院长及高考委员长职。

应蒋召往见。蒋言:德购钨砂廿吨,不应运往,恐苏联知之不安。又谈改组农本局事,彼颇愿尊重孔意,首任可用王文伯。

蒋午宴蒙、藏、回、满旗代表,讲汉、满、蒙、回、藏皆为黄帝子孙,同为中华国民,共同一致。章嘉致答词,拥护委员长领导抗建,但五族一家只是空言,要求蒙、回、藏在政治上有适当代表。在教育上,边地应以本地文字与汉文并重,在经济建设上应该注重边民之需要及力量。

迁川工厂联合会及国货厂商联合会在冠生园集会,余讲《生产建国》,陈访先讲《民生主义》。主席为颜耀秋、潘仰山,司仪为朱傅诗(联馥,西川企业公司经理)。

甘乃光(枣子岚垭四十九号)、陈伯庄请晚餐。设计局拟设"军用物资"、"民用物资"及"运输"三组,由俞大维、余及张公权主持。张公权本晚请人谈物价,余未及前往。

二月四日　星期二　晴

经济会议第八次会议,议决举行粮食会议。

行政院会议第 502 次,(一)甘肃油矿由政府拨款,惟期用公司组织;(二)粮食会议预算二万四千元。

见蒋。蒋面嘱:【(一)】拟矿产表为与美国代表讨论之用;(二)德购钨砂事,孔盼实行,蒋仍不允,谓非形势所许;(三)改组后农本局,孔不欲由王文伯主持,而盼用穆藕初,蒋谓可由孔商定。因即与孔会同呈蒋。召集吴景超诸人,商编辑资料供美代表参考。

刘航琛、潘昌猷、何北衡、胡子昂请晚餐,商由政府设陪都公用事业委员会。彼言,所谓公用事业者即指(一)电力公司,(二)自来水公司,(三)轮渡公司,(四)公共汽车公司。

十二时半,日机九架来袭,炸合川。

二月五日 星期三 晴

孔召集招待 Currie 诸人员谈话,长谈对此君态度应以国家为重,不可骂人;又言,Snow 著文,谓蒋留好兵队不与日军作战,孔所用非贪污即庸碌,故内阁毫无能力,唯宋效率较良,宜使负责。孔盼与 Currie 谈话,不可如此自薄,有如马寅初所为。顾孟余为副,但未有何言论。

接见 Petro、樊泽培,告以与 Head 关系及不能售货与日人。又见 United Press 之 Steward。

白健生招在李子坝七号晚餐,有英大使 Archibald Clark Kerr 及 General Dennys。

二月六日 星期三 晴

接见马士骥(中国炼糖厂成后,每日可出糖七八吨)、郑震宇(允以助迁郑州工厂)、张悦联(谈光华大学)、顾孟余(谈购美物资)。

大亚湾沙鱼冲(近时入口颇多之地)已为日军占领。在河南省,日军占唐河,迫南阳。

英军在非洲迭占意属要地,希军在亚尔巴尼亚亦有进步。德政府仍压迫 Vichy 政府,劝用 Laval,海长 Darlan 往返 Paris Vichy 间传命商洽。美 Willkie 往 Dublin 见 Valera 后返英,即起程返美。

褚民谊为汪所派驻日大使,至东京,住中国驻日大使馆。该使馆自民国廿七年(1938)六月起停闭。

顾孟余甚以滇缅路运输力弱,及政府向美订购太多为虑。

中国出产钨砂,在1928年共8283吨,占全球总额百分之64;在1929年产9978吨,占全球总额百分之62。嗣渐减少,至1931年,产7500吨,占全球总额百分之50;1932年产2100吨,占全球总额百分之35;1937年产11926吨,占全球总额百分之33;1938年产12556吨,占全球总额百分之36。

中国纯锑,在1928年产19324吨,占全球总额百分之57;1929年产22401吨,占全球总额百分之67;1930年产17419吨,占全球总额百分之68。嗣渐减少,至1937年,产14596吨,占全球总额百分之42;1938年产9464吨,占全球总额百分之30。

中国锡品,在1928年产7032吨,占全球总额百分之3.9;1929年产6778吨,占全球总额百分之3.5。嗣成分渐加,至1937【年】产11600吨,占全球总额百分之7.7;1938年产13000吨,占全球总额百分之8.6。

中国水银,在1928年产8.8吨,占全球总额百分之0.17;1929年产9.0吨,占全球总额百分之0.16。成分最高在1934年,产83.88吨,占全球总额百分之3.16;至1937年,产45.34吨,占全球总额百分之0.9;1938年产32.24吨,占全球总额百分之0.64。但中国在抗战期间奖励生产,1939年产169吨,1940年产107吨。

一九四〇年中国出口矿产价值表（价照易货价计算）

	产量（吨）	易货价	共值（元）
钨砂	9167	2000	100837000
纯锑	7510	4500	33795000

续表

	产量(吨)	易货价	共值(元)
锡	13077	16300	213155000
汞	107	42000	4494000
共计			352401000,值美金价约 23000000 美金

民国二十九年(1940)各省民营金矿产金估计表

四川	80000 两	广东	20000 两
湖南	60000	湖南	15000
云南	40000	河南	10000
广西	40000	陕西	10000
江西	30000	甘肃	10000
青海	30000	贵州	7000
西康	25000	共计	377000

四行收兑金银处,廿九年度共收 267000【两】

同上,   廿八年 同上 314000【两】

采金局廿九年度共采金 6579.8756 两

收金 4145.6560

共计 10725.5316

二月七日　星期五　晴

美国居里 Lauchlin Currie 及 Emile Despres 自香港到渝。余托吴景超代表往接,孔派夏晋熊往接。彼等到后,即往美大使馆,嗣即于下午四时往见蒋,交罗斯福来函。五时,孔在嘉陵宾馆招待茶会,美大使 Nelson Johnson、徐次长叔谟、陈副总裁潜庵及余亦到。

晚七时,孔招待英大使 Archibald Clark Kerr 及 General Dennys、Mr. Scotts 晚餐。英大使即将赴港。

下午,接见 Turnbell, of Australian Associated Press。

蒋手令草拟国防工业十年计划及以康、滇、黔、桂、粤、湘、赣矿业计划及物资总动员计划等。

党政训练班讲演。

二月八日　星期六　晴

经济部物价周报会,李博侯、吴景超、吴半农、吴闻天、吴至信、郑达生、吴味经等均到。

美国大使 Nelson Trusler JOHNSON 及海军副参赞 Major James Marshall McHUGH 陪同美大总统私人代表 Mr. Lauchlin Bernard CURRIE 及助理员 Emile DESPRES 至资委会,为正式访谈,并交宋子文介绍函。

孔请 Johnson、Currie、Despres、Mchugh、Drumright、顾孟余、张公权、王雪艇、董显光、黄仁霖在嘉陵新村三号午餐。蒋请上述四[五]美人及孙哲生、孔庸之、王亮畴、白健生、贺贵岩、魏伯聪、徐可亭等晚餐,桌上排列中美两国国旗。

在蒋宅,见美大总统 Franklin Roosevelt 赠蒋照片,下书:To General Chiang Kai-shek, with the warm regards from his friend. Franklin Roosevelt。餐后,美人走后谈话。蒋言谈话要点:(一)财政、金融及外汇,盼美继续援助;(二)军事上请美空军志愿兵来华,及协助飞机……由蒋自行商洽;(三)运输注重滇缅公路,请美人主持,并用美人为干部人员,全权主持;(四)经济方面,说明重要矿产及生产情形,欢迎美国来华投资……谈话宜忠实,对其助理二人,可派员分别接洽。

餐后,至中央行宿舍,见及席德懋。孔曾指定其与Currie谈话。

下午,穆藕初、何淬廉至资委会谈话。

彩云赴校,慧娟进城见悦联。

钱乙黎等返渝。

五日,日本飞机载海军大将大角岑生(曾三次任海相)、少将须贺彦三郎等自广州南飞,至中山县境,为中国机关枪所击落,乘者皆死。大角尸身为华军所获。蒋告白健生,应送至昆仑关埋葬。

二月九日　星期日　晴(阴多雾)

全家至启新照相。至新村二号谢蘅窗宅午餐。

下午三时,中国工程师学会重庆分会联欢会,在新建成之广播大厦举行,徐恩曾主席,吴稚晖与余讲演,陈果夫亦在。讲后音乐会。

接见董时进(谈平价事)、何淬廉(农本局交穆藕初接收事)。

交通银行之浦心雅联络徐可亭,欲为该行之总经理。钱新之极不谓然,正在意斗中。农民银行常务董事四人周佩箴、陈其采无甚主张,徐柏园、浦心雅皆听徐可亭之命,故可亭在该行颇欲有所主张,与顾经理则不协。因此顾不易得与Currie多所洽谈。可亭颇不赞成将农本局之农贷全移交农行,而欲其移交四行,归彼支配。

二月十日　星期一　晴

国府纪念周,白崇禧讲军事情形。近时日军约步兵八万五千人、骑兵八千人、炮五百门、战车三百来攻我豫,西至南阳,北抵方城、郾城。我军方略不与其正面冲突,而取旁击及追击形势,以期敌方消耗,故伤亡大致相等。兹敌攻势已尽,向后撤退。在广东,敌占沙鱼冲,我正加兵反攻。广东敌机载大角、须贺等海军将领飞往海南岛,为我军中途击落。我强敌弱,虽不可过重宣传,但消耗战之意义现已较易实行。目前当重视经济,善为处理。

孔昨日小便流血,昨晚医生手术,今日卧病不能出门,故上午与 Currie 会谈,财政由徐堪主持,顾孟余亦参加。下午四时,在蒋宅会谈,徐堪及张公权及余,或携所备图表送蒋略阅。徐言:(一)本年预算支出七十四万万元,收入约十四万万元,不敷六十万万元,纸币发行七十八万万元,四行应存之准备金因业务用去,为数所剩较少(据席德懋言,中央、中国行各二千万美金,交通较少。如此约计,当仅五六千万美金);(二)财政方针,增加直接税,保留间接税,预计和平后全国收入每年可望约五十万万元;(三)外汇事,讨论黑市场能否取消,平衡委员会应否保存。蒋颇倾向取消现设之平衡委员会,在重庆开辟市场,令由华人管理,准备日人占领上海。张公权、席德懋、顾季高各有建议。蒋言,研究后再为决定。蒋又言:(一)Despres 分别谈话,经、交二部可照谈,财政宜慎重;(二)可邀 Currie、Despres 参观工厂,使见日机炸击情形;(三)对苏易货之数量,可告知美人;(三[四])可告以中国宪政准备情形。

下午二时半,Despres 至资委会谈话。余介绍孙越崎、许本纯、叶绪沛与谈矿冶事业情形。

晚,王亮畴请在外交宾馆晚餐,有陈立夫、张公权、魏伯聪、蒋廷黻及余,但未有财政及金融人员。

二月十一日　星期二　晴

经济会议,蒋亲到主席。熊仲韬报告重庆米价安定(实已涨高)。余言:处理物价当视整个市场情形,平米价如只限重庆一城,则四川各地涨价,重庆安定决不能久。又如,因沙鱼【冲】失守,故衡阳纱价涨至每件二万六千元。自衡至渝,运费每件一千八百元,即共每件成本须四千四百元。今渝最高价亦为此数,故来源必至断绝。又,嘉陵江煤价,据卢子英来言,小矿倒闭者已三十余家,亦宜设法补救。(徐可亭函告,又反对某大矿。)蒋言,纱布价格不宜以从前价格为限制,而应准用纱布来源价格计算,市场应有负担,定为价格;煤炭事,亦盼善为处置(由燃料管理处垫款购销)。蒋又言,经济会议秘书处范围宜小,用人宜少,只管粮食及物价,不宜兼管他事,致妨主管机关之职权;即对粮食及物价亦总司其成,而不妨碍主管机关之工作,不宜过尚理论,而应特重事实。实则今日报载,秘书长贺贵岩(耀组)谈话,正充分发挥会议之崇高及秘书长为全国经济之参谋本部,可见其意实与蒋不同。又秘书处之专门委员,蒋面告应为兼任,而贺竟误为简任(!)……行政院会议第 503 次会议,亦由蒋主席(孔有病),(一)商洽政府对日、对外重要方针;(二)建筑康印公路;(三)对营业机关之账目应早清查。

美人 Emile DESPRES、John J. MACDONALD(Sec. Secret of U. S. Embassy)至资委会谈话。余介绍欧阳仑、杜殿英、徐名材、林继庸、顾毓琇、陈中熙六人与谈工业。

张咏霓电,欲余长光华大学。余告悦联,决不能任。顾一琼言,曾询陈立夫,谓由三民主义青年团告,校中有 C.P 分子活动,及有人告保育院学生行为不正等情。教育部拟令切实整顿,而不令停办。余面告悦联,酌电告沪。询傅孟真,并晤及陶孟和、林伯遵、梁思成等。

H. M. MANN(Arnhold Co.)来见,言鹅公岩警洞工程太慢。又Petro 来谈,拟即飞港。

二月十二日　星期三　晴

召集沈君怡等约二十人，商洽起草国防工业计划。

下午 Despres、MacDonald 二人至资委会，吴景超、张兹闿、吴闻天三人与谈物价等事。

接见 Bornd（商洽航空运输矿产出口）、傅斯年、陶孟和、梁思成。

张星联请晚餐。

二月十三日　星期四　日晴，夜雨

戒［诚］妻勿用五嫂之钱。

接见王性尧（徐柏园曾告彼，清查联营公司不日可完）、程义法、夏宪讲、Bakunin、张歆海。

晚宴 Currie、Despres、Johnson、Drumright、MacDonald、Machugh［Mchugh］、王雪艇、陶孟和、霍亚民、席德懋、顾季高等于外交宾馆。

函 Currie，致送经济图表三册四幅。

二月十四日　星期五　晴

接见李唐泌，新自美学经济地质归来。

在训练团讲《战时经济建设》。

召集国防工业设计委员会，商战后十年计划方法。

曾世英、李春昱、熊永先来谈。

接见 William Hunt、Taylor 及彼等友人一人。

何淬廉来谈，函陈布雷，询农本局理事会及穆藕初事蒋之意见以为可否。

二月十五日　星期六　雨

偕 Guibaut、孙越崎，往北碚地质调查所。

张悦联来，住余宅。郑达生来谈煤炭管理情形。

英帝国领土及成立史……

宋子文订第一次借款,美金二千五百万,于一九四〇年(民国廿九年)十月二十二日在华府签字,于同年十一月十九日签订借约及金属准备金交款办法。签名者,中国政府宋子文、中央银行李干、资委会吴志翔。

Export-Import Bank：Warra Pearson, Metal Res. co. Charles B. Hanbasson

应应[交]钨砂 First year   having U. S. purchase value $ 3000000

Second year   having U. S. purchase value $ 3420000

Third year   having U. S. purchase value $ 4570000

Fourth year   having U. S. purchase value $ 4980000

Fifth year   having U. S. purchase value $ 14090000

Total value $ 30000000①

Each Shipount sampled by ledont & Co. N. Y.

Import only ch to be paid by buyer, cost of sampling and analysis equally seller & buyer

Specification Wo_3 65%min   Sn. 1. 5%min   As 0. 2%max

Cu 0. 12%max   P 0. 05% max   Sb 0. 05% max

Bi 0. 4% max   Mo 0. 4%max   S 1%max

Rejection： Wo_3 60%min   Sn. 2. 2%max   As 0. 5%max

Cu 0. 12%max   P 0. 05%max   Sb 0. 05%max

Bi 0. 4%max   Mo 0. 4%max   S 1%max

中央银行借款(美金二千五百万),年息四厘,年付二次。

接见齐树平、庄学本(自西康归来)、张熙[奚]若。

访秦景阳、傅斯年、郭景琨、张悦联。闻陈光甫已到渝。

————————————

① 原文如此,应为 30060000。

二月十六日　星期日　晴

德国愿赠南斯拉夫国以 Albania 北部并开一走廊,经 Salonica
以到 Aegean 海,如南国肯加入德、意、日盟。南国总理及外长访德
返国,似并未接受。

英空军猛炸(空前猛烈)北海沿岸,如 Bologne、Calais 等地。

美国政府准美国轮船逾额载远东美国人返国,如上海、香港皆
有美人数百名待归。

荷兰邮船皆奉命至菲律宾。

中国驻土公使张彭春至保加利亚之首都 Sofia。

二月十七日　星期一　晴

郑达生谈煤价(拟每吨加十五元)。

接见周茂柏、林可仪,商协和铁炉原资产三十二万元,改为五
十万元,民生加新股五十万元,资委会三百万元。

林主席茶会招待 Ambassaber Johnson、Mr. Lauchlin Currie 于双
河桥官邸,蒋夫人为主妇,地方颇佳。彼等(美人)明日飞往成都,
徐叔谟陪往。

接见塔斯社之 J. M. NOMERUTSKY(驻华社长诺米落次基)及
M. F. YAKSHAMIN(副社长),皆住枣子岚垭,电话二四八一。

丹麦公使 Collin 请晚餐。

美国赴英国防科学考察团团长 Dr. James CONANT,president
of Harvard University,又有 Carroll L. WILSON lisson son officer of
the National Reform Research Committee。

BELL 及樊泽培面交 Bell 来函①,言福公司董事会来电,取消

---

① 原文如此。

华钨出口代理人恐失信用,但愿商代价决定。Bell 走后,樊面告谓,实愿□商定。

二月十八日 星期二 晴

经济会议,蒋主席。(一)依照治本办法,制定征购四川粮米施行办法,分期减价,每期减低百分之十五;(二)经济部拟增嘉陵江煤价每吨 15 元,缓议,先低利贷款;(三)经济部报告,电各省市实行《取缔日用品囤积居奇办法》……行政院会议第 504 次,孔返渝主席,商社会部工作,为时颇久。

接见蔡仁抱。彼言,徐可亭、徐柏园拟以浦心雅接唐受民,任交通银行总经理,钱新之不允,日内即来渝,住行内,其夫人亦拟同来。

公债劝募委员会黄任之函商余为经济队大队长,复允,以吴培均为干事。

面责程义法:欲调李荃孙往赣任事,何以不先商余而只与他人接洽。

新生活运动第七周年之前夕,蒋在夫子池新建之新运模范区广播讲演,并邀晚餐。

接见 Hunt、Taylor。

二月十九日 星期三 晴

监察委员严庄、王斧、罗宗源至部考查。

土耳其与保加利亚订不侵犯条约。

樊泽培谈英人意见,以为远东形势甚紧,战事旦夕可变。

二月二十日 星期四 晴

接见谢霖甫、张悦联(谈光华大学)、程义法(谈钨业管理)、Branett。

蒋宅午餐。陈博生报告,松井又正式向英政府提询议和条件,重光与艾登提出公文。

粮食会议。粮管局请晚餐,何应钦、周钟岳讲话。

在 Bell 宅,与 Hull Pact 谈话。

南开中学放假。

二月二十一日　　星期五　　晴

下午三时,在嘉陵新村 3 号访 Currie,送出口矿产品统计表及钨砂戒指二只,内一只托转送美大总统。谈及中美经济合作及中国矿产开发,彼辈本拟于星期一即二月二十四日赴港,兹因往美飞机衍期,故改于二十七日(星期四)离渝,商定星期二即二十五日 Currie 参观兵工厂,Despres 参观工厂。

《大公报》张季鸾来谈。

Australian trops 在新加坡登陆。澳总理 Menzies 在伦敦谈话,澳兵必以全力守新加坡。澳人认日本为英国敌人之同盟国,故必尽力防守。

二月二十二日　　星期六　　晴　　夜小雨

部中物价谈话,穆藕初亦到。

设计局全体设计委员会议,蒋主席,言设计局重在筹划战后国防经济,应总司其成,利用人才……

与 Lossing Buck 同午餐。与吴景超商工业文字。

中美文化协会欢迎居里,欢送詹森。

函福公司 A. J. Bell 及樊泽培,取缔代售钨砂合同,愿赠送十万美金。以前海防出口锡、锑价约二百万美金,佣金可作整数三万美金。又海【防】、仰【光】出口钨砂,佣金约美金七万七千余元,国币四万六千余元。取消合约事,盼早同意见复。

日本国在 1936 年铁矿供给来源如下：

日本国内六二〇〇〇〇吨,海峡殖民地一六九一〇〇〇吨,中国一二五一〇〇〇吨,朝鲜二四二〇〇〇吨,印度、菲律宾八三六〇〇〇吨,共计四六四〇〇〇〇[①]吨,由此制成生铁二二一九〇〇〇吨。此外经美、印、澳等输入废铁,又自满洲输入生铁二六〇〇〇〇吨。

日本产石油在平时约三十万吨,只能供需要十分之一,前年增至四五〇〇〇〇吨,但用途更多,不及十分之一,其余百分之七十五靠美国、荷印、委内瑞拉及墨西哥。

以上物质,至英、美、荷皆封锁日本时,则日本供给大有不足。

二月二十三日　星期日　晴

苏联革命第廿三周年纪念日,大使及武官(崔克夫)共招待。蒋亲到,举杯祝：苏联红军胜利即是革命成功,祝红军胜利万岁！并祝提摩生科及伏洛希洛夫康健,大使武官及诸同志康健。在座者为于右任、冯玉祥、孙科、何应钦、王宠惠及余。

悦联来宅,谈光华大学及财政部招待 Currie 事。张丽门来谈工矿调整处事。

英外相 Eden、参谋总长 Dill 至埃及,又至土耳其。

二月二十四日　星期一　晴

国府纪念周,孙科讲建国工作应为：(一)工业化及(二)社会组织。组织又可分为自治及合作二项,应以国民党为中心,努力推进,庶成革命政治。

接见 Hapro 之 Werner。彼索运钨砂二十吨甚力,余以蒋嘱停

---

① 应为四〇二〇〇〇〇。

运,故婉言暂缓,请彼谅解。

樊眷甫以 Woodroffe 电来谈停止售钨砂合同事。余言:偿金以十万美金为限,决不再加,应早取决。面告孔,亦全同意。

孔召集何敬之、张公权、陈光甫、邹秉文、俞大维及余会谈。孔言,Jean Audinet 自安南来面言,中国存放货物共 36845 吨,有法国公司愿承购,付价越币,可换成英镑,但以半数售归日本,请孔出函允许。何、陈、邹皆主张不可发此函,宜询明美国 Head 意,绝不可离开此君轻易举。邹、俞主电召 Head 至渝面商。何先行。孔又召 Audinet 当面报告,彼谓 Head 面言,如孔允准,彼不反对。孔定不允出函,嘱由西南运输处电询 Head 意见,并劝来渝,但甚望 Audinet 之生意可以做成。张公权颇表赞同。

二月二十五日　星期二　晴

经济会议第十一次会议,孔主席。(一)经专委会建议,粮食公卖交各委员审议后再议;(二)《四川粮食治本办法实施细则》;(三)秘书处请制止渝市公用汽车加价,谷正纲、李中襄、贺耀组均主张颇力。孔助吴国桢,不能通过……

行政院第 505 次会议,建筑柳筑(柳州至贵阳)铁路。

接见樊眷甫、陈伯庄、Audinet、曾俊千等。

二月二十六日　星期三　晴

接见茅以升(请补助唐山工学院,未允)、鲍……、严德一、王守竞、陶孟和(研究物价,允助 2 万元)、刘晋钰(昆明电厂)。

美国大使詹森邀在嘉陵新村三号茶会,中国人到者四十人,各在纪念册上签名。詹大使言,拟先返华府,再往澳洲,约在四月间,尚未确定。

谢霖甫、张悦联请光华校友约八十人,在新运服务所晚餐。

英、美二国政府同日通牒日本政府,警告南进之危险,但日外相松冈在国会讲,大洋洲应为亚洲人移殖之地,西洋人皆应离去。

希脱拉演说,说明德国不久即将用潜艇及飞机大举攻英。近时,墨索里尼及希脱拉相继演说,为德、意两国即将联合攻英之先声,且事实上,意国军事亦由德政府主持。

二月二十七日 星期四 雨

Currie & Despres 离渝往港,余由张兹闿代往送行。孔至飞机场送行。

下午三时,在资委会开会,为川边探勘队饯行。曾世英(队长)、熊永先(副队长)、余皓(土壤)、林振国(测量)、欧阳任宫(医士)、方巩西(译员)等,明日自北碚起行,往成都。刘荫茀、孙越崎、彭浩徐、钱乙藜、庄学本等起立发言。

二月二十八日 星期五 阴雨

悦联、慧娟赴港。

陪都建设计划委员会开会,孔主席。

土耳其公使邀午餐。

偕康心之、谢霖甫访孔,未遇。

接见罗霞天、连瑞琦、陈璞、金瀚。

召集草拟国防工业计划诸人会议。

三月一日 星期六 晴

第二届国民参政会第一次会议在复兴关(浮图关改名)国民大会场开会,参政员到者 198 人,共产党员皆不到。公推张伯苓为临时主席,致开会词。林主席致词。蒋以国防最高委员会代表致词,声明目标在争取胜利,巩固国防,不必分左倾右倾,而应共同一致。参政员周道刚致词毕后,参政员40余人请今日停开预备会议,并将下午之外交、经济报告移至明日上午举行。

接见樊眷甫,福公司已允取消售钨合同。

日政府限越南于2月28日午夜为止,接受调解泰越案折衷条件。至时,法国尚未答复,日已令旅越日侨全体返国,并增加空军、海军实力。新加坡扩大敷雷区。

英外相艾登与土耳其当局商订合作办法,抗德。

英、美传布,意大利统治大权移入德人手中,藉以防止革命。

三月二日　星期日　晴

上午,国民参政会大会。共产党员昨又提十二条件,今日仍不到会。大会投票选举蒋中正、张伯苓、张君劢、吴贻芳、左舜生五人为主席。外交报告、经济报告。外王报告约40分钟,余报告约一句钟而毕。

下午,卫戍总司令部胡石青追悼会。国民政府林主席招待参政员茶会。林主席劝参政员劝募战时公债。

偕戴季陶、傅孟真至两浮支路,参观新建成之中央图书馆。

美加飞机二队、军舰五十舰[艘]往菲岛。

日本向安南提出之要求,是要安南割让:一、泰、越边境与湄公河所形成之袋形地带(即柬埔寨西北角富庶区域),二、湄公河右岸巴克绥区;三、老挝与柬埔寨间一九〇七年前属于暹罗地方。以上各地,合计共四万方哩,较之泰国原来要求范围更大。日本同时要求以西贡及金兰湾为日本军事根据地。日本在二月二十四日提出最后调停计划,限法国于二月二十八日晚上十二时提出答复,其内容未公布,大约比原计划略为缩减,老挝地方湄公河以西地带及柬埔寨西北区,仍要求让给泰国。

新加坡空军已增到 1200 架,海军布雷区又扩大,英集澳印大军于泰国西部及南部边境,以……队保护印缅公路……美参院海军委员会通过海军扩充费 200004200 元,众院通过国防追加费 1533439703 元(皆美金),又派空军三大队增防 Alaska,军舰五十艘往 Phillippine,扩充菲岛土军二倍。

日本财政概况:

预算　1931 年日本预算　　1400000000 日元

　　　　1932 年日本预算　　2300000000 日元

　　　　1937 年日本预算　　2800000000 日元

　　　　1938 年日本预算　　2800000000 日元

　　　　　　　　　　　　　追加 600000000 日元特别战费

　　　　　　　　　　　　　合计 4850000000 日元

　　　　1939 年日本预算　　4800000000 日元

　　　　　　　　　　　　　临时军事费 4600000000 日元

　　　　1940 年日本预算　　5900000000 日元

　　　　　　　　　　　　　临时预算 4460000000 日元

在 1940 年度中,国防军事预算如下:(皆以日元计)

陆军一般合计　　　　　1279000000

临时军事费　　　　　　2973000000

合计　　　　　　　　　4252000000

海军一般合计　　　　　1018000000

临时军事费　　　　　　737000000

合计　　　　　　　　　1755000000

临时军事预备费　　　　750000000

总计　　　　　　　　　　　6767000000

事变后之临时军事费如下（日元）：

第二预备金（1937 年 7 月）　10198000

第 71 议会　　　　　　　　507208000

第 72 议会　　　　　　　　2022761000

第 73 议会　　　　　　　　4850000000

第 74 议会　　　　　　　　4605000000

第 75 议会 1940 年度预算　4460000000

合计　　　　　　　　　　　16455000000

公　　债

	内债	外债	合计
1925 年	3684388000	1477866000	5162254000
1935 年	9072124000	1323081000	10395205000
1937 年	10585150000	1307797000	11892947000
1938 年	14934733000	1287994000	16222727000
1939 年	20253576000	1277793000	21520206000①
1940 年 6 月	23046076000	1255603000	24301679000

通货　　　　　　单位：百万日元

银行	1937 年 12 月	1938 年 12 月	1939 年 11 月	1940 年 6 月
日本银行券	2399	2858	2946	3597
朝鲜银行券	291	334	392	437
台湾银行券	114	142	154	176

---

①　原文如此，合计数字应为 21531369000。

满中央银行券	317	430	553	630
北联银行券	——	162	305	558
蒙疆银行券	12	32	54	61
总计	3135	3961	4444①	5459

租税收入

1938 年　1577141000 日元

1939 年　1865859000 日元

岁入

	经常	临时	共计
1938 年	2206409000	1315950000	3522360000②
1939 年	2378038000	2426505000	4808543000③

岁出

1938 年　3550827000

1940 年　4804543000

三月三日　星期一　晴

国民参政会大会,蒋亲到主席。油印分送共党参政员毛泽东、陈绍禹、秦邦宪、林祖涵、吴玉章、董必武、邓颖超七人二月删日代电,致参政会秘书处,内提善后办法十二条:(一)制止挑衅;(二)取消一月十七日命令;(三)惩办皖南事变祸首何应钦、顾祝同、上官云相;(四)恢复叶挺自由,继续充当军长;(五)交还新四军全部人枪;(六)抚恤皖南新四军全部伤亡将士;(七)撤退华中"剿共"

---

① 原文如此,前列总计数字应为 313339584404。

② 原文如此,应为 3522359000。

③ 原文如此,应为 4804543000。

军;(八)平毁西北封锁线;(九)释放全国一切被捕政治犯;(十)废止一党专政,实行民主政治;(十一)实行三民主义,服从总理遗嘱;(十二)逮捕各亲日首领,交付国民审判。请政府采纳,在政府未裁夺前,碍难出席……三月二日董必武、邓颖超(皆在渝,周恩来亦在渝)函秘书处,如政府采纳并明白保证新提十二条即可出席:(一)立停全国向我军事进攻;(二)立停全国政治压迫,承认中共及各党派之合法地位,释放西安、重庆、贵阳及各地之被捕人员,启封各地被封书店,解除报界各地抗战书报之禁令;(三)立停对《新华日报》之一切压迫;(四)承认陕甘宁边区之合法地位;(五)承认敌后之抗日民主政权;(六)华北、华中及西北仍维持现状;(七)于第十八集团军之外再成立一个集团军,两集团共应辖有六个军;(八)释放叶挺,回任军职;(九)释放皖南所有被捕干部,拨款抚恤被难家属;(十)退还皖南所获人枪;(十一)成立各党派联合委员会,每党各派出席一人,国民党代表为主席,中共代表副之;(十二)中共代表加入参政会主席团。王世杰、黄炎培报告交涉经过。王晓籁、喜饶嘉错、王云五发言反对……嗣即由教育陈立夫、社会谷正纲报告工作。

蒋召集孔、张岳军、吴国桢、卢作孚、贺耀组、吴闻天、郑达生,商谈对参政会报告处理物价办法,商定由余、卢(粮食)、缪秋杰(盐)、穆藕初(服用品)、郑(煤炭)、吴(平价购销)分列报告。余托孔告缪,并召集其他各员及吴景超、李博侯,明晚八时面洽具体办法。

日本召集驻华总司令西尾寿造,派田焌[畑俊]六接任。

德军已开入保加利亚,保加入三国同盟。

Bell面交来函(一日发),福公司董事会已承允取消出口钨砂代理合同,补偿美金十万元。即日发函(三日)致谢。

Bell 明日赴港,应港督之约,商洽 Wolfram purchase board 办法。余电郭子勋:(一)本会贸易不受干涉;(二)盼交由中国物产公司办理;(三)停止运日,并盼妥为洽助电告。

三月四日 星期一 晴

国民参政会大会,左舜生主席,何敬之报告军事及处理共党情形,孔报告财政。

接见邹秉文、曾昭六、方兆镐、夏晋熊,商处理存【海】防物品(由 Audinet 收购)事,决俟 Head 到渝再为决定。

蒋孔邀集参政员等多人,在嘉陵宾馆商劝募战时公债(廿九年军需公债国币十二万元、建设金公债英金一千万镑、美金五千万元),褚辅成、蒋、孔、黄炎培、邝炳舜致词。邝言,美洲华侨约廿五万人,已捐款者约八万人,已捐美金一千万元,曾组评价委员会,颇有劝力,具见华侨爱国热诚。

三月五日 星期三 晴

中央图书馆中,北大同学会及中央研究院,为蔡子民逝世第一周年公祭,朱家骅主祭。吴稚晖以为,革命前辈唯总理及蔡公皆为通博之才,皆抱救国之志,皆死于三月。陈立夫谓,惟有道德者方可以宽待人,否则须济之以猛,故办教育者不可以学蔡之宽大。又称蔡为大、刚、中、正兼有之。余讲蔡之一生可分为三方面:其初革命;其继教育,尤倡新文化,特重科学与民主精神;又其继提倡科学。中午,在生生花园午餐。

下午,国民参政会开会,吴贻芳主席。各案中较有意义者,周德伟提严厉限制省政府发行公债及钞票。卢前提裁并庚款机关(王云五修正改良)。

蒋请参政员晚餐,并讲:(一)去年夏间滇越路断,滇缅禁运,又失宜昌,友邦观望,时局最为危险,现已转危为安;(二)财政准备充足,粮食办法较好,外国来货在仰光者,足供一年运输,故经济可以无忧;(三)第十八集团军不致酿成大事,如肯听命,则中央有军队三百余师,力足以战胜日本,如不听命,则对日胜利略迟,但国内亦无他患;(四)美、英、苏、俄对中国战事不必望其参加,中国失败即彼等反受其害,故彼等守中立,决于中国无恙,可以放心;(五)我辈宜赤诚建国,盼参政会为民主模范,为建国努力……张伯苓起言:(一)领袖如此乐观,自极可信,使大家完全诚信,则成功速,半信半疑则成功缓;(二)建国事业,大家早早准备则成功易,三心二意则成功迟……宋渊源欲报告陈嘉庚(有不满意语)来信,有人阻其发言乃止。

苏联政府照会保加利亚国,言保国允许德军入保,极为不智,徒以扩大战争……英艾登、狄尔皆在希腊。

三月六日　星期四　晴(夜小雨)

偕李赓阳至打铜街十一号访尹建猷,未遇。与金开英商洽地质学会开会用汽车事。

下午,国民参政会开会,张伯苓主席。余报告经济部处理物价工作概要,卢作孚报告粮食办法,缪秋杰报告盐之情形。休息后,蒋代表政府报告对于共产党参政员先后提出十二条之态度,归纳可以为三大部分:(一)关于军事者,军令必须执行,不能紊乱,只有国家军队,不是国民党军队,何得由共党自有军队而与国家军队相对抗,第十八集团军态度必须改为国军,而不能仍为共党党军;(二)关于政治者,民主制度任何人不能有特殊地位,共党参政员与其他参政员相等,何一要求主席团中须有共党党员一人。此外,只要遵守抗建纲领及不背军令,任何主张,皆可在会提出;(三)所提条例[件],政府并未接到,而偏向参政会提出,仿佛以参政会为敌对之体,殊为不合……结论,只有共产党遵守抗建纲领及廿六年九月该党宣言(团结抗敌,服从国府军委会命令,取消苏维埃政府,停止"强迫"平分地产等行动),政府一切听从参政会议决,共党事亦请秉公处理……

临时提案(王云五等五十四人提):(一)参政会为正当民意机关,不能接受任何参政员提出席条件,亦不能要求政府接受条例[件],致启不良之先例;(二)欢迎共党参政员出席会议,这样不背军令及不背抗建纲领,任何意见皆可提议,通过后由政府实行,要求彼等仍信守廿六年九月拥护统一宣言……此提案会场到会者全体一致通过。

晚间八时起,物价审查委员会开会,召集人为杨端六、王次[志]莘、张肖梅……穆藕初报告棉纱,郑达生报告煤炭,吴闻天报告平价购销……分发议案十五件,其中一件为政府提出之三十年度政府对内对外重要方针(余之批评为大言定题目,小识写文章,实行政院中不解事者之胡闹也!)。

余邀杜月笙、王晓籁、张禹九、王性尧、刘鸿生、潘序伦等在嘉陵宾馆晚餐。

三月七日　星期五　小雨　晚晴

至打铜街十一号举行地质学会理事会,余当选为理事长,朱森为书记,李春昱为会计,计荣森为助理书记,张鸣韶为助理会计,黄汲清为编辑主任,杨钟健为丁氏奖金委员会主席。

下午,国民参政会大会,张伯苓主席。

接见程伟度、周子竞。

五院院长(蒋未到)邀请参政会诸君晚餐,孔代蒋主席。于右任讲《正气歌》,张君劢答辞。

三月八日　星期六　晴

地质学会第十七届(实为第十九年)年会,在重庆大学大礼堂举行,理事长尹赞勋,书记黄汲清,书[会]记李春昱,编辑黄汲清、王钰先后报告。第一次唱会歌,卞美年领班。教育部吴俊升代表致辞,余及胡博渊、何孟缚等亦致辞。

下午,国民参政会大会。此次新提议案 149 件。此会左舜生主席,进行颇快。

美国总统前派个人代表 Hopkins 赴英,现已返美,兹又派 Averell Harriman 定于下星期一起身往英。Harriman 拟带同往者为 Edward Warner, an aeroplane export, Colonel Allen Preen, vice-Chairman of Ordinance Committee of the War Department。

三月九日　星期日　晴

至四川地质所内中国地质学会,黄汲清讲 Caledonian movement 所发生之江南大陆,并参观地质图展览会。

下午,国民参政会大会,吴贻芳主席。通过审查军事、财政、经济、农林、教育各报告及物价特□会报告。

日外相松冈定今日起身经西伯利亚往德、义两国。

婵病,请庞大夫来诊视。

三月十日　星期一　晴　夜大雨,骤寒

国府纪念周,孔讲政府专卖,颇为推颂。

十时国民参政会闭会式。蒋致闭会辞,莫德惠答词,张伯苓读宣言,散会。

余邀邝炳舜、钱新之、戴志骞等晚餐。

三月十一日　星期二　阴

经济会议,孔主席。(一)岷江煤事派员调查;(二)秘书处办事章程付审查。

行政院第 506 次会议。(一)滇缅铁矿经费,国币二万二千余万元,美金一千万元,后者发行新金公债;(二)粮管局副局长何廉、何北衡皆辞,改任程远帆、曹仲植,农本局由穆藕初继任。

接见陈筑山、吴蕴初、魏华鹍、蔡宪元、徐炳昶。

朱子桥追悼会,于右任主祭,许世英(办事极出力)、杜月笙、黄炎培襄祭。王晓籁报告事实,吴稚晖、褚辅成、朱伯苓、孔祥熙、黄炎培致词,私谥"勤惠"。陈其采、徐永昌、彭光彝、李组绅、张季鸾、王芸生皆到。"九一八"、"一二八"后,朱曾捐款颇多,曾派人至莫斯科接洽抗日救国办法,当时不能公布,为国利益,不惜牺牲个人名誉。朱子桥(庆澜),年六十七岁。

接见由广西来之孙仁林(桂省府总办公厅主任)(绍园)、粟豁蒙。

与僚友商洽本年盼四行对工业流动资金之协助标准,拟为:

棉纺织业	6500000 元	毛织纺	5000000 元
麻纺织	3500000		
纺织业共计	15000000		
造纸业	6000000	皮革	2000000
皂烛	1000000	酒精	4000000
糖业	5000000	面粉	10000000
机械	15000000	电器	10000000
酸碱	8000000	玻璃、火砖、陶瓷	2000000
油漆	2000000	水泥	2000000

染料	2000000	药品	2000000
炼铁	10000000	其他	4000000
共计	100000000		

本年度,工业调整处可新添资金一千二百万元,约分三、九两月收到,加之上数,可助私营工业。煤矿一项,约需助数百万元,当由燃料处洽助。

三月十二日　星期三　阴　小雨

农林部在教育学院举行植树典礼及农林会议。

自树新村午餐,往中央图书馆看会场。

美参院通过关岛设防。松冈起程往德(十一日),近卫自代外相。泰越签立协定。英迭扣运粮法轮,法达尔朗称将派舰护航。美驻沪海军司令易人。

三月十三日　星期四　晴

中研院第二届评议会第一次会议,朱家骅主席。来宾到者:吴稚晖、戴季陶、孔庸之、于右任、孙科、许静芝、陈大齐、沈士远、顾毓琇。评议员到者:丁燮林、任鸿隽、周仁、张钰哲、竺可桢、傅斯年、陶孟和、王家楫、姜立夫、吴有训、李书华、曾昭抡、茅以升、陈桢、胡先骕、翁文灏、朱家骅、谢家荣、张云、吕炯、王世杰、何廉、陈寅恪、李济、吴定良、李四光,共廿六人。凌鸿勋在蓉,因飞机误期尚未到。

未到之评议员为侯德榜、王宠佑、周鲠生、胡适、赵元任(以上五人在美国)、庄长恭、秉志、林可胜、戴芳澜、陈焕镛、唐钺、汪敬熙、陈垣,以上共十三人。

选举秘书,翁文灏当选。

选举各组主席:物理组李书华、化学组曾昭抡、工程组凌鸿勋、地质组李四光、天文气象组竺可桢、植物组胡先骕、动物组陈桢、心理组汪敬熙、社会科学组何廉、历史组陈寅恪、语言考古人类组李济。

黄克强辛亥前赠谭人凤七律有句云："吴楚英雄戈起［指］日，江湖侠气铗余铎［剑如虹］。能争汉上为先者［著］，此定神州第一功。"

三月十四日　星期五　晴

上午，中研院评议会在中央图书馆开会。十二时空袭警报，会暂停。下午复开会。戴季陶请晚餐。

敌机十二架飞至成都近郊，我空军在双流、崇庆间猛烈截击，敌机被击落四架，又敌机二架亦受伤，在万县附近坠落，余者零乱而去。第二批计十八架，侵至万县后即东去。闻我机损失七架。

三月十五日　星期六　雨颇大

上午，中研院评议会开会。蒋邀午餐。下午又开会。

刊行中文《学术概要》，每三个月一册，编辑李书华、曾昭抡、王家楫、翁、傅参加。

刊行院刊（西文论文提要），每半年一册，编辑主任吴有训，编辑李仲揆、吴定良、曾昭抡、姜立夫、陈焕庸［镛］、林可胜、李济、茅以升。

Bell 自港返渝，港政府设 Wolfram Control Board 内有 Sedgwick，Fleming，与国外贸易事务所合作，电郭子勋应照办。

科学社理事会，到者任叔永、孙洪芬、竺可桢、胡步曾、周子竞、李仲揆、吴正之及余、姜立夫（非理事亦到）。

上年及本年，蒋宴评议员，李仲揆皆不到。

孔说，我国发行公债不过 $ 4754000000 元，每人负担不过十一元左右。日本国发行公债共已 Yen 8829470000 日元，每人负担已达四百余元。Lauchlin CURRIE 返美后，已向罗斯福总统当面报告,当拟续谈。

三月十六日　星期日　晴

李仲揆来宅谈:(一)湘西金矿(李叔唐、喻德渊);(二)地质学会(贵州省工作,年会);(三)中大及重大地质系问题(张更、俞端甫……)

吴闻天、郑达生、张兹闿先后来谈,沈宗瀚及戴君亦来。

三月十七日　星期一　晴

国府纪念周,吴铁城讲马来、东印度及菲律宾华侨培训情形。

吴有训、李仲揆、姜立夫、李济之、吴定良、王家楫至会,商定中研院评议西文 Record 出版办法,用英、法、德文字,每篇皆须新贡献,不超过一千五百字,每年两册,自明年一月起开始出版……下午与王家楫商洽中文《学术概要》出版办法。

接见凌宪扬(中信局前合办成都纸厂,孔夫人怪酆云鹤)、Bell、周太玄(西康经济调查事)。

中基会执行董事会议(任叔永、孙洪芬及余三人)。

三月十五日晚九时,Roosevelt 演说:"美国以军火源源援助英国及其他反对轴心之国家,并决增加援助,至得胜利而后已……","中国要求美国援助,美已明白说明中国可得美之援助……","中国已由蒋介石将军向吾人要求援助,美国已表示中国必将得到吾人之援助……"。彼之代表 Harriman 已到伦敦,拟在战时久住。

英机械化步队十五万人在希腊登陆……Hitler 演说,德军准备为意国分担责任。

自英、德开战时起至 1940 年底,照 N. Y. Post 估计,英国原有轮船运力 17000000 吨中,受德袭击,其已损失 4248558 吨,约占总量百分之廿五。

三月十八日　星期二　晴

经济会议第十三次会,勉强通过秘书处处务规程,穆藕初提请院令,劝告四川人改长衣为短装(迎合孔意)。财政院第 507 次会议,叙昆路展造至威宁。

日机炸击,渝鑫中十余弹,豫丰损失不大。

孔午宴中研院评议员,李仲揆、傅孟真不到。

设计局会议(甘乃光主席)战时党政三年计划。

晚宴贺贵岩、孙慕迦、钟朴生。

美军舰六艘自珍珠港驶往 New Zealand 北岛奥克兰埠,作三日之访问。Roosevelt 照会国会,请通过 U. S ＄ 7000000000 现款援助民主国。

接见合众社经理 F. McCracken Fisher。

访钱新之、王云五,商温溪、川嘉二公司在港开股东会事。

三月十九日　星期三　晴

接见赵隶华(商第三战区工厂)、尹建猷、许江津、朱玉仑(化铁炉已出铁)、Bell(孔许其往印度)、邝炳舜(成都归来)、朱森。

定《农本局组织规程》及《理事【会】章程草案》,函送理事会。

定《国防工业战时三年计划》,函送设计局。

中央机器厂费福焘请辞职,王守竞拟明日飞滇。

朱钟宙为华西建设公【司】来商钨砂运费。

资委会新拟易货价格(单位:元):

金属矿	现易货价	拟订新易货价			
		仰光	兰州	猩猩峡	哈密
钨砂	11000	15000	16000	18500	19000
纯锑	4500	8000	9000	11500	12000

| 锡品 | 16300 | 19500 | 20500 | 23000 | 23500 |
| 汞 | 42000 | 45000 | 46000 | 48500 | 49000 |

湖南每月产金数量表（吴晋送来）（单位：两）：

茶陵	50	益阳	1500	常德	400	湘阴	50
汉寿	1000	安化	300	通道	50	桃源	700
衡阳	600	新化	300	辰溪	50	黔阳	600
邵阳	300	湘乡	50	衡山	300	宁乡	15
沅陵	600	平江	200	芷江	10	靖县	500
醴陵	200	会同	450	零陵	80	长沙	400
浏阳	80	湘潭	400	武岗	60	共计	9245

廿九年度采金局沅桃区产金数量表：

厂名	地区	产金两数	方法
第一厂	沅陵柳林汊	610	自采及募采
第二厂	黔阳江西街	232	自采
第四厂	黔阳托口一带	369	募采
第五厂	会同县	621	募采
第六厂	清[靖]县	896	自采及募采
第七厂	叙浦	194	募采
第八厂	天柱、锦屏、梨[黎]平、剑河	179	募采
漠滨工程处	会同漠滨	189	部省合办
柳林汊工程处	沅陵柳林汊	120	部省合办
资利公司	沅陵柳林汊	115	官商合办
共计		3525	内自采约占一千两

三月二十日　星期四　晴

设计局开会，甘乃光、陈伯庄主席。

日机袭遂宁。

接见 Bechamps（反对 Vichy，拥护 de Gaulle）、Kepler（谈个旧矿工待遇）、陈伯庄（经济计划）、孙越崎（甘油月可出 12 万加仑）、程伟度、邝炳舜。

三月二十一日 星期五 晴

接见刘式庵、鄢云鹤、Bell、王肇元、周茂柏、费福焘。

Bell 请午餐,彼明日飞往印度 Delhi,与 East Group Economy Council 接洽中国购物事。孔电曾镕浦协助。

费福焘荐余昌菊为中机厂业务处长。

General Dennys 请晚餐。

孙恭度、吴兆洪来商十年工业计划。

约集生产事业组织百余人劝认公债,认定共约 300 万元。

三月二十二日 星期六 晴

接见张西林、常宗会、萧纯锦、江汉罗、蔡承新、严敬斋、王斧、雍家源。

起草八中全会报告及战后十年国防工业计划,促司长宋海涵及李竹书赶紧工作。

美议院通过七十万万美元援助民主国家,参院通过关岛设防。南国决加入三国盟约。

三月二十三日 星期日

至资委会,起草《国防工业战后十年计划》,即晚送蒋。

访傅孟真。

三月二十四日 星期一

八中全会开会式,蒋讲经济极重要,须努力。党员须有革命精神,不宜只想高官厚禄。

接见张广舆、周树声、王幼侨、李泌学、刘晋钰、汤子珍。

晚宴(冠生园)赵隶华、萧叔纲、常宗会、张西林、曹仲植、朱惠清、张仲鲁、刘式庵等。

段茂澜谈,八中全会有人拟提部长及政务次长须用十五年以上党员!

三时,在新街口中国银行举行建国造纸公司创立会,资金四百万元,中国银行及工矿调整处为股东。

三月二十五日①　星期二

三月二十六日　星期三　晴

八中全会,王亮畴报告外交,孔报告财政。国币现金准备有六成,法币值钱,本年预算支出七十五万万元,收入十一万万元,不足六十四万万元。余报告经济,陈伯南报告农林,张公权报告交通。

《中央日报》载,公权之子张国利自日本学医卒业到渝后之谈话。公权服务中央而任其子留学日本,论者殊为骇异,罗家伦在休息时称为奇事。

日外相松冈在莫斯科与 Molotov 谈话时,并与 Stalin 相见谈话。美众院及参院均已通过七十万万美元案,Roosevelt 已签署,加强援助民主国。

三月二十七日　星期四　晴

社会部召集会议甘肃油矿工人办法,社会部代表司长陆京士、科长王家树,资委会方面代表孙越崎、严爽、郭可诠。孙等提已拟组设员工福利委员会……陆等原则接受,唯工会事双方未能决定。余即电告兰州谷主席正伦。本日,作为较早会转发呈部,准局设立员工福利委员会。

中行戴志骞、霍亚民、徐广迟、王君韧请晚宴。

韩国钧年八十五岁,在籍因日人压迫,吞金自尽。(本月十三日)

---

① 本日无记。

苏土联合声明,苏支持土抗德也。南斯拉夫加入轴心,但德、意声明并不要求假道进兵。松冈已至德国。

英国宣布非洲义军死伤已超过廿万人,被俘者十八万人,英方死伤二九六七人,阵亡六〇四人。

德封锁 Iceland。

本月廿一日、廿二日,上海敌伪绑架中国银行行员一百二十余人,廿三日又大规模炸击中国银行,伤者数十人,死者七八人,中、中、交、农各行均极受压迫。竹垚生复电:悦联安,营业暂停。

赣北我军经十余日之苦战,克复据点,进占高安,敌兵死伤万数千人。

三月二十八日　星期五　雨

接见周太玄、徐厚孚。

晚宴卫立煌(俊如)、王幼侨、周树声、杜扶东、汤子珍、孙越崎。

南国王彼得第二(十七岁)自亲政后,以亲英之空军司令希廉继任为总理,摄政王 Paul 传已出奔外国(又闻被追回)。

中国战时公债统计(单位:元):

民国廿六年	救国公债	国币	500000000
民国廿六年	国防公债	同上	500000000
同上	金公债	合,同上	550000000
同上	振济公债	同上	30000000
廿八年	建设公债	同上	600000000
	军需公债	同上	600000000
廿九年	军需公债	同上	1200000000
	建设金公债	英金 10000000 镑,合国币 533300000	
	同上	美金 50000000 元,合国币 666600000	
	共计总数	5180000000	

第一次欧洲大战各国费用：

英国用去　　　8803000000 镑

法国　　　　　1279000000000 法郎

德国　　　　　1582000000000 马克

美借（英 4377000000 金元, 法 2997000000 金元）7374000000
金元

此次大战各国费用：

英国现每天费 16000000 镑

美国预算国防费 1940 年 6 月—1942 年 6 月之二年总数如下：

陆军费用　　　13704000000 金元

海军费用　　　11587000000 金元

工厂　　　　　1902000000 金元

其他项目　　　1287000000 金元

援助民主国　　7000000000 金元

共计　　　　　35480000000 余元

德国自 1934 年后不公布预算，但专家估计数目如下：

1936 年—1937 年　　12000000000 马克

1937 年—1938 年　　13000000000 马克

1938 年—1939 年　　20000000000 马克

当破波兰的时候，希脱拉言准备用 90000000000 马克

苏联最高会议决定：

1941 年岁出总数　　215400000000 卢布

其中国防费约　　　71800000000 卢布

日本支出，1941 年国会通过者：

1941 年 2、3 两月军事经费　　　　　1000000000 日元

1941 年 4 月至明年 3 月军费　　　4880000000 日元

1941 年一般合计　　　　　　　　6673000000 日元

追加预算　　　　　　　　　　　1131000000 日元

　　　　　　　　　　　　　　 13894000000 日元

支收不敷(出超)　　　　　　　　8567000000 日元

特别会计预算(预算外之国库负担) 6000000000 日元

全年度总支出　　　　　　　　 22415000000 日元

公债发行总额　　　　　　　　 11000000000 日元

　　至本年一月止,英在美之美金资产计有(一)有价证券615000000 元;(二)直接投资 900000000 元;(三)黄金 192000000元……政府方面所有者为 5400 万元,私人所有者为 30050 万元。至一月一日止,英国所购美贷共 2700000000 元(金元),付现者至三月十二日止共 1682000000 元(金元)。

　　德义日三国同盟约,加入者为 Hungary, Romania, Slovakia, Bulgalia, Yugoslovakia 五国,今 Yugoslovakia 又有政变。

　　三月二十九日　星期六　雨　黄花岗纪念日

　　在党政训练班。何淬廉来宅谈话。林主席宴中委于嘉陵宾馆,有军乐及电影(西藏)。晚宴江性初。

　　三月三十日　星期日　雨

　　八中全会特别审查会,审查《战时党政三年计划大纲》、《战时三年国防工业计划纲要》(总裁交议)及主席团交议二案。

　　与张嘉璈同宴卫立煌、张向华、孙连仲、鹿钟麟、王正廷、王伯群、俞飞鹏、徐恩曾、潘公展、曾养甫等约五十多人。

　　林可胜来谈,彼曾见蒋及其夫人,谈及彼所办各事。

　　日军大贺师团长在上高被我军击毙……此为日上级军官之战

死者。

三月三十一日　星期一　晴（阴）

八中全会纪念周,蒋训词:(一)对张普[溥]泉道歉(日前谈话会,普[溥]泉言蒋左右也有共党分子,蒋责其失言);(二)党员权利不在乎参加选举,而在乎加入机关服务,中央及地方用人应尽量用党员,不得已方在党外觅人,党部遇缺应荐人;(三)党员工作,实行战时三年建设计划,耕者有其田(但不可用此语宣传),地方自治;(四)各机关做事,不怕无钱,革命在化无为有,勿用旧人,多用青年,做事尽可有过,不宜成官僚;(五)中委宜知总理遗教,议定战时经济体制及公务员生活补助办法……(此次讲话,似因受共党活动之感触,而思加强国民党之力量,但其中颇有矛盾及激切之处,意思也不免紊乱,影响如何,可虑也。)

中央训练团,讲《战时经济建设》。

接见蒋梦麟、刘刚、沈祖荣。

松冈自德至意。

折呈蒋(复寅鱼侍秘代电):林可胜忠诚为国,可以信任,兹已到渝,请指定接见日期。

四月一日　星期二　晴

八中全会举行月会,蒋讲精神总动员、国民公约宣誓。

大会,孔主席。下午大会,蒋讲各机关要重人事制度,三联制应指定专人研究筹划,省党部至少对于内、财、建厅或有委员一人熟悉,随时与厅商洽。县长权应加大,中央在地方所设机关应裁减,委任县长代办,例如驿运,即宜如此办理。休息后,仍由孔主席,迅速通过各案。孔有一提案,主张粮食专卖。朱家骅言,此事关系尚大,不宜如此匆促通过。朱及张道藩皆言,不及阅看议案,如此议决太不郑重。经济组审查财、经、交、农四部报告,对经济部批评,存心挑剔,又措辞不妥者多处,戴季陶、陈立夫皆有异议。议决:各委员三日内开明意见送秘书处,由议案调理委员会加以整理。如此轻率偏私,而以此监政,实可惜也。

大会时,参军丁文玺因穷跳楼。

东地中海英、意海战,意失巡洋舰三艘、驱逐舰二艘。

谢蘅窗请晚宴,有张岳军,熊式辉、俞飞鹏、顾祝同、蒋鼎文、王景篆诸人。

第五届中央执行委员会第八次全体会议。到会者执行委员八十八人,候补执行委员三十人,监察委员二十二人,候补监察委员十三人,共计一百五十三人。主席团:王法勤、丁惟汾、居正、于右任、孙科、冯玉祥、戴传贤、邹鲁、孔祥熙、陈果夫、李文范十一人。秘书长:吴铁城,副秘书长:甘乃光。召集人:党务组朱家骅、陈立夫;政治组张群、熊式辉;军事组何应钦、程潜;经济组贺耀组、徐堪;教育组吴敬恒、白崇禧。

四月二日　星期三　晴

八中全会,余未去。上午大会,增设贸易部及粮食部。闻回人麦斯武德攻击蒙藏委员会及中央政府对于蒙、藏、回不能平等待遇、增进教育,颇多非难,与蒙委长吴忠信当场口角颇烈。下午闭会。

蒋晚宴全体中委,致辞言:此次会议成绩之优,为前所未有(实则偏私、草率依旧)。嗣由蒋及其他中委宣读《建国大纲》二十五条(陈果夫主办)。又放射影片。席间,张默君谈,马君武闻将远往第三战【区】,已面顾祝同,顾允特为优待,嘱告慰马君武之夫人。

　　下午，举行嘉陵煤矿公司第三次董监联席会议，到者：康心之、心如、刘刚五［吾］、杜扶东等。股息六厘，红利一分一厘。

　　请蔡承新在资委会午餐，聘为专门委员。

　　四月三日　星期四　晴

　　八中全会做报告。吴铁城为中执会秘书长，刘维炽为海外部长，王宠惠为国防最高委员会秘书长，郭泰祺为外交部部长。

　　日空军一二两日迭炸辰溪之华中水泥厂，二日损失极大，停工。

　　张丽门飞往桂林，商洽实业。

　　接见法参事 Boncowrs、胡仲实、東方仁、潘仰山、沈君怡（明日起身往西北）、燕化棠、王隐三（河南工矿业）。

　　宁波同乡会邀在上海食品店晚餐，余谈话。王幼侨等晚餐。

　　方觉惠［慧］著《明太祖革命武功记》载：洪武十二年倭王良怀奉表称臣，但词颇不逊……"乾坤浩荡非一主之独权，宇宙宽洪作诸邦以分守，盖天下者非一人之天下也。臣远居偏疆，城池不满六十座，封疆不足三千里，尚存知足之心，而知足常足［乐］也。臣闻陛下作中华之主，为万乘之君，至高无上也。城池数千余座，封疆数万余里，尚虞不足而起灭绝之意。天发杀机，神号鬼哭，地发杀机，龙蛇走陆，人发杀机，天地反覆……窃以大国有兴兵之策，小邦有却兵之谋。论文有孔孟道德之文章，论武有孙吴韬略之兵法。诸臣生肯跪途拱奉天颜，顺之未必其生，逆之未必其死。今闻陛下选股肱之帅，竭全国之力，来侵臣境，贺兰山前聊以相戏。倘若君胜臣输，则满大国之策；设若臣胜君输，尽作小邦之利。自古及今，讲利为上，罢战为强，免生灵之涂炭，救黎庶之艰危……惟上国图之。"

四月四日　星期五　晴,晚大风,小雨

行政院第 508 次会议,议案四十余件。

接见比大使 J. Guillaume、蔡承新、刘国钧、查济民、吴味经。

金城别墅晚餐,遇熊天翼、胡步曾、何淬廉诸君。

四月五日　星期六　晴　大风小雨

潘宜之谈,八中全会经济组审委会,徐堪攻击经济部生产数字多捏造,管理工作皆失败。孔自谓曾出力和缓。

接见王恒守(咏声,试作 flotation 选矿)。

往矿洞和尚坡侨委会师资训练所讲话。与陈布雷、刘鸿生共约熊天翼,商购江西米救济宁波米荒。

匈牙利国务总理特里基,因无法担任德国要求之任务(攻击南国),故自杀。

美政府要求意大利撤回驻美海军武官。

川滇铁路昆明曲靖段通车(四月一日开始)。

松冈自罗马再至柏林。

英国 Bopham 往菲律宾商洽防务后至香港。

上海五十八家银行(日本银行不在内)存款比较表:(单位:千元)

银行存款

时期	活存	定存	存款总数	定存对总存
28 年 12 月	578396,100%	212234,100%	791630,100%	26.8%
29 年 6 月	685596,118.3%	206221,97.2%	891817,112.6%	23.1%
29 年 12 月	800877,138.2%	221452,104.3%	1022329,127.1%	21.7%

储蓄存款

时期	活存	定存	存款总数	定存对总存

28 年 12 月	169696,100%	223040,100%	392762①,100%	56.8%
29 年 6 月	194360,102.7%	219589,98.4%	393959,100%	55.9%
29 年 12 月	213688,125.9%	233787,104.8%	447475,113.9%	52.2%

银行及储蓄存款总额

时期	活存	定存	存款总数	定存对总存
28 年 12 月	749082,100%	435274,100%	1184356,100%	36.7%
29 年 6 月	859966,44.8%	425810,99.8%	1285776,108.6%	33.1%
29 年 12 月	1014565,135.4%	455239,104.5%	1469804,124.1%	31%

银行五十八家存款,可代表上海全体银钱业三分之二,如照此计算,到廿九年年底,银行五十八家存款总数为十四亿六千九百八十余万元,上海各银钱行存款总数应为二二〇四七〇六〇〇〇元。

四月六日　星期日　晴

往北碚地质所,财务委员会开会。与黄汲清、计荣森谈话。至地理研究所访黄国璋。

四行及中信局宴合作会议。

贺耀组召商花纱布及煤炭事,李博侯代往。

今日德国军队自罗、保二国进攻南、希二国,并宣布致该二国照会,责以匈通英、法,空军亦出动。同日,苏联与南国签订互不侵犯条约。

伊拉克执政避位(其人亲英),内阁当权(亲德)。

中央地质调查所研究专款概况(单元:元):

中基会补助费	廿九年全年	收入 96000	支出 88141.78	余 7858.22
土壤研究室	同上	收入 50000	支出 61891.79	亏 11891.79
矿产测勘室	廿八年全年	收入 102000	支出 69881.35	余 33118.65
同上	廿九年全年	收入 72000	支出 89420.66	亏 17420.66
资委会补助费	同上			

---

①　原文如此,应为 392736

四月七日　星期一　晴　晚雨

国府纪念周,戴季陶讲铨叙。

接见梅恕曾(心如)、周一吉(请加宝源煤价)、徐恩曾、贾焕臣(商对敌经济工作)、徐厚孚(谈滇钢铁厂)、李方城(谈桂省情形)。

平桂矿务局局长李方城,电厂秦笃瑞,铁厂熊悦,锡厂邓叔浩。

张心田函告:已订购旋转机(National Supply Co.)十二部,顿机(Star Drilling Mach. Co.)二部,抽油机(Oil Mell Supply Co.)三十部,又(Nat. Supply Co.)六部,共重二五〇〇吨,价约一百二十万美金。

穆藕初抄告,每包纱成本如下(一万锭每廿四小时出十五包):棉花价(一市担)350 元,每包纱用棉 4.4 市担,计每包纱原料成本一五四〇元。

每包工缴:煤一〇〇元,薪工一六〇元,物料二〇〇,统税兵工险一〇〇,折旧一〇〇,迁厂二〇〇,共计八六〇元。以上两共成本二四〇〇元。

在 Manila 英、美会谈者:Air Vice-Marshall Sir. Robert Brooke-Popham(英),M. von Kleffeus(荷),President Quezon(菲)。

日内阁(近卫)以小仓正恒任不管部大臣,任经济专责;工商大臣小林一三去职,由海军次官丰田贞次郎(大将)继任;企划院总裁星野直树去职,以兴亚院总务长官铃木贞一继任。

四月八日　星期二　晴

经济会议第 14 次会,(一)纱布管理分配办法;(二)煤炭价格……

行政院会议第 509 次……商定设行政院水利委员会,孔为主任委员,茅以升为秘书长。

接见 L. W. Bond（商飞机运输）、Hemingway、张伯英（钫）、何淬廉、方显廷。

四月九日　星期三　晴

接见黄文治（运输室主任）、宋希尚、郭悦民、穆藕初。

王雪艇请晚餐，谈中央博物院事。

四月十日　星期四　晴

昨日，徐柏园至部，谈奉孔命请余出席四联会议，余允照办。但今日已有他约，不及往。

偕刘治万、吴晋至中央大学物理学系，视察王恒守（咏声）所作混油选金试验。又偕周……参观测深仪制造。偕史……观蓄电池。

召集各员商洽国防工业三年计划进行办法。又参加商洽钢厂办法。

接见周寄海、林可胜（因蒋召见，半途追回）。

德军已占 Salonika。伊拉克有战事。

四月十一日　星期五　晴

接见盛绍章、宋野平，与甘肃油矿局人员谈话。

蒋宅午餐。郭斌佳言，松冈在苏联议定商约，但非政治协定。陈博生：必系政治协定，或即互不侵犯条约。中国应防日不南进而侵犯我国。蒋言，苏恐日、德协商共攻苏联，故当愿订不侵犯约，但并非因此即对我有恶意，故我并不因此即惧。

偕林可胜同见蒋，蒋告林严防异党。

苏联总顾问 Chuikoff（崔克夫）邀往枣子岚垭 72 号晚餐，言日本有陆军六十师团（每师团约二万二千人），其中十师团留驻本国，十四师团在满洲及朝鲜，余三十六师团在中国，应防侵攻昆明及陕西同时并攻。

四月十二日　星期六　晴

接见秦慧伽、王幼侨、周树声、程韦度。

虞洽卿到渝。

美总统与丹麦公使签订协定,由美国武力防守 Greenland,将 Saudiland 与 Arabia 间作为交战区,允许美船经由印度洋 Aden 湾及红海,并重又申明,苟有外国将西半球任何地方转让他国,美国决不承认。

四月十三日　星期日　晴

沙磁区学术讲演会第二次,余讲《科学思想为近代进步的基础》,约一小时。

张更、钟道铭、董时进来访。

召集李博侯、吴闻天、郑达生在资委会午餐,商洽煤价办法。

四月十四日　星期一　晴

昨晚身子不适,故今晨未到纪念周。十一时至农行训练班,讲《国防经济》(*Wehrwirtschaft*),侯哲莽招待。

接见 White(白修德)、陶孟和(谈余捷琼及竺可桢事)。

中福董事部开会,到者:董事秦慧伽、王幼侨,英代 Milligan,Roger 代到。列席者:周树声、杜扶东、孙越崎(第三届第二次会议)。

新加坡举行会议,有远东总司令 Popham、殖民地总督 Thomas 及大使 Clark Kerr……日外相松冈于十三日晚在莫斯科与 Molotoff 签订友谊协定……。苏联对匈表示不应违约侵南……巴尔干英军坚抗。

十三日下午,成都微地震。

渝市府订定限制用电办法。

四月十五日　星期二　晴

经济会议第十五次会议,(一)渝自来水加价;(二)成都照明电加价。

行政院会第 510 次。行政院水利委员会暂行办法,孔自任主任委员,秘书长为秦汾(谦辞)或茅以升,待定。

陈其采等及白健生,分请虞洽卿,余均到。

四月十三日,日外相松冈在 Moscow 签订苏日友好中立协定五条,又与苏外长 Molotoff 互发认外蒙人民政府及"满洲帝国"领土完全及不可侵犯。十四日,中国[央]开会讨论此事,即由王外长亮畴宣言,所谓满、蒙皆为中国领土,苏、日宣言不合此义,不能有效。又面询苏大使 Bakunine①:协定第二条是否适用于中国?大使谓,未接本国训令,个人看法可不适用,但允即电苏政府请示。

四月十六日　星期三　晴,自渝飞港

机场上遇 Bell(自印度回)、孙越崎、秦慧伽、吴苏甫、林继庸、吴闻天、郑达生、陈潜庵、傅沐波诸人。周寄梅同行。

飞机在渝二时四十分开,至七时三刻(渝时)到港,住 Peninsula Hotel 531。

四月十七日　星期四　晴　九龙

中基会预备会,主席颜骏人。到者:施植之、周寄梅、任叔永、孙洪芬、蒋梦麟、Monso、J. G. Baker 及余。列席□□。上下午均开会。

晚六时至十时,Black out,高射炮五声。与汪杨伯、张福运、周象贤、张慰兹[慈]谈话。

---

① 原文如此,苏驻华大使应为潘友新 Paniushkin。

四月十八日　星期五　晴　九龙

上午九时,中基会正式年会,选定董事长颜,副 Mould 及余,秘书周寄梅,会计施及 C. R. Bennett(J. G. Baker acting),执行董事任叔永、蒋梦麟、Baker。财务金叔初、李铭、J. A. Mackay,助理会计 M. Bates、L. T. Yip。

下午,偕□□□(交通行)陪往打针、照相(周寄梅、林伯遵同往)。

颜骏人请晚餐。

四月十九日　星期六　晴　九龙

昨夜接见□士达。今晨中基会执委会。

接见袁守和、Petre、林庸侯、潘文安、史久□、郭子勋。

建设银公司□□□、张□农请在大华饭店午餐。

下午,接见张悦联、蒋平伯、郭德华。

钱新之、颜福庆请在钱宅(林肯路四号)晚餐。

闻宁波、绍兴均已失守,蒋离渝。

四月二十日　星期日　晴　九龙

接见吴学□、李雪初、江季鸿、林继庸、俞鸿钧、席德懋。

钱新之、王云五在钱宅商温溪解散,川嘉增资,到者林继庸、陆费伯鸿、汪楞伯、史咏赓、方善培。

蒋梦麟对政府要人如宋、孔等均多慨叹。在港余接曹毓才(幼英,华英地产公司总经理,香港干诺道中十八号二楼)来长函,亦极不满于现在之财政当局。曹电话欲来见,余辞以无暇。

四月二十一日　星期一　大雨,下午晴,晚又大雨　九龙

往购料室见蒋平伯、颜任光及二组长,谈应与世界公司及英国方面有接触,并准备仰光办事。

萧之谦在美病故。国货实业服务社林庸侯、厂商联合会叶兰泉、国货产销协会阮维杨请在建国酒家晚餐。

四月二十二日　星期二　大雨

接见贝志翔、王晓籁、李组才。

下午二时在华人俱乐部开会,王云五□□。

温溪造纸公司股东会议决解散,到会者表决 151 户,13166 权(到者有汪楞伯、陈子培〔交行〕、胡政之、史咏庚、吴蕴斋……陆费伯鸿及金润庠后到,但皆言赞成),并议决不设清算人,由董事会办理结算事宜。

继开温溪董事会,议决每股应发还美金十五元,法币十五元,又余款一角二分,加入于川嘉股,原为法币廿四元八角八分者,今作为二十五元……结束时期负责董事王云五、吴蕴斋、汪楞柏[伯]、陈聘丞。董事长送每【年】夫马费法币四千元,四年共一万六千元,常董每人每【年】二千元,七人共五万陆千元,董事每人每年一千元,九人共三万六千元;又送职员酬劳共八万元……初步结束(发还股款等事)定期三个月(自五月一日起算),在此时期内总经理及办事人员薪水照旧。

川嘉公司股东会议决:资本自一百万元增为四百万元(机械……),经济部应认二百万元。……部在温溪股本七十九万。

四月二十三日　星期三　大风,骤雨

接见王云五(谈温溪、川嘉事,送温溪解散文件,余给以照准手令)、吴蕴斋。

席德懋请午餐,有俞鸿钧、郭景琨。杜月笙请晚餐。

席德懋来谈。吴蕴斋谓上海中、农二行可停,中、交二行应留。席德懋言,四行应同时维持,中、农不宜停止。

接见毛和源(谈宝山纸公司假名美泰事)。

德军已占 Larissa，Trikala，Volos 等地，距 Athens 已近。

四月二十四日　　星期四　　风，雨

接见徐景薇、蔡声白(国货联营公司章程)、曹毓才(幼英)、陶俊人、郭凤辉(华商总会主席，永安公司经理，凤辉台十四号)、吴泽华(同上，副主席，渣华轮船公司)、李星卫、曹学愚四人(谈国货签证办法)。

至颜福庆宅午餐。

访杜月笙。偕江季鸿至徐淑希宅(林肯道三号)谈话，参加者有俞鸿钧、温源宁等。

希腊王及王后已迁至 Crete 岛。美 Hull，Know 坚抗侵略不能和。

四月二十五日　　星期五　　风，雨

偕周寄梅同至中航，行李过磅。往【见】贝淞生。

四月二十六日　　星期六　　晴，自九龙返渝

偕周寄梅同乘嘉定号大机，于晨四时一刻自九龙起飞，于九时抵重庆，即等于渝之八时。

访孔，告以港地近情，及吴蕴斋、席德懋之意见。

接见孙越崎、Bell，及与钱乙藜谈话。

廿五日宋子文在 Washington 订签美国借款五千万美金，英国借款一千万镑(约等四千万美金)。二借款均为中国平准基金，另加中国方面提出基金二千万美金，共合美金一万一千万元。

美国借款　　　　　　其他事实

美借款二千五百万美金　　1940 年九月德日义三国同盟

美宣布参众二院通过以一万万元贷华

英亦已贷华一千万镑　　　1940 年十一月汪与日签定条约
美国签订五千万美金借款 1941 年四月苏日友谊协定

德军已入 Athens。

四月二十七日　星期日　小雨

接见张丽门、郑达生。

晚,清华大学三十周年纪念会在夫子池新运服务社举行,王化成主席,陈立夫、周寄梅、罗志希及余讲话。

四月二十八日　星期一　雨

国府纪念周。吴稚晖讲总理遗教,愈挫愈奋,再接再厉。蒋谓:国际变化并无不利于我,经济关系最大,本年预算已有多量外汇准备,极为巩固。又报告,昨日《新华日报》社论言,前次英借平准资金多为财政要人所用,兹又对美、英借得巨债于国无益云云。

接见 Bell、樊泽培、Black Born①、谢天锡、李子欣。

迁入牛角沱新址办公。上海四行重行开市。

孔宴 Guillaume,Sheevin 等(比大使馆)。

四月二十九日　星期二　晴

星期二……经济会议第 17 次会。(1)市政府公卖处四百万元向四行借;(2)企业公司煤气车向四行借……行政院会议第512 次。

美国 Capt. James Roosevelt,Major Gerald Thomas 至渝,孔宅晚宴。

日机炸梁山。

----

① 疑为 Blackubrn 误写。

接见 Steele(Chicago Daily News)、刘刚、刘肯堂、周寄梅。

四月三十日　星期三　晴

J. Roosevelt 至蓉,当晚飞回。

接见何国贵(北平图书馆)、梁敬钊(中航)、燕化棠、王隐之、陈体诚、穆藕初(谈农本局事,孔为难情形及吴味经揽权)、荣一心(荣家经之侄)、李国伟、林伯遵、胡仲实、胡光麃(拟退出中国兴业公司商股)、穆文富(谈回教事)、王之玺(甘肃炼铁)。钱乙藜来宅谈话。

罗北辰请晚餐,谈人寿保险。

函张岳军,商请建议设立物价管理局。

五月一日　星期四　晴　晚雨

接见杨璧(曹立瀛之妻,在诉讼中)、邝森扬。

四行理事会第 75 次会议(余久未到此会,因徐柏园奉孔命邀请,故复到会)。孔言,美政府已允由 Lend-Lease Bill 运送我国卡车四千辆,客车三百辆,汽油五百万加仑,柴油五千吨,滇缅铁路材料值美金一千五百万元,兵工材料美金一千万元,布匹一千万码。

余请熊天翼、文诏云等晚餐。

宁波于四月二十日陷落。绍兴因事先无防,中、交、农及专员、县长全数陷。二十三午前十时,敌机廿余架炸永康,全城尽毁。又,日军北迫义乌县。

五月二日　星期五　晴

审查会,到者:谷正纲、贺耀组、徐柏园、蒋廷黻。审查:(一)《非常时期工商团体管制办法》,(二)《非常时期省营贸易管理规则》。

接见刘廷芳、Robert Gremchar、陆宝愈、樊泽培。

《日本广知报》(外务省之机关报)发表和平条件：(一)欧洲大陆归德国控制；(二)英、美海军休假，任轴心国建立同等海军；(三)地中海、太平洋之英、美海军均解除武装；(四)英海军退出地中海，苏伊士运河归美及轴心国共管；(五)美仍控制本国，但不得取美洲之霸权；(六)太平洋美势力不得逾夏威夷群岛；(七)太平洋各岛建立共荣区域，推行合作并聘日本顾问；(八)苏联解除西伯利亚及海参崴之武装。

英大使卡尔到渝。

五月三日　星期六　晴

中午，日机六十余架来渝，炸张家花园至上清寺一带(余入部壕)，毁屋多。

美参院通过 Two Ocean Fleet 案。土总统 Iroenu[Inani]至 Islambal。伊拉克政府照会英国，依约英军只能通过不能停扎，违约军队不应增加，应早通过，开始军事冲突。

五月四日　星期日　大雨

未出门，朱子元、施念远、谢衡窗来访。

五月五日　星期一　晴

国府纪念周，于右任讲总理就任非常总统纪念。

接见史维新、孙、郁国城、尹赞勋、李组绅、胡好、朱一成、李方城、Bell、樊眷甫、朱丽东(景暄)。

华侨企业公司(资本千万元)今日成立。

中研院因傅孟真须休养，拟延叶企孙任总干事。

James Roosevelt 已于五月三日上午十时离渝，经仰光往非洲，适在日机来渝爆炸之前。

五月三日晚 Hitler 对 Reichstag 讲演战绩：

德国之和平攻势：1939 年 10 月 6 日征服波兰之后，对英、法提出；

1940 年 7 月 19 日

巴尔干之战，德军自 4 月 6 日起发动，24 日战已告成。

南斯拉夫被拘军官 6298，兵 337864，共 344162 人，

希腊军被拘军官 8000，　兵 210000，共 218000 人，

英、澳、纽军被拘军官　共 9000 人，

以上总共 571162【人】。

德军	死	军官 57	兵 1042	共 1099 人
	伤	军官 181	兵 3571	共 3752 人
	失踪	军官 13	兵 372	共 385
德空军	死	军官 10	兵 42	共 52
	失踪	军官 36	兵 104	共 140

因此认为，德军实得空前之大胜。

五月六日　星期二　晴（阴）

经济会议第 18 次会，（一）《工商业团体管制办法》；（二）《省营贸易管理规则》；（三）渝市粮食准予涨价；（四）面粉平价办法……

行政院会议第 513 次，顾维钧为驻英大使，魏道明为驻 Vichy 大使。驻德使馆报：两个月德拟统一欧洲大陆，先行攻苏。军政部报告：日军拟肃清河北，进攻陕西。

经济会议副秘书长谷正纲辞，何浩若继，初到会议。

函陈树人，言侨资内移意见四点。

五月七日　星期三　雨

接见徐学禹（谈闽省新政）、黄强、蔡承新（水泥、电磁）、刘刚

（钢铁）、宋野平。

美大使 Johnson 请晚餐话别，遇见 General Ross E. Rowell of Marine Corps（过路往埃及）。

五月八日　星期四　晴

接见 H. J. Timperley（田伯烈）。彼言，经过美国来华，宋子文让其携带要件送蒋。远东局面日紧，美政府以前对舆论倡言 Help to Democracy necessary，but war to be avoided。现在则力主 War is inevitable，此即为参战之准备。最好先攻日本。又谈及林可胜事。

党政考核委员会聘孟庆照、王家鹏等。重大校长叶元龙来商投资机械厂。

美 Col. Stimson 广播，力言美国大西洋国防原靠英国，英如不支，则德力必侵美，宜趁英尚存，准备牺牲，用力争胜。其意即参战亦所不惜。

Joseph Stalin 自任苏联行政院长，Molotoff 为副院长，仍兼外交部长。

四行理事会第 76 次会议，余往参加。徐可亭未到，闻往蒋处。会前后孔皆接见英大使。

资委会本年度外汇分配：

外汇由美借款拨用者，美金 1000000 元，照法定例，合为国币；

外销矿产售价拨用者，美金 2100000 照中、交牌价合国币与法定例差额追加预算；

美销矿产价款扣用者，美金 1981000。此款内分：甘肃油矿美金 300000；保留各矿产管理处增产用途美金 200000；购置款美金 1480000。

五月九日 星期五 晴

中午,日机三批共八十架,炸浮图关、李子坝、上清寺。余入乡壕。

接见邓叔群、文诏云、李叔唐、丘玉池、邵象华。

派彭礼祺、王奉璋查察整理华严寺警卫。

五月十日 星期六 晴 夜中雷雨

中午,日机二批共 54 架,炸江北兵工厂,又炸浮图关、嘉陵新村及李子坝。公路炸断,孙科之圆庐炸毁。余入染整厂山洞。

与熊天翼、戴雨农、王雪艇谈话。

蒋宴 Johnson 大使,共客四十余人,在军委会。蒋郑重言,美之民有、民治、民享,中国之民族独立、民权平等、民生自由,任务相同。中国当努力抗战,由美为后盾,可得胜利。日先倡中国新秩【序】,嗣提太平洋新秩序。松冈返后,提倡世界和平条件:(一)太平洋共荣圈以日为领导;(二)美力不得过夏威夷;(三)美不能有美洲霸权。此实向美威胁,中国抗战亦为美、英在太平洋之利益。Johnson 答词,徐叔谟译。

卢郁文谈四川省内收购军粮数量:

四川省内军粮(米)每月需 90000 包,即全年 1080000 包

第六战区 每月需 55000 包,即全年 660000 包

公粮(屯粮委会) 即全年 150000 包

陕南屯粮 即全年 75000 包

共计 全年 1965000 包

五月十一日 星期日 昨夜大雷雨,今日阴,小雨

党政训练团第 15 期开学典礼,闻蒋讲"悔与硬"。

往清水溪美孚房子午餐,亦系为美使 Johnson 送行,余赠美使

以照片。

松冈言,美如参战,日本亦必战。日、荷二国在 Batavia 订新协定,荷印再供给日油六个月,总额为 925000 吨,即为上午十一月间所定石油六个月期间之继续供给,泛美航机皆至新加坡。上星期法、泰在日本要求之下,订立协定,越割柬蒲寨一部分地予泰,但限制在其地设军备。

五月十二日 星期一 阴

国府纪念周,何应钦报告,认日虽图占中条山,但我能抗住,可以无虑。

接见 Luce、Hunt、Pallen、周志宏(材料实验所所长)、胡子昂、胡仲实(中兴公司困难)。

访熊天翼、文诏云,谈合办江西工矿事业办法。

中国工程学会商讨实业计划。

五月十三日 星期二 小雨

经济会议第 19 次会,(一)启明电力加价;(二)渝市凭证购粮。

行政院会第 514 次。内政部拟依八中全会案(陈果夫),设地价陈报处,孔以田赋应归财部争辩。内次张维翰说明陈立夫建议:(一)内部设地价陈报处;(二)各省设地价局或地价陈报处;(三)暂先举办各城市土地陈报。

接见刘治万、李叔唐、樊眷甫、王奉璋、林可仪、杜再山、何浩若(谈经济会议……)。

五月十四日 星期三 阴

美大使 Nelson T. Johnson 离渝飞港,余托吴景超代送,徐谟、张公权、贺贵岩亲到机场。

法副总理 Darlan 在柏林,澳总理 Menzies 在华盛顿。

德国纳粹党副首领 Rudolf① HESS 于本月十日星期六晚间时,自驾战斗机自柏林飞至苏格兰 Glasgow,用降落伞落地,脚受微伤。

余偕余[李]景潞参观江家巷平价购销处及供应处。

比大使 Guillaume 请晚餐。

五月十五日　星期四　阴,晚晴

接见山东建厅长秦【启荣】、傅沐波、江海潮(言 Hess 往英当系密商攻苏)、林伯遵(托交孙洪芬函,为张宪秋事)。

四行理事会第 77 次,孔病,余代主席。

Hunt 请晚餐。

五月十六日　星期五　晴

上午十时,日机二批共 54 架袭渝,临江门、千厮门、新街口、罗家湾、两路口、上清寺皆被弹。经部上五栋钢铁委会受二弹,全毁,工调处尚好。张公权宅(新村)全毁。财政部亦受弹。余入染厂洞,傅焕光招待。

在东京英使 Craigie、美使 Grew 同往【见】日外相松冈。在美,Hull 十八月来未见苏使,兹已延见 Ormansky 晤谈。

五月十七日　星期六　阴　晚微雨

Bell 请午餐。熊式辉请晚餐,商江西兴业公司进行大纲。

卢郁文来谈,粮食部拟于下星期二发表。

五月十八日　星期日　下午晴

蒋宅午餐。熊天翼之女明蕙与高莽苍在渝结婚。

至中央医院访傅孟真。傅言,推举干事长候补四人:(一)叶

---

①　后文亦写作 Rudoph。

企孙,(二)吴正之,(三)何淬廉,(四)汪敬熙。遇见朱鸿璧(医学院长)。

五月十九日　星期一　晴

党政训练团第 15 期讲话,受训者 970 人。刘航琛请晚餐,谈鹅公岩工程时间及预算。

五月二十日　星期二　晴

经济会议第 20 次会。粮食问题,徐可亭报告在成都与四川绅耆商洽办法,征收实物,明年实行,目前鼓励大地主出售粮食。白健生言,军粮一千二百万市石,值数十万万元,决非财政能任,故征收实物应照八中【全会】议决,速即实行,不宜候明年。不遵令者,只有惩办,死刑在所不惜;粮食部一星期内应成立……何敬之亦赞同。

日机二批各 36 架炸梁山及成都。又,中航机峨眉在宜宾被迫降落。

《新经济》聚餐,梅月涵亦在座。

五月二十一日　星期三　晴

行政院第 515 次会议,(一)通过《粮食部组织法》;(二)《贸易部组织法》付审查。

孔面交傅汝霖、胡子昂、胡光麃、奚伦签呈,请由政府收归中国兴业公司事,"交经济部翁部长核"。

邀请尹建猷、李赓阳、廖友仁、俞建章、张更来宅晚餐。

五月廿二日　星期四　晴

日机四批……架炸……

余偕秦景阳、傅焕光在交行化龙桥四小时。四联会第 78 次,孔未到。中国工业合作协会(由宁恩承代表)请借四千四百万元,霍亚民以不上规道、不守信用驳之,允借五百万元。江西兴业公【司】核资案,各行不甚赞成,提议先考察筹备。

与徐可亭谈中国兴业公司案,托其劝孔,勿由政府接收。又函介熊祖同、张传琦往见傅沐波、胡子昂,查资产及办理情形。

五月廿三日　星期五　晴

萧之谦追悼会。萧年卅三岁,为甘肃油矿订购炼油机件,在美逝世。

五月廿四日　星期六　阴

孔召集谈话,在嘉陵宾馆。施往江南岸黄山蒋宅,到者孔、徐堪、俞飞鹏、贺耀组、卢作孚、吴国桢、陈方、顾翊群、沈宗瀚等,商定战时免赋征粮办法。四川省内每赋一元作谷一市斗,预计可收九百万石。

接见 Grigori F. Rezanoff(列赞诺夫,苏联使馆参事)、李组绅、马镇坤、曹立瀛。

五月廿五日　星期日　雨

接见张丽门、熊祖同、林继庸、阮维周、李博侯、郑达生。

五月廿六日　星期一　上午雨,下午晴

国府纪念周改为七时举行,陈果夫讲水利。

会谈国防工业计划。经济会议改于下午四时半举行。

英 Battle Ship "Hood" 4200tons 在 Greenland 附近,为德新舰 Bismark 3500tons 所击沉。

美新大使 Gauss 递国书。

五月廿七日　星期二　晴

接见胡博渊(会理钢铁厂事)、Bell、高春远(电工器材厂渝分厂,下月起可日出灯二千盏)、张心田、卢郁文。

王亮畴晚宴美大使 C. E. GAUSS 及参事 Batrick 于军委会。

英海军及空军追击德舰 Bismark，已将此舰击沉。

五月廿八日　星期三　晴

至训练团讲话。晚，广播讲《复兴民族的精神》。

美总统 Franklin Roosevelt 广播讲话：争国防安全，争海洋自由，宣布 Unitited National Emergency（全国入战事状态）（廿七日）。

接见聂光堉、潘铭新、周则岳。

五月廿九日　星期四　晴

四行理事会第 79 次会。孔言，平准基金会本无需外人，Rogers 不懂外汇，只知中国银行，看轻其他各行。现已聘美人 Manuel Fox 六月二日到港，每年出二万五千美金，又加每日生活费十美金。近来西洋人皆看不起中国，多由中国人自显短处。又颇怪中国银行（上海）用李祖莱与敌妥协。

钱乙藜来宅谈话。

五月卅日　星期五　晴（阴，少雨）

接见林可仪、刘克中、郁国城、李叔唐、陈良辅、孙文藻。

五月卅一日　星期六　晴

平价谈话，核定棉纱限价。又函颜惠庆，为中基会事。

六月一日　星期日　晴

张丽门、熊祖同、张传琦来谈中国兴业公司事，何廉亦来。

日机廿七架炸渝市。风书自蓉来家。

中国近收苏联轰炸机一百架，驱逐机一百五十架。美国飞机日来将到仰光。

英国兵队入 Iraq 首都 Bagdad，签停战协定，但在 Crete 岛不能支持，正在尽量退出，完全弃守矣。英引为大惧。

六月二日　星期一　晴

日机廿七架又炸渝市，中美交换函件，美允撤消治外法权。

凤书离宅，闻明日赴仰光（经昆明）。

六月三日　星期二　晴　大风，晚雨

行政院会第 517 次，俞鸿钧以财次首次到会；孔电徐堪，以粮食部长出席；通过内政部地质［价］申报处组织规程。

资委会工矿业技术审查委员会首次开会。

接见赵俊秀（农本局新任协理）、美大使 Clarence Edward GAUSS、参事 Batrik 及 Drumlight。

禁烟节纪念，蒋颁训词（林文忠公禁烟 102 年纪念日）。

Hitler, Musslini 在 Brenner pass 会见。Winant 见 Roosevelf。

六月四日　星期三　晴

英大使馆 Blackburn、Macking 来谈，有英人 Goruess 拟迁纱厂 5000 锭来渝。又接见 Chicago Times 之 McEvoy、虞洽卿（言前次日本人在沪向周作民提和，周托杜月笙、钱新之二人来渝……四川不易办实业；潘文华田地最多，粮食因此为难；拟在西北办实业，又商湖南煤矿）、虞仲言。

下午柏龄餐室，华中水泥厂公司发起人会。通过章程，推定霍亚民、张丽门、林继庸、吕志庭、曾养甫、顾季高、陈汉清、施奎龄、王松坡等为董事。股本五百五十万元，中国银行一百四十万元，工调处六十万元。

晚间，徐柏园召集商谈四联总处工贷办法，霍亚民主张应全交工调处办理。

六月五日　星期四　晴

晚六时至十一时半，日机三批来袭，毁中训部，烧较场口、石灰市、十八梯,壕门未开,窒死人一千以上,极惨。防空司令部工作不力,卫戍司令部办事糊涂,市政府徒出虚声。设官如此,可叹！头等国耻。

六月六日　星期五　晴

至复兴关茶亭三民主义青年团训练班,讲《国防经济》。

黄任之、冷御秋、李向云、吴味经来谈新农纺锭事。

徐景薇、程遵民、张丽门、张文潜、李博侯商组纱厂公司,设宝鸡或成都,二万锭,资本三千万元。又谈 Assembling Plant,资约四百万元。

"所谓夏禹生日"。工程师学会开会,陈立夫、吴稚晖及余讲话。

工程进步史:A. 科学创造期,十六世纪初(明弘治)—十八世纪初(清雍正),二百余年间,Copernic,Galilei,Kepler,Newton,Leibnitz,Davy 等,天文、物理……求真理、公律,定科学基础。Colombus,Magellen 欲证地为球形,航海远征,发见南洋及美洲。

B. 工程创造期,十八世纪中(清乾隆)—十九世纪中(咸丰),约一百年间。Watt(Steam engine,Pumps,Separate Condenser),Faraday(Electric machine,founding of electric Motor force),Krupp,Bessemer(Steel),Hargreaves,Compton(Spinning & Wearing)。

C. 十九世纪中(清咸丰)至现在,工程发展期,电力、冶炼、化学、飞行。

六月七日　星期六　晴

汪家花园,苏联大使 Pushkin〔Paniushkin〕请午餐,有孔、凌冰及余三人。归途访陈光甫、邹秉文等。

《汉留全史》,耕〔耘〕夫著,星星报社经售。

汉留系统：郑成功金台山（顺治）——　　福建范如（嘉庆）
四川陈近南精忠山（康熙九年）雍乾中落　　贵州林怀明
　　　　　　　　　　　　　　　　　　　　四川方安澜
　　　　　　　　　　　　　　　　　　　　四川郭禹钦（嘉庆）
　　　　　　　　　　　　　　　　　　　　云南胡林章（道光）
　　　　　　　　　　　　　　　　　　　　四川郭永泰尽忠山

　　　　　武宗郑成功　　　　　三英　　　　　　　　　（天地会）
洪门系统：洪门始祖洪英——前五祖　宣宗陈近南——后五祖场——天佑洪——洪苏宇
　　　　　文宗史可法　　　　　中五祖　　　　五杰　　（或三合会）　林烈
　　　　　　　　　　　　　　　五义
　　　　　　　　　　　　　　　达宗万云龙

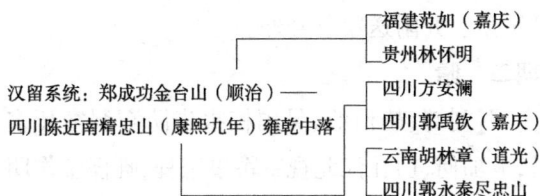

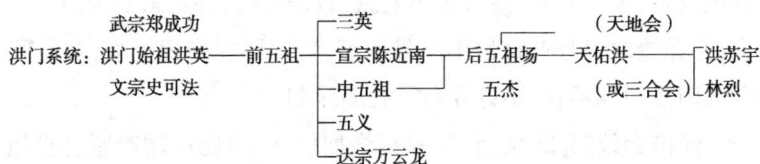

六月八日　星期日　晴

谢衡窗、陶桂林、张丽门来宅。

六月九日　星期一　晴，夜雨（全夜有雨）

纪念国府周，蒋报告：五日防空壕死人甚多，为本国及本党之大不幸事。余已处分主管长官（昨日蒋已手令防空司令刘峙、副司令胡伯翰、市长吴国桢革职留任），并组织审查委员会（吴铁城、张伯苓、康心如、程中行、蒋廷黻、谢冠生、张厉生）查明情形，拟另组委员会，筹划改良办法。洞中死亡及重伤之人总数不超过一千（为地方官所欺蒙也）……考实死者决不至[止]此数，被难家属及市民所发紧急号外言，亡尸总登记有七千二百余具……余于本日折呈蒋，死者决不止仅数百，请蒋（一）令主管官据实报告死亡数目，不得掩饰；（二）汇集死人身上之纸币、财物开列清单，由市政府退还原主，其无人领取者，由公家充作抚恤接济之用，并将款数及用途公开发表；（三）下级办事人员空袭时办理不善，窒死多人，解除后照料不良，任人进洞抢钱，丧心背理，应查明惩处，并应早为办理,以彰公道而平民愤。并附送紧急号外。

六月十日　星期二　晴

行政院 518 次会,召刘峙、胡伯翰、吴国桢报告防空洞窒死多人案。刘言,出事时,彼随何、白在江北视察军事工程,唯怪工作团体太多,应集中指挥,彼愿负责。胡报告处理经过,曾购买电机及打风设备,需八万元,院市皆不发款,致误时机,并言未令锁门。吴言,并无抢取尸身钱财情事。谷正纲言,问题在指挥无人,防空司令部因总司令不在,不肯开会。孔颇斥刘。

经济会议第 23 次会,(一)煤炭加价;(二)防旱增产紧急措施办法;(三)必需品奖助办法;(四)四川督粮特派员及委员服务规程(付审查)。

接见三北郑鲁斋、西川企业朱传诗(联馥)。

防空洞工程技术改进委员会:陈立夫(主任委员)、翁文灏(副主任委员)、曾养甫、徐恩曾、顾毓琇、吴华甫、谢元模、孙越崎、章天铎、蔡邦霖。

防空洞管理改进委员会:谷正纲(主任委员)、刘峙、陈访先、贺国光、吴国桢、胡伯翰、唐毅、庞京周、梅贻琳。

晚,在中央党部,由吴铁城召集举行审查委员会及上二会共同成立会,后又由三会分别开会。

英兵已自 Palestine 攻入 Syria。

本日,以审核中国兴业公司事折陈及报告面送孔,孔颇称然。

六月十一日　星期三

日机二批炸磁器口,第三批闻炸歌乐山。余在染整厂洞。

防空工程技术改进委员会参观:(一)左营街大隧道,有打风箱(有一个风扇倒置),有一直洞通至防空司令部,洞口较高,洞底较低;(二)十八梯洞口,在陡壁下,内洞底平,洞口侧室装发电机30kW,工人犹在搬运洞内木凳及死人遗衣。闻洞口死人特多,木门并不坚。又至石灰市及较场口二洞,洞面皆较高,已封闭。此洞为六月五日出事之处;(三)夫子池大隧道口见有新运服务社,积水不断,流入洞内,闻商洽改道未成,尚未发电及打风。

晚间,在教育部,陈立夫及余又与吴华甫、孙越崎、章天铎开会,并有林继庸、张传琦参加。

接见严家淦(闽财长)、李祖芬。

六月十二日　　星期四　　小雨

四联理事会改于上午八时举行,第81次会议(徐堪未到)。

于右任邀美大使 Gauss 等在清水溪汪山康宅午餐。

张季鸾言,抗战期中两大丢脸事:(一)长沙大火,(二)渝市隧道死人。

六月十三日　　星期五　　晴

接见胡光麃(华嘉水泥公司)、奚伦、俞大维、Hunt、Taylor、尹建猷。

防空工程技术改进委员会开会。

钱乙藜前秋在甘肃看轻宋希尚,故宋与油矿为难;近时往仰光,得罪西南运输处,故该处与资委会为难;为湘南煤矿事攻击曾养甫,故曾与经济部为难⋯⋯苦哉!

六月十四日　　星期六　　晴

日机炸临江门等处(三十余架)。

William Hunt(卫利韩)请晚餐,彼明日起飞往美。

英兵已进至 Syria 首都 Damascus 附近。

Manuel Fox 已到渝,Cecil Rogers 因中国政府认为不合,不爱接受,故此事一时为难。

六月十五日　　星期四

父、妻及余同往华严寺。余顺往李家沱。

日机十余架炸……

接见苏元复、周寄梅、方显廷、谭仲逵、施奎龄、李赓阳。

六月十六日　　星期一　　晴

第三届财政会议及四川省清乡会议开幕典礼在军委会举行。蒋言方针:(一)田赋由中央接收整理;(二)酌收实物;(三)平均负担。管制粮食,必须实行。四川为中央之四川,外抗敌人,内对土劣。

蒋宅午餐,有杨森。蒋告徐堪,转语四川参议会,对中央须客气。

条令资委会矿、工、电三处,须随时陈报,勿阻遏来客。

晚间,朱森、刘祖彝来谈。

六月十七日　　星期二　　雨(夜间尤大)

行政院第 519 次会议,(一)四川督粮特派员之服务规程;(二)省管贸易监理委员会规程及预算;(三)陕主席蒋鼎文另用,熊斌为主席。

中央执委会秘书处审查委员会召集防空改良会议。

美封存德、意资金,征用法国船舶,形势愈紧。

访潘文华,潘对粮食问题颇怀忧虑。

六月十八日　　星期三　　晴

对时昭涵训话;访徐寄顾。

美总统下令封闭德在美领馆(但大使馆未闭)及各通讯社,认为间谍机关。

六月十九日　　星期四　　晴

四行会,余未去。德、土二国签订友好条约十年。

六月二十日　星期五　晴(夜雨)

日机袭川,但未炸渝。

财政会议中,Manuel Fox 致词,盼中国团结及根本民主。又邓锡侯演词,忧年成、乏粮。

六月廿一日　星期六　雨全日,上午颇大

偕杜再山至化工材料厂,劝时昭涵、苏元复继续工作。

蒋宴财政会议及绥靖会议人员于中训团。

徐堪与张季鸾谈,粮食部在六月十七日启用部印。晚间天雨。今日报纸发表蒋在财政会议开幕训词。天又大雨,足见天福中国(!)。

川嘉新公司(股份四百万元)股东会在香港开会。

六月二十二日　星期日　上午雨,下午渐晴

日机袭广元及雅安(康省)。

顾一琼(新制磁瓶)、苏元复、孙士明、宋君愚(化工实验厂职员)来宅谈话。

本日清晨(晨四时),德、芬、罗三国军队均向苏联进攻。晨三时十分 Hitler 发表攻苏宣言。Molotoff 承 Stalin 之命,亦广播应战。意亦宣布对苏处战争状态。

六月二十三日　星期一　晴　夜雨

警报九时至二时,闻日机炸松坎。

蒋宅午餐,有居正、孔祥熙、孙科、何应钦、白崇禧、冯玉祥、吴铁城等,讨论德、苏战事影响。陈博生言,日本志在保存实力,不南进,亦不攻苏联,但恐向美和缓,而美纵姑息,以便专力攻德。张子缨言,美国方针可靠,不至中变。何敬之言,宜速处理共党。冯玉祥言,加增团结,准备再打四年。张公权言,宜调整新疆。蒋言:

（一）日本必攻苏联；（二）Cripps 返英，日政府召汪精卫赴日，皆为德、苏战事。Cripps 系传达英、苏协助办法，日召汪系为将若干沦陷区交汪自管，以便日军抽调征苏；（三）苏之善计在先攻日本，今两面交敌，势必不易支持；（四）中国方针，仍守中、苏、美、英为一团体，坚持抗战；（五）中国报纸对德、苏战事消息，应注重事实，不重宣传，并不使苏联难堪。词句颇为清晰。

接见陈伯庄、张华联。

昨日起电停四天。

英 Churchill 广播：Russia's danger is ally's danger and to danger of the United States。

在英、德未开战之前，1939 年 8 月 23 日，德、苏二国订立互不侵犯协定，英、德开战后，德、苏二国又订边境及友好协定。

六月二十四日　星期二　全日雨，晚始晴

行政院第 520 次会。

中央党部秘书处防空善后三委员会主席会议，到者张伯苓、吴铁城、康心之、陈立夫、谷叔常及余，商推广及结束办法。审查会报告，六月五日防空洞死者九百九十余人。

偕周冬梅宴请徐可亭、徐柏园、霍亚民、郭景琨、张叔毅、汤筱斋等。

六月廿五日　星期三　晴

下午四时，请黄季宽主席及各省财厅长廿余人茶会，并分送《省营贸易监理规则》等。

德国大使馆邀观《西线胜利》电影，在抗建堂，朱家骅、贺耀组、陈行、霍亚民皆到。

六月廿六日　星期四　晴

与张丽门、吴闻天、王子建等商洽棉纱问题。

防空工程技术改进委员会开会,商拟报告。

六月廿七日　星期五　晴

接见诸葛恂、孙守五、卢子正(毓骏)及顾一琼(送来防空技术改进委员会报告)、谢蘅窗。

六月廿八日　星期六　晴

日机五十四架袭渝(及南泉),适天大雷雨。

至嘉陵宾馆访郭复初,往江南岸未返。

接见吴任之、黄汲清,为胡钧升作家①。

六月二十九日　星期日　晴

偕张丽门、孙保基(电工程师)乘汽车至山洞,潘铭新(中国矿业公司经理)接至中梁山宝积寺煤矿。正筑轻便铁道,三公里至山洞,十三公里至江边大渡口(工程师宋…),有铁车三百辆。矿斜洞二,在山顶及背斜层顶。斜洞沿煤倾斜向西,拟向南北作二平巷(工程师曾),工作颇得要领。

日机在城内投弹,毁英大使【馆】,Blackburn等数人受伤。

接见张更、汤子珍。

六月三十日　星期一　晴

国府纪念周,郭泰祺、徐堪就职,吴稚晖训词。

日机袭渝。

防空三委员会商发表报告之文字。

明日孙越崎、杜再山同飞兰州。

---

①　原文如此。

德国正式报告,已击毁苏联飞机四一四七架(德机止失一五〇架),又获战车二二三三辆……又包围二师团。德军至 Minsk。

接见苏商务代表 Bakunine。

康昌考察团出发,胡博渊偕往。

七月一日　星期二　晴,近日天气甚热,日机未来

行政院第 521 次会,郭复初首次到会,言滇缅路关系最大。自今日起《改善公务员办法》实行。

接见 Taylor、Newbigging、文群(托觅公司经理)。

经济会议第 23 次会议,孔未到,余主席。(一)徐堪:粮食部尽力供粮,但不能同时抑价;(二)渝市(蒋痛吴市长不实行凭证购粮办法)凭证购粮办法待考虑;(三)蓉市为米闹事(蒋已准贺耀组、贺国光往查),徐言实已托李光普购四万石,耆绅购二万石,但何北衡不能运蓉,故致有米无粮……(四)重庆电力加价。

接见张赉卿、张丽门,设川嘉公司事。

德、义政府均承认南京汪政府,罗马尼亚、斯洛伐克、克落尼亚三国亦承认。汪已自日本返,借得三万万日金。

七月二日　星期三　晴　日机未来

蒋复令三年计划(国防工业)准自七月起开始筹办,已交设计局审查呈复。

日本御前会议(第八次)。

呈蒋:(一)经济不景气,生产事业困难,救济办法三种;(二)甘肃油矿失火严重,不如外间张扬之甚。

函胡适之。

七月三日　星期四　晴　日机未来

四行理事会,孔主席。(一)金瀚亚硫酸木粕厂设筹委会,

(二)资委会流动资金一千七百余万元。

孔言,水利委员会主任委员,蒋告孔勿兼,许世英想做。孔即□托荐程颂云,蒋未允。薛笃弼想大做,托景阳告以实情。

本日 Stalin 广播:苏联军事虽退,仍坚持抗战(德军已进至 Minsk 以东)。

七月四日　星期五　晴　日机来

上午六时即警报,日机袭千厮门、临江门一带。

美国独立纪念日(一七七六宣言独立),往江南岸隆茂洋行内美大使 Gauss 官邸致贺(孔未到)。日机袭梁山。

七月五日　星期六　晴,近日酷暑,往往在一百度以上

闻德军自 Minsk 东进者距 Moscow 仅 250 英里。

接见沈君怡、温步颐,均将往甘肃。

召开川嘉官股董事会议,经理张赉卿报告。

七月六日　星期日　晴

接见吴味经、张兹闿。

日机来击上清寺等处。

七月七日　星期一　晴

国府纪念周,蒋讲:(一)办事不宜尽要钱;(二)奉行命令要尽力;(三)德政府前不即接见陈介大使,只系国社党少数人行为,但德国人看重中国,故不绝交,兹承认汪伪,如不明白绝交(仅撤回大使),则正中日人蒋、汪会谈之计,故必明文宣示绝交也。

日机于上午九时来击上清寺,秦景阳宅被毁,移居部中。钱乙藜来余宅谈话,商定赠张宪秋四百元(张已可得清华奖学金四百)。

日机于晚间又来炸,至十一时半方解除(每次三架)。小陈父母被烧。

七月八日　星期二　晴　夜雨

行政院第 522 次会。郭复初报告:(一)苏联政府亦愿波兰复国,以取悦英国也;(二)松冈告苏使,德义日盟约有根本意义,对苏中立不易久守;(三)驻德使馆人员尚未起身。何敬之报告:(一)日本同时南征,派板垣往朝鲜,即行征苏,但同南侵;(二)北路进兵拟取西安;(三)南路巩固越、泰,并进入云南,截断滇缅之交通……日机来袭,余避至资委会洞。

经济会议第 25 次会。贺耀组报告成都粮食事业处理经理及各县督粮人员选派情形。徐堪发言颇久,对贺意不甚赞成。孔反对平价米。老词也。

彩云住我家。

七月九日　星期三　晴

停办化工实验所(时昭涵、苏元复互相攻讦也)。孙电:玉门第四井日出三万加仑。

苏军反攻,有获胜讯。

七日美国总统咨国会,美海军接领冰岛(Iceland)。此为美政府愿进一步工作之表征,日本、德国应均为之一惊。

晚,至国际广播电台,讲 The Economic Struggle between China & Japan。嗣至杨家坟(沙坪坝至磁器口之间)大华铸造厂,看 Bessemer Convertor。旁有熔铁炉,每炉容铁约二吨,除铸钢外,为翻砂之用。Bessemer 炉每炉能成钢半吨,原料用童家溪生铁,每吨价三千二百元,另购 J H 铁,每吨六千二百元,则用为工程之用。

七月十日　星期四　晴

四行理事会,孔主席,言美日形势愈紧,上海恐亦不稳。

日机二批袭李子坝甚烈。

七月十一日　星期五　晴

接见穆藕初、孙文藻、李炳奎、Sir Robert Wilkins（Austrilia Expert Co.）。

函高德明，言其应耐苦为学。

陆费伯鸿在港逝世。桐书已移住威宁草海旁。

七月十二日　星期六　晴　半夜雨

与郑葆成谈补助学校不可太滥。郑愿往滇助严冶之，王之玺亦愿，待商定。与周茂柏谈资和钢铁厂及中央机器厂事。周谈及李允成与郑典实。

七月十三日　星期日　晨大雷大雨，雨全日

犍为焦油厂第一单位，每天出汽油五加仑，柴油三加仑，沥青四十磅，焦炭一吨。八月间可有四单位，年底可有二十三单位。届时每月产汽油 3400 加仑，柴油 6000 加仑。动力油料厂每天产汽油 100 加仑（约每月产三千加仑），柴油 600—700 加仑（每月二万加仑），润滑油每月五千加仑。

甘肃油矿每天（自本月初起）产原油五千加仑（即每月原油十五万加仑），即可产汽油三万加仑（柴油四万五千加仑），灯油二万二千加仑。

上海棉纱价每包一六三〇元；昆明棉纱价每包四三六〇元；柳州四一八八元；贵阳五〇三〇元。

六月份，渝市产厂纱二五九九包，到申纱三三三包，印纱三六〇包，共三二九二包。

六月份，渝市运到布五九〇六五匹，渝市销布二二六九一匹，运销市外三八七一七匹，渝市尚存一一七〇〇〇匹。（福生庄存

洋经土纬布七万余匹。)

纺纱机一万锭,共重四五〇吨,自外国购价约为每锭六镑,另加运费约六百万元。

新农式一万锭,每套一二八锭,值六万元,一百套(即一二八〇〇锭)自制,值国币六〇〇〇〇〇元。

五月份渝市产厂纱二六八三包,运到申纱四八七包,共三一七〇包。

五月份渝市运到布七五二〇九匹。

迁川及川省新兴工矿价值估计表(以千元为单位)

矿业(煤及金属)	价值 102000	中福煤矿内迁机器改进天府、石燕及新办嘉阳、威远等,又改进三才生,新建南桐、白市驿。
钢铁冶炼(铜在内)	175500	汉阳厂及六河沟铁厂内迁,中国兴业公司及大小铁矿,又新设铜矿及炼铜厂
机械及电工器械	91610	内迁机械工厂
电力事业	29900	泯江、宜宾、自流井、长寿、万县等厂
纺织工业	242130	内迁纱厂
化学工业	61540	内迁盐电解、造纸、榨油、肥皂,新建酒精厂
面粉及其他工业	20320	内迁面粉、印刷、铅笔等厂
轮船	90870	长江中下流轮船上驶入川者87艘,新建18艘
化学五金材料	120000	五金材料及化学药品
总值	933870	

四川重要工业每月生产价值及需要资金补助表

新法生铁	每月产量 2300 吨×3600 元=8280000 元	需助 1/3　2760000 元
机械工业(电工在内)	约计共 12380000 元	同上 4129000
酸碱	3000000 元	同上 1000000
酒精	400000 加仑×28 元=11200000 元	需助 1/5　2240000

纸张	3000000 元	需助 1/3　1000000
土法生铁	白口　2500 吨×1500 元＝2750000 元①	
	半灰　800×2200＝1760000 元	同上 1500000
煤矿	120000 吨×60 元＝7200000 元	同上 2400000
共计	49570000 元②	15029000 元
即全年需助	180348000 元	37.7%计，约 6000000 元

罗志希来谈，拟于暑假中辞卸中央大学校长。徐名材亦来谈。

英、苏两国莫斯科签订协定：（一）互为各种支持与协助；（二）各不单独停战或媾和……英、法签订 Syria 停战协定。

七月十四日　星期一　小雨

国府纪念周，白崇禧讲军训部职务。魏道明昨日起行，往 Vichy 为大使。

蒋宅午餐。孙科言，Hitler 与苏联战，遇见强大陆军，复有英、美海军为敌，不免战败。

讨论三年计划之矿业部分。

闻粮食管理部行政统制处长张梁任，于本月五日为特务部队拘去，至今未释。

七月十五日　星期二　小雨　晚晴

行政院第 523 次会议，蒋主席（孔自星期日起卧病）。（一）省营工业矿业经理规划，余力说明重要国防工矿须由中央主持，否则恐破坏统一，希蒋能深谅也……接开经济会议，亦蒋主席，讨论粮食问题（闻成都市价曾达每担九百余元，真大事也）。英大使照会外部，和平恢复后愿商取消治外法权，交还租界，并持平等互惠原

---

① 原文如此，应为 3750000 元。

② 原文如此，应为 50570000 元。

则修改条约。Lattimore 已到港。

接见 J. B. Williams，A. J. Bell.

七月十六日　星期三　晴

日本近卫内阁总辞职。苏联在远东海面布雷。

陈伯庄来谈三年计划。Bell 晚餐，晤 Hall Petch，Williams 等。

七月十七日　星期四　晴

四行理事会第 86 次，孔尚病，余代主席。讨论印有重庆字标之大券通行问题，闻四行券额已达 12000000000 元。蒋廷黻面荐施其南、蒋廷甲。

宴请郭复初、傅秉常、徐叔谟、俞鸿钧、顾季高等。

七月十八日　星期五　晴

对敌经封会，听晏继元讲西北路，胡可时讲东南路，王子建讲西南路，张景良讲渝市办理情形。

日机 27 架炸两路口等处。

讨论三年工矿计划。

七月十九日　星期六　晴

穆藕初商谈农本局人事问题。吴闻天昨日往黔省。

Owen Lattimore 今日到渝。

杭立武宴请郭复初及 Clark Kerr，Hall Petch 等。

第三次近卫内阁：

首相兼法相，近卫文麿 Fumimaro Konoye

外相兼拓相，丰田贞次郎（海军大将）T. Toyoda

海相，及川古志郎（海军大将）K. Oikawa

陆相，东条英机（陆军大将）Hideki Tojo

藏相,小仓正恒 Masatsune Ogura[1]

商相,左近司(海军中将)M. Sakonji

七月二十日 星期日 晴

张丽门、李博侯、胡省堂来宅谈话。

偕郑葆成、李博侯、李沐园往磁器口材料试验处参观,周志宏、丘玉池招待。丘用硫酸钠使钨砂形成钨酸钠溶液,再用盐酸使氧化钨(黄色粉)沉淀,复用木炭松香,由氧化钨内提取纯钨(黑色),用纯钨加入坩埚内炼成锋钢。

重庆水泥厂产额如下:

一月份 9442 桶;二月份 9873 桶;三月份 8860 桶;四月份 9823 桶;五月份 10450 桶;六月份 3804 桶。

苏联之 Smolensk 已为德军占领,苏联政府拟迁 Kazan。(以上皆传闻失实。)

七月廿一日 星期一 晴

国府纪念周,徐可亭讲粮食办法:(一)征收实物,(二)定价收购。省粮局及县粮委会皆改为地方组织,粮政局及粮食科分属省主席及县长。

与 Owen Lattimore 谈话。接见胡光麃(嘉华水泥)。

七月廿二日 星期二 晴,夜大雨

行政院第 524 次会,蒋主席。经济会议第 27 次会,亦蒋主席。讨论余签呈救济不景气时代工矿业办法;又为报告德阳抢米及秘书处请禁增米价事。徐堪大不满,请辞职……行政院会议时,郭泰祺说明英、美人关心国共互争事,询近日报载第十八集团军"不

---

① 原文如此,应为 Masahiro Kokura。

法"事,是否有意讨伐。何应钦言否,系为促其觉悟。

接见刘晋钰……海防中国政府所有器材为日军占领及运走者共32272.44吨(假定每吨美金千元,即共值美金三千二百二十七万余元),其中资委会有2688.24吨,工矿调整处有1782.39吨。

文波今日飞往甘肃油矿。孙越崎电报:第四井每小时出油500加仑。

七月二十三日　星期三　晴,夜大雨

曹丽顺为资委会秘书。

七月二十四日　星期四　晨大雨,下午又雨

日军在中国多调动,似准备攻苏。日政府传已向法越南提出重大要求,正在洽商中。

燕进城。接见邵逸周,谈西康钢铁厂计划事。

Annual Production of Tin (tons)

	1938	1939
Dutch E. India	21023	31000
Bolivia	25371	20000
Malaya	43247	56000
Siam	13520	17000
Burma	3990	6000
奈包利亚	7305	10000
Australia	3329	3000
S. Africa	558	500
U. S. A	2010	2700
China	11246	10000
Balye Congo	7318	9000
IndoChina	1575	1400
Total	149700	183000

Ann. Consumption of Tin (tons)

	1938	1939
France	9000	8360
Germay	15034	13000
England	18270	26000
U. S. S. R	16174	10000
U. S	50724	93000

日本昭和十一年输入 46000t, 昭和十二年上期输入 47500t。

孔祥榕(仰恭, 黄水【会】委【员】长)在西安疽发背而死, 年五十二岁。

七月二十五日　星期五　雨

资委会周会第一次, 谈管理业务及视察。

广播《国防经济建设之要义》。

七月二十六日　星期六　晴

中央设计局第二次设计会议, 王雪艇……各机关卅一年度计划编选办法, 经济建设计画方案……政治组召集人甘乃光、张忠绂, 经济组召集人陈伯庄、何廉, 财政金融组召集人顾翊群、陈豹隐。

接见潘序伦(商业会计办法)、罗志希、沈宗瀚。

法国 Vichy 政府已接受日本对越南驻兵……要求。

美国冻结中国及日本之资产(日军尚未在越南圻登陆), 英签对日商约三种。

七月二十七日　星期日　晴

日机 80 架袭成都, 我方颇多损失。

往歌乐山, 见张道藩及傅孟真。

冯小姐移住吾宅。

七月二十八日　星期一　晴

国府纪念周,吴稚晖主席,并讲世界大局已极紧急,大家须拼命努力……日机九架袭渝,又……架炸磁器口,又……批分袭自流井、泸州。警报自上午七时一刻起至下午三时,为期甚久。我方飞机 12 架迎战,我方报敌机在璧山落二架,敌方报我机落三架。

美国封锁外国资金统计(以兆为单位):

荷兰 1619,比国 760,丹麦 92,卢森堡 48,法 1593,挪威 175,罗马尼亚 53,立投爱 29,保加利亚 50,南斯拉夫 1,德国 11300,日本……,匈牙利 50,希腊 50,意国 8200,中国……

七月二十九日　星期二　晴

行政院第 525 次会议,孔病痊后复来,到者:周钟岳、吴忠信、陈树人、徐堪及余。匆促举行,因敌机即来也。通过各省粮政局组织大纲及补助华中水泥厂二十万元。

接见蒋梦麟,将为缅甸顾问团团长,副团长为曾养甫、缪嘉铭。

七月三十日　星期三　晴

七时至下午四时警报,日机一百数十架炸击磁器口、李子坝、罗家湾、大溪沟、黄家垭口等地,电力厂落燃烧弹三、炸弹三,幸损失甚小,易修复。余偕张家祉往观。

晚八时,邀请 Owen Lattimore、蒋梦麟、彭浩徐、周炳琳等晚餐。Lattimore 言,世界和平至明年此日可以恢复。

七月三十一日　星期四　微阴,有雾

日机未到。四行理事会第 88 次会议,孔主席,对银行训话,又谈美、英冻结中日资金事。

接见童传中、郭可诠、黄汲清、孙文藻。

燕娟昨日偕方澄敏自南岸返宅。

郭可诠谈甘肃油矿产额如下：

第二井日产原油五〇〇加仑,第三井日产原油三〇〇加仑,第四井(深四三七公尺)至少日出三〇〇〇加仑,第五井日出四十加仑,第六井日出六〇〇加仑,第七井日出一百加仑,□每日出二〇〇加仑,共计日出原油四七四〇加仑,即每月一四二二〇〇加仑。

Crude oil per month 142200 gll；20% Gasolines 28440gll；

30% Fuel oils 42660gll；15% Kerosene 21330gll。

八月一日　星期五　雨

日机未来,至奉节即去。资委会周会第二次。

美派菲律宾总司令 General MacArthur。苏联派往美代表首席 General Philip H. Golikov。越南派遣军总司令饭日祥二郎。美总统私人代表 Harry Hopkins 至莫斯科,与 Stalin 等谈话。英人 Woodhead 主张应严厉对日,不惜牺牲在上海之利益。美人 Harriman Forman 认为,太平洋战争已不可免。

八月二日　星期六　晴,下午少雨

日机未来,炸郧阳。

接见宾果(与 Minkema 自美国飞来)。

历年华侨汇款返国总数(国币)表:据新加坡《华侨经济》

1931 年	421000000	1936 年	520000000
1932 年	323000000	1937 年	450000000
1933 年	305000000	1938 年	600000000
1934 年	232000000	1939 年	1600000000
1935 年	316000000	1940 年	2000000000

八月三日　　星期日　　下午雨　　夜大雨

偕妻、燕、冯秀娥、顺生同至北温泉。有三民主义青年团夏令营(谓有一千八百人),并有携枪宪兵沿路盘问,可惜……至缙岗新村孙宅午餐,晤杜扶东、其女(新自美回)及米立根等。

八月四日　　星期一　　上午大雨,晚晴

国府纪念周,蒋主席,郭复初讲外交。

泰对日屈服。一日,美国宣布禁运飞机油出口……二日,日政府下令退职海军人员复役。

访 Bell(新自港返)。接见 Minkema(谈炼油)、Manuel Fox(谈物价)、冀朝鼎、李书华、徐炳昶。

八月五日　　星期二　　上午晴,下午风雨

行政院会议,孔主席。经济会议,亦孔主席。(一)立法院提国营粮食原则,交粮食部核议;(二)工矿事业救济办法通过;(三)渝市凭证购粮办法,讨论甚久。

接见王守竞、张兹闿、尹建猷。

化龙桥之西路上岩石崩落,高积如大楼,交通阻隔,余车绕复兴关新桥而归。

八月六日　　星期三　　晴,间阴

与宾果谈话。

八月七日　　星期四　　晴

四行理事会第 89 次会议,孔主席。

与工调处、钢管会、燃管处、平购处商救济工业办法。

八月八日　　星期五　　晴

日机三批袭渝,晚间一时,又有三架来袭(阴历十六,月明)。

传闻 Churchill, Roosevelt 已于四日下午在北大西洋船会。

郭复初晚宴 Lattimore，Fox，Alsop 等。

八月九日　星期六　晴,晚小雨,有风

上午七时至十一时,日机来袭,下午二时至三时半又来,击毁国民大会场。

下午五时,蒋邀请中外人至黄山茶会,至七时散。余邀 Minkema 晚餐……苏联之 Kief 闻失守,待证实。

八月十日　星期日

上午八时,日机来袭,下午二时半又来。小龙坎、教育学院、重庆大学、广播电台及杨公桥旁受弹。染整厂洞内有风。晚间又来袭,至午夜始返宅。

八月十一日　星期一　晴,晚四时许大雷雨

日机空袭,自上午四时至下午二时半(历时十半时,其久空前),弹击磁器口子药库,燃烧甚烈。染整厂洞中有风,经时较昨日更久。下午三时半,日机又来,因值天时骤变,故未下弹。

妻病愈,心钧亦小病。昨今两天空袭时间空前之久,工作皆停。

相传丘吉尔与罗斯福在 Potomac 会谈,英、美二国外相皆表明侵略国不应劫取暹罗。对日警告也。

八月十二日　星期二　晴

行政院会因警报未开。余至部、会一次。车运妻、冯秀娥、采云、幼娟至金刚新坡[村],余及燕、婵留沙坪坝,父仍住染整厂,循生同往城。

上午八时至午后,日机来袭二批,约九至十一时,有多弹落余宅后草房,死十余人。有弹各一落南开【中学】池旁及侧门前,余宅受震,破漏,饭室及客室尤甚。杨公庶、章元善来观。

八月十三日　星期三　晴

晨一时至四时,日机来二批;七时至三时半,日机来三批。

五时至资委会,钱乙藜、吴兆洪已到。又至打铜街,晤见张丽门、林继庸、汤逸鹤、张传琦。

父乘甘油矿车移居金刚新村。

日来德军加攻,颇有进步。

八月十四日　星期四　晴　空军纪念日

四行理事会第 90 次会议,孔主席。(一)美金借款五千万美金,中国应汇往二千万美金,交行尚未付汇,孔发话;(二)特种有奖储券,每月开支八十余万元,孔认为所累太甚,宜另想办法。

警报十时半至二时半,日机三批。

下午接见 Fox、Hall Patch、冀朝鼎、王守竞、刘治万、魏……顾祖彝、朱子元、李赓阳、Bell、郭可诠。

英、苏联保土耳其。

八月十五日　星期五　晴,晚雨

日机未来。

英 Attlee 播讲,Churchill、Roosevelt 在大西洋会商同盟国战争目的及和平方针,共计八条。

资委会周会,谈月报格式及折旧标准。

与江季平及王守竞谈话。

地中海英属要地:□□□。

日平沼骐一郎被刺受伤。

Franklin Roosevelt-Winston Churchill 联合宣言八条全文发表(八月十四日)。以前美总统 WILSON 于 1918 年 1 月 8 日对国会发表主张十四点。

罗、邱会晤在 Augusta 舰上,同到者有美国之 George Marshall,
Harold Stark, Harry Hopkins, Averell Harriman, Ernest King, Sumner
Welles,英国之 Dill, Beaverbrook。

渝市电厂被炸后,今日又发工厂电力。

八月十六日　星期六　晴

日机未来。R. C. 致书 Stalin,商在 Moscow 举行三强会议。

读 *Britain Gathers Straugth*(The Penfuir Hansand)。

八月十七日　星期日　晴

空袭警报九时至一时半,日机袭自流井。

接见曹毓俊、段茂澜(明日随徐叔谟往澳洲,辞行)。

机械兵器:徐庭瑶所属之战车厂设在威宁,厂长余人翰;航委
会所属之飞机设在大定,专家为王承黻、王助、朱霖,大定飞机厂厂
长钱学榘。

八月十八日　星期一　晴

国府纪念周,蒋主席(林有病),居觉生报告。

接见孙越崎(新自甘省返)、张岳军。

苏联来之空军器械,现存敦煌、安西、玉门、酒泉四站。

凉州军长马步青、甘州师长韩起功、旅长马步康皆隶于马步芳
(青海主席),肃州师长马呈祥(隶于马步青)。朱绍良称马呈祥为
模范军人。

八月十九日　星期二　晴,早、夜有雨

行政院会议第 528 次,(一)《外汇管理委员会组织大纲》;
(二)《各省市田赋管理处规程》;(三)《非常时期人民团体组织条
例》,谷正纲主张由社会部主管,不与同行事业机关会商,行政院
秘书处及各部主须会商,不能解决,交再审查;(四)国民教育经

费,陈立夫热心,孔反对,颇争执;(五)各省政府预算。

经济会议第 29 次会,(一)各战区经委会制度,再研究;(二)渝市凭证购粮;(三)稳定粮价办法。

接见史久荣(参观四吨卡车)、Bell、张西曼(彼颇指摘张冲不懂俄文,谷正纲不学无术,前入共党及附汪反蒋)。

《新经济》晚餐。日机袭自流井,未到渝。

外汇管理委员会,委员长孔,常委俞鸿钧、陈辉德、陈行、贝祖诒、席德懋。

张含英为黄水会委员长。

八月二十日　　星期三　　雨

燕娟接冯小姐自缙岗村至沙坪坝。

接见何北衡、谢蘅窗、樊眷甫。闻李国钦将返国,任贸易部长。接见苏联大使 Paniushkin 及商代 Bakunin,商运矿产品事,告以减锑,加钨、锡。

八月二十一日　　星期四　　晴

四行理事会,孔主席(第 91 次会),转言 Arustein 来渝,痛言滇缅公路管理之不良及职员之糊涂。(一)四行内地钞票不足,而上海钞票太多,又库房盈溢;(二)经济部提贷【款】救济工矿生产事业办法。

接见徐景薇、张叔毅、张丽门,商洽纱机制造公司及筹备处组织办法。

八月二十二日　　星期五　　晴

日机先炸大溪沟一带,自来水厂炸坍,电力损失较小,但电全停。次有飞机廿七架炸沙坪坝,南开中廿余弹,死厨子一人,伤差役九人,饭厅礼堂受毁。余宅未中弹,但受震烈,屋顶、门窗受损。

红十字会房炸毁,中央大学房屋损失重大,约占七成。许世英、张平群到余宅来慰视。余偕秦、潘在化龙桥交通银行防空洞,燕及秀娥在染整厂洞。晚间,俞韶[樵]峰(飞鹏,运输管理委【员】会主任委员)来谈:(一)滇缅路各机关人员、车辆皆归该会支配指挥,但开支仍各自任;(二)各机关原有车辆吨位仍保存,余额待运者,出运费代运……明日彼即飞昆。

国民参政会驻会委员会,余报告经济工作。

八月二十三日　星期六　晴

敌机二批,皆袭沙坪坝,红庙街几全毁,各校亦受弹。警报十时半至三时半。余偕孙越崎、陈祥俊、燕娟及秀娥在染整厂洞。

八月二十四日　星期日　阴,全夜雨

日机未来。余至张家湾工矿调整处,与张丽门谈话。

八月二十五日　星期一　晨雨,阴

日机未来。国府纪念周,蒋讲:(一)日机连续轰炸,意在动摇人心,吾人当仍坚决抗战,则彼计失败;(二)对外人谈话,当正大光明,并无人监视;(三)对公务宜守秘密;(四)各机关宜早检视八中全会议决案执行如何。

经济部周会,余讲所属机关工作意义。

蒋宅谈话会(一)陈博生言,平沼主张不北进,亦不南进,重在保存实力,激烈者恨之,故行刺;(二)王芃生言,德政府近劝日本:(1)分化中国,不使统一;(2)汪政府不宜专言国民党义治国,使安福派为难;(3)准备实力对苏联,但暂不用开战;(4)牵制美国力量于太平洋……日本有人主张应速以武力侵苏,占领要地,否则德、苏战争中苏力崩溃时,德力至亚洲,必与蒋政权联络,由中国以取南洋,使日失败。

接见 Robert Brainerd EKVALL（艾名世，住南番拉木寺）、Arthur YOUNG。

与吴兆洪、许粹【士】、孙越崎商三年计划。

八月二十六日　星期二　阴

日机未来（第三日）。行政院第 529 次会，陈仪（闻省主席免职，刘建绪继任）。经济会议第 30 次会，公务员改发代金及身份证凭证购粮（孔意也）。

接见 Taylor。

与吴兆洪、陈皓民商三年计划。函介孙越崎见陈果夫等。

廿四晚 Churchill 广播：责纳粹，奖苏联，慰欧陆各国，警告日本不应侵略，如不改英与美之同一战线，赞美总统罗斯福及美国，集中美善势力，抗丑恶国家。（罗、邱大西洋会晤后，邱之首次公开宣示也。）

廿五日，苏、英军队皆开入伊朗。Leningrad 紧急，但尚未失。苏军中路反攻，Odessa 被围亦未失。

八月二十七日　星期三　阴

日机未来第四天。

中美文化协会在嘉陵宾馆开会，欢迎美大使 Gauss。郭外长及顾问 Lattimore，乃施行追孔仪式，七十五代孙孔祥熙主祭，七十七代孙孔德成等陪祭，所招待之外宾一律三鞠躬。孔祥熙以国语讲《四海之内皆兄弟也》。

张丽门来宅，谈三年计划。

八月二十八日　星期四　阴，晚雨

四行理事会，孔主席。孔力行借款建设之不可，盖因美人 Fox 主张，既依中美协定设有平准委员会，中国不应又设外汇管理委员会,故颇有感触也。

接见竺可桢。

与杜再山等商三年计划。

八月二十九日　星期四　阴,晚小雨

数日来日机未到渝,但炸长沙、宝鸡、广元等处。

资委会周会,谈购料室工作。

冠生园晚餐,为潘序伦所办之立信校募捐。

法国 Pierre LAVAL 廿六日在巴黎被人枪击受伤。

苏联自行炸毁 DNEPROTRY 水力发电大堤。此为发电所,为乌克兰之最大动力源,建设八年始成,兹因德军进侵而彻底毁坏。

日首相近卫亲函致美大总统,由大使野村面交,美、日两国政府正作具体交涉……美助俄汽油之船在往海参崴航行途中! 英、德二军进入伊朗后,伊内阁改组,停止抵抗。

八月三十日　星期六　晴

日机十批袭重庆(停止六天以后),土湾一带工厂被炸。

在行政院商洽战区经委会问题,蒋廷黻、何浩若、俞鸿钧、陈亮及余,主裁撤,并拟善后办法四项。

中央大学新校长顾孟余召集教授谈话,余往参加。

本日,黄桷新村被炸,死者甚多,闻王文□全家殉难;又,新桥附近高坑崖被炸,死十余人。

八月三十一日　星期日　晴

偕燕娟及冯秀娥至华严寺。警报自上午十时至下午三时半。昨日(星期六),黄桷垭清水溪(江南岸)炸击极烈,何淬廉房屋倒塌,死一子。何夫妇被压昏晕,均受伤,移住丁家坡徐广达宅。又国府大礼堂被毁。日机卅架,往西昌首次投弹。

九月一日　星期一　晴

国府纪念周，林子超病愈来主席，孔讲统一财政。

经济部周会。警报十二时至三时，日机廿七架炸麻□场，余及秦、潘避化龙桥交行洞中。

复蒋廷黻函，言甘肃油矿情形（七月份原油十六万加仑，得汽油二万七千加仑，柴油四万余加仑，灯油二万数千加仑）。

九月二日　星期二　晴，夜中大雷雨

往中央训练团，讲《战时经济建设》，行政院会及经济会议由秦代表出席。致函徐堪，言前折呈蒋，略言粮食影响，并不指摘任何机关，深盼同寅协恭，共策进行。

胡博渊由西昌返，言中央李志朋师即开拔往西昌。

致胡适之，言美日商洽之险……颜骏人来函，言中基会国币资金损失太巨。

日本财政（以兆为单位，以日元计）

	1930-1931	1931-1932	1932-1933	1933-1934	1934-1935	1935-1936	1936-1937
全部岁出	1814.9	1476.9	1950.1	2254.7	2163.0	2206.5	2282.2
全部岁入	1351.6	1371.7	1331.5	1783.6	1417.4	1478.0	1709.6
亏欠①	63.6	105.2	618.6	771.1	735.6	709.6	572.6

日本军费支出（以千日元为单位）

	1930-1931	1931-1932	1932-1933	1933-1934	1934-1935	1935-1936	1936-1937
数额	442859	434617	585385	872624	941832	1462937	1478190
岁出中%	28	31	35	39	44	46	47
国民收支中%	4	5	7	7	7	7	7

---

①　原文如此，1930—1931 应为 463.3，1933—1934 应为 471.1，1934—1935 应为 745.6，1935—1936 应为 728.5。

日本公债额（以千日元为单位）

	1931	1932	1933	1934	1935	1936	1937
未偿债额	6002805	6543750	6821271	8650972	9550891	10395205	11892949
公债发行额	213844	241480	334792	316285	371854	363353	
公债在国民收入中%	57	57	57	58	56	55	50

日本战时财政（以千日元为单位）岁出净总额

	1937－1938	1938－1939	1939－1940
一般预算	3888899	3514541	4804514
特别预算	13269077	13001365	16616120
总计①	16757976	16515886	21420634

九月三日　星期三　阴

昨夜大雨，嘉陵江岸山崩塞路，绕道新桥浮图关往城。

交通银行（打铜街）内，举行经纬纺织处［机］制造公司筹备处成立会，公司资本五百万元，交行任三百万元，工调处一百万元，农本局五十万元，建夏（黄任之等）五十万元，主任黄朴奇，由徐象枢代理，副主任张传琦、聂光培……

省营公司（贸易）监理委员会首次开会，余到致辞。

董时进来谈，民间对于政府之贪污昏乱颇有怨言，对卫成总司令部之贪榨取财尤多不满。

九月四日　星期四　雨

四行理事会第 91 次。孔讲，上海银行初办时，陈光甫着力，张

---

① 原文如此，1937—1938 应为 17157976，1938—1939 应为 16515906。

公权与孔并在内,孔并设裕华银行。

Bell 请晚餐,有 Lattimore 等。收复福州。

九月五日　星期五　晴

顾孟余为中央大学校长,不用邹树文为农学院长(向不上课),并去助教数人;梁颖文为重庆大学校长,被学生殴击,政府令解散学生,重行登记。

资委会周会。

上海新农纺织厂人物:李向云、龚苏民、徐永奕、杭忠吉。

九月六日(阴历七月十五日)　星期六　晴

往中央训练团第十六期讲《经济建设》,遇见顾季高、朱经农。

整理三年计划稿,召集吴兆洪、张丽门、张恭度谈,大致如下:

创业经费	三年共计(1942—1944)	第一年(1942)需要
国营	国币 950360000 元	466410000 元
	美金 22605000	11590000
民营	国币国库支 150350000	57650000
	美金	3613000
共计	国币 1100710000	524060000
		美金 15303000①
流动资金	三年共计	第一年(1942)需要
国营	国币 153710000 元	80460000 元
民营	国币 140000000	51700000
共计	275710000②	132160000

---

① 原文如此,应为 15203000。
② 原文如此,应为 293710000。

国营事业生产总表：

物品	第一年(1942)	第二年(1943)	第三年(1944)
煤	941000 吨	1480000 吨	2175000 吨
汽车汽油	15000000 加仑	8500000 加仑	26000000 加仑
柴油	1000000 加仑	500000 加仑	
灯油	500000 加仑	250000 加仑	
飞机汽油		400000 加仑	1600000 加仑
自然气	15000000 立呎	30000000 立呎	30000000 立呎

续表

物品	第一年(1942)	第二年(1943)	第三年(1944)
生铁	24500 吨	72000 吨	76300 吨
钢材	7000	22000	40000
铸钢料	2000	4500	4500
钨砂	16300	19500	23600
纯锑	8000	8000	8000
锡	12600	17200	22900
低锡	9000	10000	11000
汞	200	300	400
电铜	1060	1260	2200
电锌		900	1500
净锌	50	100	200
净铅			
金	18500 两	21600 两	30000 两
纱纺机	5000 锭	5500 锭	6000 锭
毛纺机	3000 锭	4000 锭	4000 锭
煤气机	1700 马力	2300 马力	2900 马力
蒸汽机	200 马力	400 马力	600 马力

柴油机	200 马力	300 马力	400 马力
工具机	365 部	545 部	743 部
吸水机	275 部	380 部	490 部
碾米机	100 部	125 部	180 部
裸铜线	1300 吨	1590 吨	1900 吨
真空管	156000 只	219000 只	262800 只
灯泡	1500000 只	225000 只	2700000 只
电话线	18000 具	19500 具	23400 具

续表

物品	第一年(1942)	第二年(1943)	第三年(1944)
发电机	3200 千伏安	15750 千伏安	18700 千伏安
变压机	15600 千伏安	45900 千伏安	55080 千伏安
电池	2206800 只	6211000 只	8320000 只
绝缘子	5500000	11000000	13000000
收发报机	3500	6600	7950
精确电表	11000 只	14000 只	16000 只
硫酸	900 吨	1250 吨	4200 吨
硝酸		630 吨	810 吨
硫酸钾			7050 吨
硝酸钾(吨)			4200 吨
纯碱(吨)	160 吨	160 吨	160 吨
汽油(加仑)	215000 加仑	450000 加仑	770000 加仑
无水酒精	450000 加仑	450000 加仑	450000 加仑
动力酒精	2110000 加仑	2110000 加仑	2110000 加仑
水泥	15000 桶	30000 桶	30000 桶
电力	17920 千瓦	30570 千瓦	34870 千瓦

土湾旁,星期二夜山崩颇广,阻断交通,今晚已打开,勉通

一车。

九月七日　星期日　晴

张季鸾昨日病故。

偕秀、燕往歌乐山访杨公兆(肺病未愈)。潘宜之来寓,谈商启予及徐次宸,又谈近时重庆大学风潮。

美国运油送苏船已抵海参崴,日本实行阻碍。

为地质调查所廿五年纪念册作序。

九月八日　星期一　阴　夜大雷雨

国府纪念周,陈果夫讲中政校及教育。

顾大使电外交部: British Science Association now organizing conference on science of world order for sept. 27 to sept. 29 express desire through H. B. Wells for China arrange exports' broadcast for records to be new at conference on organization of science in going forwent in China or China's attitude to human news in port-war reconstructing. B. B. C. can do record of transition for Chungking by internal arrangement for time & date. Can Minister Wong Wen hao and others be fersevered to help? Records of ten minutes will suffice. Telegraph reply of it can be arranged.

蒋宅谈话,罗、邱会议后太平洋事由美领导,英允赞从,欧战事由英出力,由美协助。

访王雪艇,谈三年计划、国防工业设计委员会及广播事,会电林可胜,请来参加。

九月九日　星期二　雨

昨夜大雨,今日上午雨尤大,下午仍雨,沿长江及嘉陵江岸石崩塌颇多,道路艰困,两路口江岸继续下陷。

偕郭淞帆及燕女送冯秀娥女士至珊瑚坝机场,机因天气未开。遇见银行自港运来钞票五十包。

行政院会议第 531 次。何应钦已返渝,言在滇南方国军三军,商拆滇越铁路并论及工厂安全。(一)分层负责组织,徐可亭反对,通不过;(二)中央及地方财政系统(省政府预算归入国家预算,县市预算则为自治系统);(三)中央医院毒死徐廷荃案,蒋廷黻对于负责者多方庇护,可怪;(四)三十一年度概算编拟办法……经济会议第三十二次会议,只有一案,无甚关系。

英军已占领那威属之 Spitsbergen 岛。

九月十日　星期三　晴　阴

接见徐景薇(象枢)、黄朴奇(檞培)、陈秉范、谢蘅窗。

访朱骝先,谈二时又半。朱君自西北归来,谈各事意见。

传闻日本枢密院已批准美、日谈判,大致谈定:(一)日本脱离轴心,使美可调太平洋舰队至大西洋;(二)美军火可经海参崴助俄。

英、美军用品可往近东、中东及苏联。

九月十一日　星期四　阴,夜雨

四行理事会第 92 次,孔谓中国银行不听财部命令。

接见谢济生(自西康来)、钱阶平(叹浪费腐败)、郁国诚。

与孔商定,吴味经可应钱新之招往港商花纱布事,电告穆藕初,函告赵俊秀及徐景薇。

美船 Green 前在大西洋,遇德潜艇鱼【雷】轰,但未受伤。兹又有 Steel Seafarer 在苏伊士南二百浬被击沉,又有 Sessa 在冰岛西南三百浬被击沉。

动力油料厂六月份产量:汽油 4000 加仑,柴油 15000 加仑,滑油 1847 加仑,调水油 1955 加仑。

威宁铁矿山储量一二〇〇〇〇〇吨,相距 20 公里有妈姑煤田,储煤约八〇〇〇〇〇吨。

水城观音山铁矿砂储量二三〇〇〇〇〇吨,相距 10 公里,小河边煤矿有煤约五〇〇〇〇〇吨,又有相距 35 公里煤洞有煤约九一〇〇〇〇吨。

华侨汇款回国数额(万元)(据吴铁城):

	入超	侨款
民国 25 年	43500	32000
民国 26 年	64800	45000
民国 27 年	43300	60000(有盈)

兵工署需要材料(据该署):(单位:吨)

	现年需	三年后需
钢	14000	80000
铁	40000	60000
铜	8500	25000
铅	4200	15000
锌	2500	9000
铝	200	400
硝酸	3000	30000
硫酸	9000	90000

九月十二日　星期五　阴,夜雨

报载,蒋曾向美合众社记者谈话,在远东乃至世界永久合理和平未得切实保障前,中国对日继续喋血抗战,盼美勿松弛对日封锁,曾在美国各报登载,但另讯日美协定已成立。高思昨日访见外部,似系告知消息。

接见赵俊秀(商定吴昧经不往港与钱新之商生意)、贝安澜(昨日赴印)。

罗斯福广播讲 Freedom of sea, German & Italia vessels(anything, etc.)will enter America defense water at their own peril. U. S. force ordered to shoot at sight.

九月十三日　星期六　阴

吴宗汾自法归,谈归途自 Marseills 起身,绕好望角,经 Madagascar,在该岛 Diego 及 Tamata 稍停,即直航安南至上海,共经九十余天。Madagascar 有华侨四千余人。法国粮食受统制,价不涨高,每人每日面包 250gramme,每星期牛肉 360gramme,每月糖 500gramme。法有 Institut de Statistique,法、文、理三学院兼有,有名经济教授 Aftalion。

谢树英谈西康矿产:会理东北有天宝山锌矿,在石灰岩内,旁有辉绿岩,又有益门煤矿,皆离西祥公路。会理县南有鹿厂(大铜厂百草湾)铜矿(生白垩纪砾岩内),距西祥公路甚近,更东南有通安铜矿。

叶企孙近到渝,就中研院总干事职。

本日十二日,Roosevelt 广播前十五分钟,美货船 Montana 在 Greenland 附近又为鱼雷炸沉。

九月十四日　星期日　阴

往缙纲新村,祭孙燕堂;又往歌乐山访傅孟真。

访范旭光[东]于金城银行。

九月十五日　星期一　晴

国府纪念周,朱骝先讲考察西北之感想。

蒋宅谈话。蒋主各机关力求节省,预算不应过大,各省地方公务员不宜引中央为例,但省政府预算应加设备费一成。与叶企孙、王仲楫会商(《学术汇刊》)体例及组编辑委员会,以企孙为主席。

与吴蕴初、杜再山谈四川氮气制品有限公司,总股金四千六百万元,分配如下(单位:元):

天利公司　　　7500000(先发股票2000000)

新厂　　　　　5500000

运费　　　　　9500000

发电设备　　　5000000　　(美金27万元)

新购设备　　　18500000　(美金100万元)

分年实付如下:

卅年　　　　付国币3000000元　　美金200000元

卅一年　　　付国币6000000元　　美金700000元

卅二年　　　付国币6000000元　　美金100000元

美国设备由 Chemical Cartechin N. Y. 承办。

财政三年(卅一至卅三年)计划:

(一)直接税:一、所得税900000000元;二、财产增值税360000000元;三、印花税250000000元;四、遗产税90000000元;五、农林所得税——。共计1600000000元。

(二)间接税:一、关税270000000元;二、统税200000000元;三、战时特种消费税900000000元。共计1370000000元

（三）专卖：一、盐 3000000000 元；二、糖烟酒等 3000000000 元。共计 6000000000 元。

（四）省税：一、田赋 4200000000 元；二、营业契税 670000000 元。共计 4870000000 元。

（五）储蓄：共计 3000000000 元。

总计收入国币 16840000000 元。

（六）外汇美金 200000000 元。

（七）以货易款美金 200000000 元。

总计收入外汇美金 400000000 元。

九月十六日　星期二　晴

行政院会议第 532 次。外长郭复初报告，美大使接 Hull 复电，美、日谈话尚非正式谈判，如正式谈判时，当与中、英、澳及荷印政府接洽。美国态度当依照历次所宣布之方针，此项根据民意之方针，美政府不至违背，当要求日本脱离轴心，停止侵略……孔言，美向助中国，极可放心……

经济会议第 33 次，秘书处报告物价指数之研究。

接见谢树英、曹胜之、吴克颐（将往滇）、薛次莘、戴立庵（谈龙章纸厂）、Ramulo（菲律宾记者）。

蒋廷黻请晚餐，有 Lattimore、Ramulo、傅秉常、何浩若、顾季高。

九月十七日　星期三　晴

接见杭立武、叶企孙、罗志希。函董显光、叶渚沛。

访郭景琨、张悦联（石灰市曹家巷复兴里）。

自十六日起，美国海军在北大西洋实行护航制。

九月十八日　　星期四　　小雨

四行理事会第 95 次会议,孔未到,余代主席。通过救济借款:钢管委会二千一百万元,燃管处六百五十万元。

闵文汇为资委会事务组组长……接见潘铭新(合办煤矿)、吴味经(彼谈穆藕初托刘国钧、靖基在沪购纱,刘谦不收佣金,由其子穆伯华购纱,则藕初〔恕公〕函即发佣金 2.5%,数万元)。

吴兆洪谈,中国【银】行用蔡公椿审核工业用款。

九月十九日　　星期五　　雨(夜大雨)

接见 C. S. Yeh,Charles Fenn(Friday Magazine)。

电周寄梅,约在下月工程师会期来贵阳,开中【基会】执委会议。

九月二十日　　星期六　　渐晴

与悦联、鄂联、吕小姐、燕娟同在大三元午餐。

接见郭子勋。

接见 Minkema、宾果(自甘肃油矿返)。据谈(孙越崎),现在嘉峪关建设之第二分厂,蒸馏部分于本年底可完工,但热裂部分至明年(一九四二)五月完工。第三分厂在矿地建设,至明年(一九四二)底可完工。以上两厂能以原油之 35% 炼成汽油……自美国购买设备新炼厂(第四分厂),拟在石油河向北五公里处倚石壁建设(宽 30 呎,长 110 呎)。如运输无大延误,约于十八个月后,即约后年(一九四三)七月可完工。为建此厂,需用钢筋水泥 450 立方公尺,其中五分之一为水泥,即需 90 立方公尺。自矿地至此厂间距离五公里,石油拟由 3 吋油管运输。

德国宣称,德军已攻进 Kief。

九月二十一日　星期日（八月初一日）　晴

日食（以前一次中国日全食在明嘉靖二十一年七月己酉，即一五四二年八月十一日）。

敌军自岳州进取，有攻长沙意。

往中央医院，视张伯苓病，遇其妻及子锡羊。朱铎民（镜宙，谈宏原公司制盐事）及何淬廉来访。

著 *National Resource & International Order*。

阅《罪人》（*Guilty Man*, by Cato），时与潮社译，及《兴中会革命史要》，陈少白遗著。

九月二十二日　星期一　雨，晚大雨

国府纪念周，李文范讲实业计划。与罗志希夫妇同车来往。自二十日起，嘉陵江大路又因土湾附近石崩，迄未修竣，汽车赴城须绕道新桥复兴关而行。

经济部周会，谈八中全会议决案及报告方法。

悦联飞往香港，拟转马尼剌。

苏联承认 KIEF 已失守。

九月二十三日　星期二　晴

行政院第 533 次会。谷正纲责备蒋廷黻不应以秘书长私改议决案。（《人民团体组织条例》，谷主只列社会部，审查意见应会商主管目的事业之他部。上次院会拟并送立法院，后蒋商得孔同意后，改送国防最高委员会。谷函询蒋，蒋复以行政院各部意见不同，有失体统，谷颇以为忤。）中国运输公司客运每月亏一百万元，请国库补助，孔未允。……经济会议第 34 次会，余报告煤炭、纱布处理情形。

何敬之之报告，日军集中力量（约四师）自岳州南进，已过汨罗

河(距长沙四十公里),我军在归义中途袭击,正战争中。

偕孙越崎同往炮台街见孔,面述甘肃油矿办理情形。

九月廿四日　星期三　晴

日机已多日未到渝,今日来侦察机三架。

接见何孟吾(浩若),面商平价组织及办法。

九月廿五日　星期四　晴

晨四时四十五分,应 British Science Association 之邀,作广播 *National Resource and International Order*,历十五分钟。次为张忠绂,由广播处人代谈。此会前日为林可胜,昨日为叶企孙及叶渚沛,闻明日为朱骝先及冯简云。

偕孔、彭学沛同参观中国兴业公司工厂,新设 Bessemer 钢炉,每炉出钢一吨半,每炼一次约一小时,用永荣铁(矽量较高),损失闻为百分之廿三,将设第二炉。化铁炉正在烘炉中,闻十月下旬可出铁。此厂约用电达一千五百千瓦,皆由电力公司供应。

接见 Tass 社之 I. M. Nowerotsky、A. H. Monin、徐一贯。

经济会议秘书处召集各部长开会,李博侯代去。

九月廿六日　星期五　晴

冯女士秀娥飞往肃州。

接见秦望山、谢蘅窗。资委会周会,谈:(一)租借法案内选货以必要者为限;(二)定货进口次序,先旧厂必要材料及必须建成之新厂;(三)文书加速,电文宜简。

接见鄂财长赵志垚,商鄂西铁矿合作办法。

朱骝先宅会谈,有叶企孙、竺藕舫、王仲济及余:(一)中华学术促进社;(二)学术会议;(三)铨叙审查办法。

托李博侯、张丽门与贺贵岩及何孟吾商物价管理局组织及平价办法。

九月廿七日　星期六　晴

平价谈话，穆、吴二人尚往滇未返。昆、成等处纱价大落，外国棉纱标准重量为四百磅，中国习惯四二〇磅，内地亦照此数。

龚持来谈经会检察队正在扩大。又接见 G. J. MULDER（Deputy Controller of Fos. Exchange, Batavia），Bos，与谈中国需要爪哇之金鸡纳甚多，盼有供应办法，及缅滇铁路与四川联系之关系。

$$
\text{检查制度}\begin{cases}\text{监察}\cdots\cdots\text{监察院—监察使}\\\text{考核}\cdots\cdots\text{党政考核委员会—各机关考核委员会}\\\text{检察}\cdots\cdots\begin{cases}\text{中央调查统计局}\\\text{军委会调查统计局}\\\text{经委会经济检察队}\end{cases}\end{cases}
$$

凤书自仰光返川。美国驱逐机 Curtiss P. 40 已到缅者一百架，经由印度洋运来，在仰机场每架每天应付租地金美金十元。闻尚有第二批运来，美人航行员（正式人员）及机械员均有。

中日战事，长沙颇吃紧，但我军攻苏、皖、浙之日军据点。

Charles de Gaulle 在伦敦组织自由法国，National Committee 盼成第四共和政府。苏联驻英大使换文承认，并订立同盟。

今日为德义日三国盟约之周年纪念。

日军继在汨罗河南进攻长沙，相传我军在敌后攻占浯口。

九月廿八日　星期日　晴

马克强、庄仲文、张丽门、江海潮来宅谈话。

传闻长沙已失守（！）

九月廿九日 星期一 晴

国府纪念周,林主席,蒋亦到。何敬之讲:(一)云南防务巩固,对电工器材厂颇称赞。(二)华北又有军事,卫立煌等正抗御。(三)湖南战事,日军先扰大云山,嗣于九月十七日大军(约有十一万人)自岳州南攻,第六师团突渡新墙河及汨罗河而至金井(十九日)。第三师团亦渡此二河向南,汇合后于廿七日晚有一部分攻入长沙,但为我守兵包围歼灭。第十四师团大致沿河南进。另又有降落伞部队在长沙附近降落。我军原拟自平江、浏阳出发,往新墙、汨罗二河间剧战,并又在长沙外围坚战。第十四师团长日人……为我军所击而死,我方死副师长一人。我并另调援军,正在奋战中。又,日人屡用飞机掷弹,而我无空军,亦颇为难。

经济部周会,潘宜之讲川中、川西之考察情形。

接见 H. D. DENNIS(Texas Co.),John AHLERS(Shanghai Evening Post & Morning,The economist London,FOX 邀来)(华名李翰能,《大美晚报》)、李石曾、汤元吉、王之玺。

四川糖密产量(将减少),资中、资阳、内江等处全年五〇〇〇〇〇〇市斤,简阳全年一〇〇〇〇〇〇市斤,共计六〇〇〇〇〇〇市斤。

每造酒精一加仑,用糖蜜30市斤,故全量糖蜜(如果不作别用)能供造酒精全年二〇〇〇〇〇加仑。现在酒精厂生产量如下:

厂名	全年产酒精
四川酒精厂(内江)	450000 加仑
资中酒精厂	480000 加仑
复兴酒精厂	400000 加仑

军政部酒精厂　　　　　　　350000 加仑

运输局酒精厂（简阳）　　　300000 加仑

　共计　　　　　　　　　　2180000 加仑，足销糖蜜全部。

其他各酒精厂　　　　　　　1200000 加仑，糖蜜已有不足。

实则糟户用糖蜜造酒亦年用糖一〇〇〇〇〇〇市斤以上。

云南钢铁厂产量预计：新炉生铁产力每天 50 吨，以每天实产四十吨计，即月产一二〇〇吨。昆明生铁销路约每月五〇〇吨，故得生铁余额约七〇〇吨。宜设法炼钢。拟建每炉二吨之 Bessemer 钢炉（二座轮用），以每天四次计，每天得钢十六吨，即每月得钢四八〇吨。

九月三十日　星期二　晴

行政院第 534 次会。余说明国家需要生产之急及其关系之大，资委会各厂本年度出产价值当为二万万元。

何应钦报告，薛岳等在株州，日军自称到株州，不可信。日军自长沙北门攻入者已歼灭，但有日军自南门攻入（降落伞队？），在力战中……衡阳亦迭受空袭……广东日军自二十一日起北攻，有打通粤汉路之势……何应钦言，应速疏运衡阳物品往广西。

苏联南路军总司令 Budenny，自失 Kief 并消毁苏军五军后被免职，近在 Stalingrad 又为 OGPU 所杀。其所部军队现改归 TIMO-SHENKO 指挥。

苏、英、美三国会议在莫斯科开会，苏方首领 MOLOTOV，英方首领 Lord BEAVERBROOK，美首领 Averel HARRIMAN。

孔午宴 MULDER、BOS 等。接见陆宗贤（商水泥厂）、沈乃菁、童蒙正（以后外汇一律改用新率，即每美元为国币一八.八二元）、穆藕初（自滇返）。

十月一日 星期三 晴

嘉陵江岸土湾石崩塞途,今日始通,相隔已十日矣。

翁文波与冯秀娥今日在肃州结婚……李赞侯函告,其夫人于八月十三日在港病殁。德军已抵 Karkof。

访问李石曾,嘉陵新村四号吴铁城宅,陈树人、朱骝先亦先后往访。

接见 Fox、Adler(谈及金价)、莫衡(滇缅运输)及犍为焦油厂之冯先藩……犍为焦油厂目前产量如下:

高级汽油:每月一〇〇〇加仑,厂地价每加仑四一.五元,即每月应收四一五〇〇元;

柴油:每月二〇〇〇加仑,成都价每吨六五〇〇元,即每月应收四三五〇〇元;

灯油:每月一〇〇〇加仑,厂地价每加仑四〇元,即每月应收四〇〇〇〇元;

焦碳:每月三〇〇吨,厂地价每吨一二〇元,即每月应收三六〇〇〇元。

以上共计每月应收一六一〇〇〇元。

此外尚出沥青约每月十五吨,又出卫生水(每瓶一.六元),来苏水(每瓶价四元)、Cresol Ammonia 等……现在实用者八单位,每单位有炉八座,共用炉六十四座。

十月二日 星期四 晴

今晨,湘北攻击长沙之日军全部被击退,渝市悬旗鸣鞭炮庆祝胜利,诚可喜也!

四行理事会第 96 次会……经济会议第 35 次会,讨论平价办法纲要。四川米价平至每石 160—200 元,其他物品应比例平价。

余主应尽力平价,但不能言尽与米价比例降落。

召集穆藕初、莫衡、张兹闿、江默而、夏宪讲、吴至信,商洽部属各机关滇缅运输合作办法。

接见 Y. E. STOCKLEY(施特立,英使馆中文秘书)、丁文浩。

电力公司因锅炉损坏,暂停发电,闻俟星期晚五时修理可完。

晚八时许,南开学生火炬游行,庆祝湘北战胜。此次湘北转危为安,人心为之一振,于大局极有裨益。

十月三日　　星期五　　晴

接见苏汰余、郝宇新、蒋静一、张小丹、Philippe Baudet。

资委会周会。

郭复初晚宴 Henry GRADY、Clarence Gauss 等。

日军自山西渡黄河后,有进迫郑州之势。

十月四日　　星期六　　晴

经济部周会,穆另谈,极言廖芸皋、吴味经之不合作。

孔午宴 H. F. Grady 等。下午,Grady 至资委会访谈,谈及:(一)盼美政府向苏联进言,展长中国还债年数;(二)资委会向美订购机件,盼美方敏捷处理……李国钦、徐堪至资委会来访。

晚宴 Henry F. GRADY, A. M. Fox, Owen LATTIMORE, ADLER 等于嘉陵宾馆。(今夜为八月十四。)

十月五日　　中秋　　星期四　　晴

至农民银行,GRADY 讲《战后经济政策》,主张世界资源应由民主国家控制……大溪沟放牛坪 A. Manuel Fox 住宅午餐,归途访王雪艇。

罗斯福致日本近卫函,由 GREW 大使于九月廿七日(日德义同盟纪念日)转交。

英、美记者飞往湘北观战地,我军攻宜昌,敌军攻郑州。

美人吴以文牧师日前渡江淹毙,遗尸未获,今日追悼。

十月六日　星期一　晴

陪 GRADY 及顾季高参观豫丰纱厂(潘仰山、束云章招待)及渝鑫钢厂(余名钰招待)。

请 GRADY、朱骝先、王雪艇在农民银行午餐。

接见吴礼卿、陈超人,与谈甘肃油矿情形。

徐可亭晚宴李国钦。

DRADY,FOX,YOUNG 均乘机飞港。

十月七日　星期二　晴

行政院第 535 次会,孔主席,并请李国钦到会说明美国政策及和会宜在美举行。

与尹建猷谈地质所各事。

李国钦言,美国目前产力,每年能制飞机三万架,明年四五月能出五万架……英人估计,美、英、俄三国每月能出飞机 6000 架。德国飞机在德、苏战中损失者约 2500—3000 架,每月损失数超过出产数 300 架,照此估计,每月出产约 600 架,似估计产数太低。

长沙之战,日本第三师团长丰岛、第四师团长北野皆被击死,但日军已攻入郑州。

十月八日　星期三　晴

接见杨树棠、李松堂、许邦友、谢保樵、刘恺钟、林伯遵。

晚宴李国钦于资委会。

中央党部秘书处举行会议,宣告总裁指定九中全会议纲要:(一)改进党务;(二)修明政治;(三)经济管制;(四)救济民生疾苦;(五)(密未写明)共党问题。

十月九日　星期四　晴

四行理事会。经济会议第 36 次,内政部请加自来水价,由每吨一元三角至四元,孔受潘昌猷函托,力主须加为四元五角(!)。

续商公务员生活改善办法:(一)孔主省钱;(二)徐堪主发款凭证购米;(三)张平群提(王亮畴赞成)公务员于正薪外加战时补助费,取消平价米及津贴。

行政院各部会为许世英六十九岁祝寿。

我军围攻宜昌。

十月十日　国庆　晴,夜大雨

今晨,国军攻占宜昌,各报发号外,人心欣慰。

昨夜,美军事代表团由港飞至渝,人名如下:

Brigadier General John Magruder (Chief)

Colonels：E. E. MacMorland, J. O. S. Twitty, Edwin Sutherland, George Sliney

Major：W. F. Courdry

Sergeant Major：John E. Gradley

共七人

罗志希、张维桢、何浞廉、范旭东来谈。

外交部郭复初招待会,在军委会,到者二百余人。

十月十一日　星期六　晴

穆藕初已往筑。

平价谈话,从八日起,上海禁止棉纱、棉布出口。

接见束云章(谈中国银行纱厂计划,颇责备穆藕初对豫丰纱厂许多不正当行为）、胡叔潜、奚伦、胡子昂（中兴公司拟借二千六百万元）。

交行徐景薇、汤肖斋请晚餐，有黄朴奇、张丽门、吴味经，谈纱厂办法及纺机制造。

广播:《科学与人类进步》。

妻、幼、婵（并往接）自金刚新村返沙坪坝。

十月十二日　星期日　晴（数点小雨）

张更、朱森、张丽门、郑达生来谈。

几种关于时局的书:

Edgar Powder, *German Puts the Clock back.*

Graham Hutton, *Survey after Munich.*

Gilbert Murray, Vise Samnal, etc., *The Deeper Causing of the War.*

Winston S. Churchill, *Which England Slept.*

Eugene Staley, *World Economy in Transition.*

十月十三日　星期一　晴

国府纪念周在军委会举行（国府修造礼堂），林主席。李石曾讲:法国 Radical Socialist 党颇同中国国民党，但政制凭短时间之选以致右党得势，Daladier 因此去职，Reynaud 组阁，挟极右倾之 Petain、Weygand 以自固。迨德军入侵，法军五部分中，只三部分不受损，Petain 等因乘机抢政，向德屈服。本党总理虽主训政以后应有宪政，但切不可于准备未成前遽行宪政，以致不可收拾，不但抗战时代，抗战已完之后，亦不可遽行宪政，仍宜续行训政，较为可靠。

经济部周会。资委会请朱骝先致词，谈西北建设工作。

接见谢蘅窗、邓云鹤、廖芸皋、方才英(农本局会计)。

访叶企孙。

苏联声明,拟迁都于 STALINGRAD,并否认并不议和。

朱骝先言,苏必不支,苏败后,德将对我提和议,中国宜重视德国,似颇有亲德而弃英、美之意。齐燧言,德国对中国颇有同情,政府中人亦多愿与我交好,但 Ribbentrop 主联日,竟至承认汪组织,铸成大错,但希脱拉胜,则我方终吃亏。

今日,宜昌我军(四营)受日援军及飞机攻击,奉令退出。

Lord Beaverbrook 广播,英、美尽力以军器援苏。德国攻苏,调动坦克车三万辆,攻击莫斯科者一万四千辆,英国亦速应造坦克车三万辆,共同决心争战。

General Claud Auchinleck 巡视 Syria & Palestine, 荷属印度 General Porter 往访菲律宾 Gen. MacArthur。苏军已失莫斯科西130 英里之 Vyazma,苏、德奋争于 Briansk。

十月十四日　星期二　晴(晚小雨)

行政院第 536 次会,为四川粮食储运局案,徐堪痛骂蒋廷黻。

接见王廷桢、韩德举、任国常、徐君陶、楼震旦。

院会谈话:美如参战,则反无力以军械助我,苏联在莫京未失前,或可与德言和。

上海因外汇统制而起之囤货情形:

棉纱 320000 包,值 448000000 元,即每包值 1400 元;

米 180000 吨,值 450000000 元,即每吨值 2500 元;

煤 400000 吨,值 120000000 元,即每吨值 300 元。

共计 1018000000 元

十月十五日起患恶性疟疾,热高至 41.2°,旋落至 37.6°,至次日(16)又二次至 40. 2°,三次逾 39°。延荣耀龙诊治,针药并用。
至第三日(17),热退至 39°,38. 5°至 38. 2°。至第四日(18)37°-
37. 3°,第五日(19)至 37°以下,至第六日(20)犹一次至 37. 1°。
嗣即退至正常温度 36. 5°-36. 7°间。但胃由药力,二十、廿一两
天,食物即吐,服药亦难,乃停止服药,使用胃药少许,逐渐恢复,至
十一月五日开始下床。

自十月廿五日起,甘油矿第八井至 339m,大量油发。五日夜
间出油一百廿余万加仑,即平均每日夜出油二十余万加仑(即约
5700 Litres per day),力加减少,以免意外。

预计甘矿炼油能力如下(单位:加仑):

年产	1942 年	1943 年	计划
	国内设备,日炼原油三万加仑,自一月起实行	美购设备,四月装成日炼原油七万加仑	拟加购二组设备,各能日炼原油16500加仑,每组能年出动力汽油
原油	9000000	15000000	30000000　飞机汽油
汽油	1800000	8500000	1500000
柴油	1000000		
灯油	1000000		
即每月出汽油	150000	708333	

十一月八日　星期六

折呈委座,拟设物价管理局,隶院或隶部,并陈根本原因之下
办理困难情形。

十一月九日[①]　星期日

十一月十日　星期一

---

① 本日及次日无记。

十一月十一日　星期二

自上月十五日卧病在家,今日下午始到部办公。晤陈子博,商滇缅路货运办法。

十一月十二日　星期三

陈子博、龚学燧[遂]、虞洽卿、王晓籁、李博侯、王子建来余宅,商商货运输办法大纲。

十一月十三日　星期四

出席经济会议,蒋主席。物资局(即物价管理局)应由经济部直辖,速提办法草案;通过滇缅路商货运输办法,经济部派专员。禁酒、禁宴会。

接见 François,Fonfaunes,刘符诚、胡鸿猷、张思锽。

接见 Bund(赠 Parku 51)。

十一月十四日　星期五

接见 Niemeyer①,Buster②,谈一小时半。Niemeyer 主张大意在低膨胀,救济办法在政府节省开支,大减预算。

与张丽门商治平价办法。……何君来访。

十一月十五日　星期六

与 Bakuline 面谈中苏交付矿产合同要点,大致告成。

接见刘震寰、周念先。访张群于嘉陵新村。

昨日,美国国会通过修正中立法,美舰可武装驶往任何地方。

中国向英、美要求,日军如攻滇缅路,两国应以武力援助。

阮鸿仪谈,昆明电铜厂本年 1—9 月产电铜 285 吨。

---

① 后文亦作 Nemeyer。
② 后文亦作 Baxtor、Baxter。

原料:滇北粗铜 79 吨,购铜 25 吨,交部铜干 50 吨,本厂存铜 150 吨。

本年可出:银 8000 两,金 800grammes。每吨铜含银 10 – 13 两,金 1gramme。

拟加炼锌,滇北原料可年出锌 50 吨,水口山原料□法拟为 250 吨,共计 300 吨。

十一月十六日　星期日

北平合众社电:日本专使来栖三郎(Saburo KURUSU)往美,拟提五点:(1)蒋政府承认"满洲国";(2)日军自中国撤退,但留驻若干于上海、汉口、广州、天津及青岛(或烟台);(3)日本允停止南进,但仍继续经济工作;(4)日本对华北五省仍有经济统制;(5)日本放弃对西伯利亚之侵略企图。

十四日来栖尚未抵华府,美总统下令撤退驻华(平、津、沪)之海军陆战队。

往北碚地质所,与尹、杨、周、王、计、侯、熊诸君商廿五周年纪念会办法。

孙越崎切劝:领导生产,不管物价。

十一月十七日　星期一

国民参政会第二届第二次大会,上午九时开会式。蒋讲太平洋大势,英、美应解决侵略祸首,结束日本事件。张一麐讲,不宜学前清末年风气,"只许磕头,不许开口",盼政府早行宪政……共党中有董必武、邓颖超二人出席。下午,军事、外交报告。

十一月十八日　星期二

上午,蒋主席。俞鸿钧财政报告,末段主张法币略增,但并非膨胀,且不负物价之责,颇受周炳琳、罗隆基、张奚若、陶孟和等非难。张公权报告交通。

下午,吴贻芳主席,余报告经济,谷正纲报告社会。

昨日,日专使来栖(Kurusu)及大使野村(Nomura)会见 Roosevelt 及 Hull。日议会开会时东条(TOJO)先有演说,但未谈美、日谈判情形。加军抵香港。

昨晚余访陈布雷,谈平价组织。

十一月十九日　星期三

国参会,上午,内政、粮食报告……闻询问渝警局事。打铜街午餐。贺贵岩来访,洽谈平价机构事。

下午,国参会继询粮食者多起,嗣为教育、农林报告。

晚,粮食部谈物价……粮食办法亏累数万万元。顾季高鼓吹外汇成功,但民生苦矣。

财政部预计下年(1942)专卖收入(元):

盐	1115049380 元
糖	121500000
火柴	82800000
烟	200000000
酒	147000000
茶	110100000
总计	1776449380

十一月二十日　星期四

四行会停开。经济会议第……次①,蒋主席。物资局案,另行审查再提。蒋另言,局可设,归经济部辖,局长地位可较高。经济

---

① 原文空缺。

检查队可归局长指挥,其他机关可不改组。又闻蒋廷黻言,孔反对设此局,必力争。

参政会讨论物价粮食,褚慧僧主席。

英军在 Auchinleok 指挥下自埃及追攻 Lybia。美 Curry 有将来华讯。

十一月二十一日　星期五

参政会审查会,上午财政,下午经济。

余请杜月笙、王晓籁、王云五、王次[志]莘等晚餐。

十一月二十二日　星期六

蒋邀参政员晚餐,电影。

十一月二十三日　星期日

访钱新之于交通银行,谈经纬公司事。

十一月二十四日　星期一

宴各工厂代表,捐款为清华中学。

十一月二十五日　星期二

行政院第 541 次会,蒋主席。(1)省县参议会条例;(2)统一各省收支办法;(3)平价米范围以渝及附近为主。

下午,参政会。(1)张澜、张君劢、左舜生等"结束党治,实行民主……"案,主席团保留,讨论后,询得会场承认。次提主席团(蒋、张伯苓、张君劢、左舜生、吴贻芳)提:宪法之制定与宪政之提前实施……办法四项:(一)战期中加紧促进地方自治,抗战终了时即开国民大会,制定宪法,俾宪政得早日实现;(二)战时民意机关益加充实;(三)请政府明令各机关务广揽各方贤才,以符天下为公,选贤与能之遗训;(四)请政府明令充分保障人民合法自由……通过此案。张一麐、江一平、陶石川、李中襄表示接受,罗隆基略有讨论。

十一月二十六日　星期三

上午,参政会开会,全场起立,表决委员长"九一八"宣【言】东北四省为中国不可分之领土。

开会式。蒋致词:(1)财政经济诚可忧虑,但中国为农业国,民众生活并不较战前为苦,且相当加优,故不必由忧虑而悲观;(2)抗战初起时当时商谈(张伯苓、季鸾参加),蒋曾言,中国军力及财政可战半年,现则已战七个半年,敌力益疲,上年五至十月为最黑暗时代,现已大放光明,可以乐观;(3)现政府为革命,努力为国,诚信无欺,由训政而施行宪政,言出至诚,如不实行,则不打自倒;(4)目前政府注重:(子)统一各省收支,(丑)征收实物,(寅)推行新县制,(卯)设立省县参议会……凡此皆为必要工作;(5)实施宪政说,定必取多党制度,各方参政员对现政府应辅导,但不宜取斗争态度;(6)国民党在学校等处邀收党员,并无不合,不宜见怪;(7)参政会为国会先声,参政员应为议员楷模,质问时时间不宜太长,态度应庄重,不可讥笑,以讥笑对人者自居何□,宜戒免。……词颇恳挚……照相。

自[至]龙门溪赴美大使 Gauss 午宴。

下午,自[至]香国寺中国兴业公司开炉典礼,蒋、孔夫人、何敬之、Guillaume(比大使)……参政员等到者颇多。林继庸、Nemeyer、Baxtor 等英人参观工厂。

美国务卿 Hull 在美、日会谈中曾于 22 日约集英使 Halifax、华使胡适、荷使劳顿、澳使加赛会谈;又于 24 日再约上述四使会谈,因此称为五国会谈。

柏林签定防空[共]协定延长五年,除德、日、义外,加者有

Bulgaria, Slovakia, Croatia, Denmark, Finland, Hungary, Spain, "Man-churia", 又伪汪组织亦有加入说……反共协定先由德、日两国签订于 Nov. 25, 1936, 意大利在 Nov. 6, 1937 加入, 原约规定有效期至 Nov. 1941 为止。

十一月二十七日　星期四

四行理事会, 余代主席, 钱新之、席德懋皆到, 商洽商业银行及省银行投资及放款于工矿事业, 及拟派代表赴江西商兴业公司事。

经济会议, 蒋主席。(1)川盐银行在郫县囤粮事;(2)管理银行及游资。

与蒋廷黻谈话。

接见 L. Kennerly Taylor(商中美合办滇钢铁厂事)、孙洪芬、林伯遵、朱鸿炳、薛正清、金贵湜、丁文渊(新自德归)、C. M. MacDon-ald(The Times, 34 Av. Edward Ⅶ, Shanghai)、V. S. T. Killery, Uin. of Geon. Warfare, Singapore.

为中基会事请徐可亭、俞鸿钧、顾季高、徐柏园、霍亚民、浦心雅、郭景琨、潘益民等晚餐, 商定借三百万元。

苏联宣布之德苏战果:

德损失军士 6000000 人;15000 tanks;13000 planes and 19000 guns。

苏损失军士 2122000 人;7900 tanks;6400 planes and 12900 guns。

十一月二十八日　星期五

中央党部谈话会, 吴铁城主席, 参政员(党员)报告意见。

接见曾省斋, 谈湖南锑矿在锡矿山外有邵阳龙山, 含砒太多;沅陵矿含金;东安唐生智所办矿, 广东郏源间有佳矿……赵天从在冷水滩新炉第一批能月出精锑 100 t, Sb. 99. 67%, As. 0. 06%。又商人元和号亦能月出 200 t, Sb. 99. 6%, As. <0. 2%, 亦合美国标准……

请 Nemeyer、Baxter 晚餐。

十一月二十九日　星期六

中法庚委会议……部中与许志湘等商洽滇缅路商货运输办法……中央图书馆 Tagore 追悼会……中国工程【师】学会董事会议。

十一月三十日　星期日

往北碚地质所。

今日为日汪"满"条约纪念日,东条致辞,谓……英、美两国对亚细亚怀有野心,吾人必须断然加以排击……苏联克复数日前为德军占领之 Rostof。

十二月一日　星期一

参加国民政府纪念周(病后第一次),戴季陶讲中国现为有宪典之国。

访见虞洽卿。又与李、马、许等商洽货运办法。

经济会议审查会,贺、谷、徐等坚主应设物资局,撤消农本局、燃管处及平价处。蒋廷黻反对,张、俞未发言……由余呈委员长,请核采。

李庆远自美返国,经由南雄、广西、贵州来渝。彼于 1936 年出国,近时始返。

接见 Bell,告以邹秉文为监察院弹劾,经文官惩戒会议决,停止任用一年。

十二月二日　星期二

行政院 542 次会议,蒋主席。(1)卅一年度建设专款及特别及普通岁出预算,通过;(2)郭复初报告美、日谈判情形。

接见罗厚安、楼桐孙(谈财政经济情形)、Hunt、MacDonald、Quick、Farmer(I. C. J)、姚仲良、邵逸周、魏鹃华[华鹃]、张丽门、许志湘。

李庆远来住我家。

蒋批定应设物资局统一管理,但原有组织暂不裁撤。

十二月三日　星期三

先邀何浩若面商,请彼任物资局长。何君言,孔把持农本局,吴闻天奔走孔门,故三机关中有二机关实不能管,故不愿任局长,但愿居经济部中其他地位,办理平价工作。

十时,经济会议第44次会。财政部提议修正《非常时期管理银行暂行办法》。蒋痛斥渝市物价飞涨,各机关不负责任。

会后,余与何浩若为平价机构事面请蒋示。蒋言,原有机关不裁,何主持,物资局可不设,实体办法速商洽。何言,愿为经济部次长,专管物价……(!)。

接见邢导、丁文渊、郭楠。

昨日,行政院通过之预算如下:(军费在外)

	国币(元)	U. S. $	Rubi	H. K. $
经济、水利、农林、交通建设专款	1820039167	14907635	24408312	1200000
特别岁出	1404646024			
普通岁出	3558521407	2707, 962	155940	205000
增列军粮	937953700	——	——	——
	7721160298	17615597	24569255①	1405000

(1)在上述数目各部建设专款(1942)如下:

---

① 原文如此,应为 24564252。

	国币(元)	U.S. $	Rubi
经济部	418490000	13766000	——
交通部	971187847	1103635	20849212
粮食部	1915000000	——	——
教育及文化	287994824	500000	

(2)特别岁出(1942)内容如下(元):

易货	1164646024
军事运输	100000000
生活补助	70000000
平价米	70000000

……

吴达诠复函,附诗云:《吟诗》

"吟诗强学古陈言,烦恼真如蛇[虱]处裈。技到雕虫还不易,从知世事慢轻论。"自谓意在自诚慎言。

十二月四日　星期四

访孔于新开市,已愈。孔言,何浩若不必理他,不设物资局,亦不调秦管中信局,并商整理美债。

接见 Taylor,谈与美合办钢厂,此君与 Hunt 当脱离。

十二月五日　星期五

秦往见孔,孔允与蒋谈经济部事。

昨晚(十二月四日)在交通银行举行,经纬纺织机制造公司股本 5000000,交行出 3000000,工调处 1000000,农本局认 500000,苏汰余、黄师让 500000。徐景薇董事长,张丽门、聂光堉常董,黄朴□经理,张文潜协理。

接见曾世英、叶企孙、孟信之。

十二月六日　星期六

接见虞洽卿、邓云鹤、凌涛、周则岳、项远村……党部秘书处商
洽议题。

昨日上午,日使来栖、野村递交对美询安南驻兵之答复书……
远东空气颇紧。

傅沐波、胡子昂来谈,孔允将中国兴业公司交付经济部,告以
俟与孔面洽后再谈。

十二月七日　星期日

在家见客。

十二月八日　星期一

本日清晨远东一时(1 a. m.),日海军攻击 Pearl Harbor, Ma-
nila,嗣又空袭香港,又派军在泰国,有已登陆说。又讯,日航空母
舰及美军舰各被沉……美京上午 Hull 正与 Nomura(野村)及 Ku-
rusu(来栖)谈话,Hull 接日已开战讯,立即止谈……从此日与英、
美皆已交战矣。

国民政府纪念周,孙哲生谈话,日已启衅,必不能支,民族主义
已成功百分之七十五,我国应努力推进民权主义及民生主义,并言
应对德、义、日宣战。

丁文渊、齐焌请见蒋,劝勿对德宣战。

俞大维来商,调杨树棠三人及收购铜、铝、锌、铁等;又言,日在
初战必能获胜,日、德间应有具体谅解,德失 Rostof 或系计策,使苏
军追逐,因而袭取 Moscow,德军更进入 Iraq、Iran……

十二月九日　　星期二

行政院第 543 次会,蒋主席,滇缅内运监运办法⋯⋯

接见 Jean Escarra(现为 Gen. de Gaulle 之外交处长)

昨晚住港之宋汉章、贝淞孙、陈光甫、Fox、Hallcatch⋯⋯皆飞由南雄来渝。

张公权言,华机在港被毁者,客机四架,货机三架。

美国国会通过对日宣战,英亦宣战。

中国国府下令对日宣战,对德宣入战状,并宣告一切条约、合同一律废止。

德国宣布东线大战暂停,不攻取莫斯科。

墨西哥、希腊、埃及、哥伦比亚、萨尔瓦多、洪都拉斯、自由法国对日绝交或宣战。

十二月十日　　星期三

行政院第 543 次会。经济会议秘书处提美、日战期中中国经济原则,分交各主管机关议订汇核⋯⋯设立物资局筹备处(何浩若为处长),统辖农本局、平价购销处及燃料管理处。

内政会议开幕。

今日余折呈蒋,请:(1)裁撤骈枝及无用机关及(2)严定员额,勿滥用人。

十二月十一日　　星期四

英国 Prince of Wales 及 Repulse 二主力舰,美国 Oklahoma 及 West Virginia 二主力舰,又航空母舰一艘,皆为日本所击沉。

十二月十二日　　星期五

公布《物资局筹备处组织规程》,派何浩若为处长。

召集会议,商洽战时重要经济设施原则。

请谷纪常、宋汉章、贝淞生等晚餐。美海相 Knox 至 Hawaii，日军舰榛名（Haruna）、金刚（Kongo）先后受美炸受伤。

日军有占九龙说。

十二月十三日　星期六

接见 Taylor（将往滇缅路，应 Magruder 之嘱）、陈筑山、晏阳初（上二人谈经查队在川情形）。

应张洪沅邀，至重庆大学讲《时代精神》。

今日起，电局不收致香港电报。

十二月十四日　星期日

北碚，中央地质调查所廿五周年纪念会，到者一百数十人，有陈立夫、李润章、叶企孙、朱子元、李赓阳，（以上发言）胡焕庸、黄国璋、李宇洁、丁骕、李承三、戈定邦……以及经济部、资委会、工调处同人……展览会分二地点。

闻美机击沉日战舰雾岛、比睿两艘。

日攻港司令至港督劝降，港督不允。

十二月十五日　星期一

九中全会上午在国府礼堂开幕，宣读：（1）国府对日宣战令（十二月九日）；（2）国府对德、义宣战令（十二月九日）；（3）委员长告全国军民书（十二月十日）。

总裁训词，当加强战斗力量及巩固国家建设，凡对国家忠实及忠实于本党主义之党外人才，皆应延揽重视，但决不许封建割据，破坏政令及军令之统一。

接见吕持平、魏华鹗、俞良勋。

九中全会下午未开会。

日本宣布美方宣传日主力舰四艘被击沉者，皆于事实不符，英实已失主力舰三艘,美除已失二艘及航空母舰一艘外,近又失 Arizona 一艘……但闻日运兵舰为荷印水雷炸沉二艘。

九中全会中见孔庸之(病后初出)、熊天翼、黄旭初、黄季宽、万福麟、顾祝同、谷正伦……

十二月十六日　星期二

九中全会第一次会,(上午)于主席,居正、朱家骅、王世杰、刘季生报告。

九中全会第二次会,(下午)居主席,康泽、王宠惠、周钟岳、郭泰祺报告。

昨日会中见孔,今日未到,故行政院方面无人报告。

十二月十七日　星期三

九中全会第三次会,俞鸿钧、余、陈立夫、张公权……报告。

往访孔于范庄,见及孙夫人、孔夫人。孔言疟疾三次复发,前日至九中全会,疲受寒。余告以何浩若任物资局情形,吴闻天辞,郑达生亦言难任。孔言,穆藕初亦当辞,彼亦拟辞农本局理事长……兵工署拟购五金事,孔言可照办……中国兴业公司事,孔言:(1)收归国营,资额加倍,或(2)增加资本,不足之数由政府加认,商洽再定。

李赓阳偕毛筠如(省视察,自大凉山归来)、李贤诚来访。

十二月十八日　星期四

九中全会第四次会,何应钦报告……会中见李宗仁、张发奎、马步芳皆到。

与张岳军、张公权共请刘文辉午餐。

九中全会经济部审查会在美专街开会,王伯群、贺耀组、徐堪分小组主席,余列席贺耀组之小组。

与吴兆洪、杜再山、许粹士、陈皓民面商卅一年度事业计划,修整准则及预算。

台湾昨日大地震。

英国自开战(1939 年 9 月)迄今,英国开支总数为£ 8300000000,近日每日战费为数已£ 11750000。

日军已横贯 Malaya,将 Singapore 与 Burma 之交通截断。

又闻日攻 Hawaii 时曾毁美飞机一千余架,故美军舰及空军已失战力,只剩潜艇可用。

日军已在英属 Borneo 之 Serawak 登陆,……香港仍在炮战中。

十二月十九日　　星期五

九中全会第五次会,徐堪报告。

九中全会第六次会,蒋训词。

Missing to do well, but ideas Confuseés.

苏联大使馆电影。

接【见】J. T. Hall,谈 Pipe line。

十二月二十日　　星期六

上午,部中物价会谈,何浩若等均到。余未往九中全会第七次会。

上[下]午,九中全会第八次会,各地党务报告。

日本宣布,月初日攻美 Hawaii,美失主力舰五艘,重巡洋舰三艘,飞机 450 架,但航空母舰未失。

日军已在香港登陆,港督 Mark Young 已离港。

日军已占领 Penang,并在马来之 Vigar、Kadah 等处集合进侵。

接见顾季高,谈可有锑、钨各五千吨,拟以 2000t 于本月底交仰,3000t 于二月底抵仰,余 5000 吨六月前抵仰,亦可分月装运,每月 1500—2000 吨。

张兹闿函商辞职(！)

日机袭昆明,被我击落四架。

十二月二十一日　　星期日

中大学生地质会,参加。

接见张兹闿(劝其努力工作)、吴味经(谈辞农本局职及派员监交)、罗志希(新自滇黔考察归来)。

十二月二十二日　　星期一

国府纪念周,蒋讲《政治的道理》,并言应:(1)尊重县长;(2)战区司令武官不宜兼文职。

下午,九中全会第十次会,各部询问案。有人询外交、财政,但无人询内政、教育及经济。对交通,有人询香港有事,何以不救颜惠庆等而有运狗等事。有人又询及《大公报》社评(评孔、谷及郭)。闻颜惠庆在九龙于十九日(星期五)为日军所搜获。

美派 Admiral Ernest J. KING 为 Commander of all United States Fleets(Atlantic & Pacific) ; Admiral Royal INGERSOL〔INGERSOLL〕为 Commander of Atlantic Fleet, Rear Admiral NIMITZ commannder of Pacific Fleet(Succeeding Rear Adm. Kimmel)。

十二月二十三日　　星期二

九中全会第十一次会,蒋提:(一)国防最高委员【会】中设战时政治会议,中委会推选执监委员及委员长聘学术、社会、经济有信望之人士;(二)宋子文为外长,沈鸿烈为农林部长……蒋午宴,林晚宴。

余电美国华美社,请转胡、施、Monrne、Bennett、Green 诸董事,告以中基会应执行紧急办法。又电周、蒋、任三董事等,请来渝开会。

General Wavell 至渝。Winston Churchill 至 Washington。

接上海 Chase Bank(99 Nanking Rd.)Nov. 25 1941 来函如下:

We refer to your letter of Nov. 10th and wish to confirme that at the close of business 24th your U. S. Dollar Accunts will as showed a balance in your ferm of U. S. $1456. 49(U. S. Dollars one thouand four hundred Fifty-Six and cents forty-nine).

Yours very Truly

E. F. Rauch(Auditor)

接见胡仲实、李方城、冯家铮、Bakuline。

十二月二十四日　星期四[三]

访郭复初于外交宾馆。郭出示胡适之致蒋电,言华府商设国际组织,内分三部,一为外交政治部,中国当由大使参加;二为军事;三为实地作战。大约宋盼加入此会,今授以外长,当更利便。如此则胡亦当不安于大使之位⋯⋯云!

与傅沐波、胡仲实、胡子昂谈中国兴业公司办法。

晚宴马步芳、熊式辉、黄旭初、黄季宽、陈公洽、吴礼卿、罗志希等。

十二月二十五日[①]　星期四

十二月二十六日　星期五

接见周德伟(子若,中大经济教授)、陈石泉(远大经理)、黄旭初(明日返桂)、熊毅、丁文渊、王调甫、孙越崎(自甘飞返)。

香港于昨晚停战,为日军所占。丘吉尔尚在华府。

美人 Hall 言:pipe in weight 5 lb per foot each pump station equipment 8 tons. Cost of material:U. S. $3000p. mile (including

---

① 本日无记。

pump at each 8 miles）weight 2100 tons p. 100 miles. Lashach to Kunming 4˝ pipe miles can be completed in 45 weigth. Capacity of transport：18000 tons a month. Total Weight of material 15000 tons.

黄人杰言：苯（Benzene），甲苯（Toluene），石脑油（挥发油，Naphta［Naphtha］），石炭酸（Phenol），木油酸（Creasote），蒽（Anthracene），高级醇（High alcohol）。

十二月二十七日　　星期六　　连日有雨

General Wavell（Archibald）& Bereral Brett（Brett）于廿二日到渝，住三日，飞返仰光。

接见陈体诚（言仰光军备极弱）、戴安国（愿入中央机器厂）……

国库局科长梁培湘屡向领款拨多之机关要求存款于某银行（与财部人有关），以迟不发款相要挟，并谓与李纲君及财部各要人均有关系云云，横行至今，无怪财部允许私人银行为数甚多，可叹！

熊天翼请二徐、贝淞生、霍亚民等晚餐，商江西兴业银行事。

今日国防最高委员会通过卅一年度预算案。

商洽中国兴业公司之事。

张丽门、姚南枝、孙颖川来宅谈话。

十二月二十八日① 　　星期日

十二月二十九日　　星期一

国府纪念周，何敬之报告世界战事。

经济部考核委员会第三次会议，列席者李基鸿、陈伯庄、罗志如。

接见吴蔼宸、奚东曙。

行政院晚宴黄季宽、熊天翼（陈公洽、蒋廷黻作陪）。

① 　本日无记。

十二月三十日　　星期二

行政院第【544】次会，通过物资局以何浩若为局长。

接【见】MacDonald(美大使馆)，谈钨锑出口及美国协助事。

访孔，孔夫人接见，言孔伤寒后，尚不见客。

《大公报》登交通部更正函，谓香港战后第二日，飞机并未因行李、老妈众多而不载他客，狗系美国司机所携云云。张公权面言，系受蒋面嘱而照办者云。

十二月三十一日　　星期三

经济会议第 46 次，蒋主席。(1)战时重要经济设施方案；(2)金融方案；(3)平价基金(450000000 元，何浩若索)及监理委员会规程。

张鄂联、吕钟璧结婚，余证婚，王正廷、郭景琨介绍。

接见 John MacDonald，谈矿品出口事。

日军已攻破怡保(Ipoh)，威胁新加坡，又迫近 Manila 数十英里。Guam，Wake 皆失，但 Mid Island 尚未失。

民国三十一年　1942 年

一月一日　星期四　晴　农历辛巳十一月望

国民政府遥祭孙陵,纪念礼,团拜,慰劳抗战将士委员居正、叶楚伦等上蒋纪念册。居读颂词。

偕罗志希、叶企孙至生生花园迁川工厂出品展览会参观,胡、颜、潘、吴等招待。参加者约百家,分为四室。余为会长,吴国桢为副会长,胡西园为筹委会主任委员,颜耀秋、潘仰山、庄茂如、张万里……十四人为委员;张兹闿、欧阳仑……十二人为审查委员;章乃器、张万里、吴羹梅为纪念编辑委员。又至中苏文化协会,看中、英、美、苏抗战照片。

十二月三十日 Churchill 加拿大国会讲话,参加者二千余人。Eden、Cadogan 已自莫斯科返英。

一月二日　星期五　雨

至经济部各厅、司、处巡视,地窄光少,实见战时景况。令西昌办事处撤消;令水泥及钢铁管委会任务移工调处接办后撤消;商定对敌封锁委【员】会撤消后收束办法……晚宴朱绍良、郑震宇、蔡邦坚等。见孔,商中国兴业公司。

Manila 垂危;长沙被侵甚紧。

日大本营发表自太平洋【战争】始(卅、十二、八)至十二月廿六日止,击落英、美飞机共计 548 架,日机损失 49 架,敌(英、美)被俘 16 架,并击沉及损坏对方巨型轮卅三艘,小型轮四艘。又被俘机械兵器计:装甲车76辆,汽车2389辆,火车310辆,香港大炮106尊,机枪223挺,来复枪4195挺及其它军火。对方军死3000人,伤9000人,日军死743人,伤1799人。军舰(日方)沉没四艘,损坏12艘。

日本又发表1941年全年在中国战果:击落华机16架,华军死359927人,被俘94826人,夺获机枪3441挺,步枪91386支,日军死9527人。

一月三日　星期六　晴

昨日长沙附近我军较有胜捷,军【委】会宣布我军入保缅甸。

接见尹建猷、曾俊千、白家驹、Arthur Young、徐之海、谢蘅窗、蔡叔厚、张鄂联及其新婚妻。

一月一日,英、美、中、苏、澳、比、加、哥(Costarica)、古(Cuba)、捷、多(Dominica)、萨(Salwador)、希、瓜(Guatemala)、海(Haiti)、洪(Honduras)、印、卢、荷、纽(Newzealand)、尼(Nicaragua)、挪、巴(Panama)、波(Poland)、南非、南(Yugoslavia)共26国签订宣言,接受赞成1941年8月14日美总统及英首相之宣言(即《大西洋宣言》),并宣布:(一)每一政府允对三同盟国分子国家及加入国家使用其全部军事与经济资源;(二)每一政府允与签字国政府合作,并不与敌国单独停战或和约。

中国空队、美志愿队近时在仰光击落日机共六十架。

一月四日　星期日　晴

谢蘅窗、陶桂林、董时进、孙越崎、李春昱来谈。

起草《日本侵略的史实》。

序林继庸作《民营厂矿内迁纪略》。

荷属东印度作为联合国海军根据地,若干美军船已到。

一月五日　星期一　晴

国府纪念周,蒋讲:(一)整顿音乐,勿滥用哀乐,纪念周乐谱宜一致。(二)行政院各部会成绩:蒙藏会,达赖坐床,确定主权;粮食部征收实物;交通部造成乐西、西祥公路;教育部整理教科;经济部举办玉门油矿等各事业;财政部统一各省财政;内政部推行新县制;外交部联络邦交,均佳,不下于以前各任政府。(三)廿六国宣言系于上年十二月三十日由美国通知中国使馆,一月一日美、苏、英、华四国先在美总统府签名。宋部长签后,美总统言,欢迎中国为四强国之一。次日,由其他各国签名。(四)各机关应实行铨叙、会计,又地政亦重要…朱家骅(考试副院长)、贾敬[景]德(铨叙部长)、沈鸿烈(农林部长)等就职。

参加审查平价基金案……

广播《日本侵略他国之史实》。

一月六日　星期二

行政院第545次会,蒋主席,沈鸿烈第一次到会。蒋言,以后各机关不宜任便提追加预算,少数必要之追【加】,应俟六月底核定,秘书、政务二处负责处理。通过财政部及经济部物资局预算。

沈鸿烈来访……昨晚,金城银行戴自牧来谈,李祖芬因小麦贸易,为经济检察队拘去……吴忠信密告:已经商定将回军调开河西(凉、甘、肃),盼不久实行。

长沙附近日军皆被击退,此为第三次湘北胜利。

一月七日　星期三

接见厉德寅(愿任物资局副局长)、叶秀峰(商投资永川钰鑫铁厂)、夏勤铎(谈往缅考察油矿)。

对美、英、苏、荷、澳使馆柬请参观工展（下星期一上午）。

苏联大使馆邀观电影。

一月八日　星期四

接见刘廷芳（刘建绪驻渝代表）。为李方城及邓宁孙证婚。

Roosevelt 在国会宣布：美国在本年制造飞机 60000 架，明年（一九四三）飞机 125000 架；本年坦克 45000 架，明年（一九四三）75000 架；船本年 6000000 吨，明年（一九四三）10000000 吨。

Eden 昨午宴 Winant（U. S. A.）、Wellington Koo（China）、Van Kleffans（Dutch）（即所谓 ABCD 集会）。

一月九日　星期五

国民参政【会】驻会委员会，余报告工作概况。参政员注重纸的管理。

往范庄见孔，孔夫人代见。余请转交改组管理办法四条。

听取庄智耀、王捷先、丁润身、袁家麟、陆介夫、周琎等核查商店贸易状况报告。

资委会渝各厂主持人：（一）郑葆成（资渝钢厂），（二）朱玉仑（陵江铁厂），（三）邹□（大华钢厂），（四）叶渚沛（电化冶炼厂），（五）林可仪、刘刚（资和铁厂），（六）高远春（电工器材第二厂），（七）高嵩（电工器材电池厂），（八）王端骧（无线电器材），（九）徐名材（动力油料厂），（十）孙越崎（甘肃油矿局），（十一）王橄（四川油矿）……黄辉（水力电量测勘队），李家骐、潘钟岳（运务处）。

一月十日　星期六

经济会议第 47 次，蒋主席。（一）各战区经济作战处；（二）物资局平价资金四万五千万元，先发一万万元；（三）财政部的古怪议案。

接见孙延中、盛蘋臣、奚东曙、吴任之、李祖芬(谈天诚事)。

蒋以外长资格与各使馆人员茶话。

一月十一日　星期日

偕同 Fox、Aldler、冀朝鼎、杜殿英、朱玉仑乘小油船至童家溪(上船[行]约二小时,下行约三刻,闻距离约 40KM)。陵江炼钢厂,每吨铁约需用砂二吨三四,石灰石半吨约余,焦约三吨,生铁约 Si3.5%、4.2%、6%,焦用江合(龙王庙)与麻柳湾、鸡蛋石或……相参用。天府煤炼成焦含硫能低至 0.9%,现在每日出铁三吨余。又谢家兰试炼坩埚钢,含炭 0.75%。

一月十二日　星期一

国府纪念周,孙哲生讲立法院组织最简,无附属机关,用款亦最省,但应经立法手续者多不照办。例如,上年收到各省预算,皆为廿九年度者;各机关组织规程多不送立法院审议;行政院议决秘书长出席会议,国府特任行政院政务处长,皆不合法;监委会前任去职,后任至无账可收……,皆宜改正。蒋草记演词。会中沈士远忽昏晕倒地。

见孔,(一)允美年运钨砂二万吨;(二)中国兴业公司可照余拟方案办理。

接见邹琳、章季龄、何浩若、何北衡、黄人杰、王守竞。

朱森本专任中大地质主任,因移转时在外考察,家中多收(九月份)重大平价米五斗,被人向教部告密。教部拟加处分。余托顾一樵次长(陈立夫未到会)公平处置。顾言,朱可仍任中央【大学】教授,但不宜任主任及在重大兼课云云。此事显见中央【大学】有人反对朱森,决心排挤,可叹!

一月十三日　星期二

行政院第 546 次会,蒋主席。(一)追加预算办理程序;(二)物资局副局长穆藕初、张果为,主任秘书胡遹,总务张庆瑜,管制朱惠清,财务陈汉平。

行政院秘书长陈公侠召集陈辞修、熊天翼、洪兰友、陈立夫及余商洽总动员办法。

接见徐柏园(梁江煤矿铁厂事)、徐名材(甘矿商用钢板事)。

一月十四日　星期三

经济会议第 48 次会,蒋主席。(一)汽车液体燃料供应办法;(二)阴历年关平价办法……蒋对兵工署尚未实行收购五金材料,极表不满,责余及俞大维迅即实行。余即嘱李景潞:(一)就钢铁管委会已登记之五金材料(渝市纯归政府收购),自一月十五日起不得另售;(二)兵工署迅即依十二月十日之报价,定价收购……

接见 J. McDonald、李培基、何竞武、刘廷芳(谈胡宗南、徐先林)、朱一成。

朱森胃病甚剧,魏大夫往诊,嘱入医院。此乃教育界系派之争,对方用不正当之手段打击之效!

日军已占东印度之 Tarakan,爪哇有欧洲军五万人,防守兵五十万人,土著兵甚多,飞机二千架,及海军力亦不易轻视。

一月十五日　星期四

接见钱子宁(新纸厂千万元)、金翰(扩充正中纸厂)、李汉屏(促进平桂矿局)。

陈辞修请午餐,(朱一成、周茂柏、霍亚民、钱乙藜)谈湖北建设,中央迁武昌,省府迁荆门,武汉、襄樊、宜沙为三经济区。纱厂需五十万锭,重工业归中央,轻工业归省,手工业归县,鄂湘赣为大经济区,通盘筹划。

电心源,速携眷来渝。

一月十六日　星期五

接见 Baron Van BREUGEL［BREUGAL］Douglas（Minister of Netherlands）、罗雪帆。

访熊天翼、吴健陶,谈总动员法草案及江西合办工业理事会及兴业公司等事。

接见任叔永（新自滇来）,商定于十八日下午举行中基会议。

英驻苏大使 Cripps 将返英任他职,驻华大使 Kerr Clark Kerr 调驻苏联。

一月十七日　星期六

接见胡子昂、胡仲实、胡叔潜（中兴事）、顾一琼（接收燃料试验所［室］事）、黄慕京（西康购纱）、任叔永、张丽门、何浩若（言孔将往美）。

与秦景阳同至孔宅,孔夫人商助松溉纱织工作。

潘、秦皆自傅沐波询悉,昨晚蒋在孔宅晚餐（有俞、顾、郭……等）。蒋曾言,大事由孔主持,小事不宜多劳,可见并无许孔出国之事。

昆明日前曾有学生反孔游行,教次顾毓琇、三青团康泽皆飞往处理。

泛美会议开会,美 Sumner Welles 讲及:德已失空军 1/3,坦克 1/2,兵员 3000000 人,各国间现不应有中立,应一致反对侵略（德及日本）。

一月十八日　星期日

中华教育文化基金会董事孙哲生、周寄梅、任叔永、Baker 及余五人（又秘书林伯遵）在资委会午餐。餐后讨论紧急委员会组织及美国各董事任务。又在求精中学 Baker 晚餐,餐后又会议(晚会孙君未到)。

新加坡受日军压迫,势已颇紧,尤以空军不足,不易抗御。

本日,德、日、义三国在德京柏林签订军事同盟条约。

一月十九日　　星期一

国府纪念周,居觉生讲司法院工作。经济部周会。行政院讨论《国家总动员法》及实施纲要,到者陈公洽、熊天翼、陈辞修、洪兰友、余井塘及余。……中基会,到者周寄梅、任叔永、Baker 及余。

闻日人决疏散香港华人一百卅万人。又,日政府派矶谷廉介为香港总督。

潘宜之、林继庸由黔赴滇。

一月二十日　　星期二

行政院第 547 次会,蒋主席,清查大户存粮办法……

四行小组审查《四联总处核办投资放款办法》。

一月二十一日　　星期三

经济会议第 49 次会,《仓库管理条例》交物资局核议。

接见胡仲实(中兴、华安)、吴德培(电化冶炼厂会计)。

日军离新加坡仅廿五英里。

朱骝先晚宴吴铁城、王亮畴、陈公侠、王雪艇。陈教长曾折陈蒋,中研院应改归部辖,拟暂不答复,如询及时,可告似非必要,颇需研究……王又建议,缓行评议会(本拟三月初举行)。

一月二十二日　　星期四

与珙书谈南开高中反对优乃如事,后偕孙颖川往见主任喻传鉴,校长张伯苓亦来。返宅告珙书,盼可谅解。

闻颜惠庆、叶恭绰、李赞侯、唐寿民、林康侯、周作民等十余【人】皆被留于香港酒店（日人改新亚招待所），交部人员汪仲长、蔡增基等皆被害。日人又设金融清理处，正检查各银行账目。

日前，英人因缅甸国务总理宇素私通日人，将彼拘禁，巴伦继任为总理。日人已占 Tavoy 等地。

一月二十三日　星期五

接见胡倜群、傅沐波。资委会周会。

蒋梦邻至渝。

访孔于范庄，对中国兴业公司增股整理办法，孔批："开会商决。"

晤见陆子安、王儒堂。

俄军已克复 Nojaisk。

东豫日军占领区四条件：（一）物资供应日军需要；（二）禁止原料资敌；（三）供应日军之粮食；（四）与日军合作。

泛美会议（Rio de Janeiro）由阿根廷、智利不愿对轴心局［国］绝交，致不易进行。

一月二十四日　星期六

物价会议。

接见何浩若、吴健陶、刘廷芳、许凤藻、章剑惠、吴味经……

访陈公侠，告以从前与德易货概要及 Klein、Eckert、Werner 等情形。

一月二十五日　星期五

往北碚地质所，与尹、曾、李、杨、卞、周诸君谈话。

日军占 Babaul，澳公开言，英应急攻日。

泛美会议在 Rio de Janeiro 订约，美国［洲］各共和国与德、日又绝交。

日机在仰光被击落十五架。

一月二十六日　　星期一

国府纪念周,戴季陶讲考试院工作,语冗而少条理。

资委会纪念周,何浩若言物价问题,颇佳。

物资局拟用赖秀于管纸。

中央银行忽公布以 4.56 于本月内换港币,传言谓孔夫人存港纸藉此兑现也。

陈济棠有已离港至梧州讯。钟荣光(岭南大学校长,七十九岁)在港死难。陈蔺电,已离港。

一月二十七日　　星期二

余往中央训练团讲《经建》,秦代往院议。院会为时甚短。

蒋宅午餐,谈泰国对美、英宣战;德、日、义军约意义(夹击苏联);澳使访问吾国是否与日言和。(孙哲生谈话!)

美空中堡垒及潜艇在荷印及马加撒海(Macassar)出击,沉日本航空母舰一艘,又沉日船五千吨者一艘……美击日舰已共达五十二艘……华军加多开入缅甸,但闻自十七日起缅铁路已不能运货……资委会督促用卡车抢运。

王文伯来谈(财政计划、借美国战时公债)。宴邹玉林、庞松舟、郭葆东等。

一月二十八日　　星期三

工调处午餐。接见傅沐波,商中国兴业公司董事会日程。

与 Exporthless(苏联商务代表)签立运送矿产合同,一年为期(31, Oct. 1941—30, Oct. 1942),总值一千一百五十万美金。

美国陆军一师(Major-General Russell HARTLE)开入北爱尔兰。英国发表美英(Roosevelt-Churchill)新协定□□□。英国国会

自昨日起在丘吉尔领导下,讨论时局三天。

一月二十九日　星期四

四行理事会第 111 次会,钱新之主席。

Bell 午宴,谈购缅油机事。

晚宴 Sir. Archibald、Sir. Otto、Bell、王雪艇等。

《大公报》胡政之骂英日。

接见 Lieutenant Colonel Arealie PLUCKMAN(美军军官)。

英国会投内阁信任案,464∶1。

一月三十日　星期五

西南实业协会午餐,听……讲中印公路情形,王洸讲水运情形。

接见 Colonel V. C. T. DIKEP(英国军官)、胡子昂、胡仲实。

晚宴 J. E. BAKER、D. R. WOLCOTT、蒋梦麟、蒋廷黻、顾季高、林伯遵。Baker 即将飞美。

燕娟、洪书接桐书等未着,寓来龙巷十二号。

Roosevelt 六十寿辰。Hitler 就职第九周年讲演。

一月三十一日　星期六

行政院内又商总动员法案,陈公侠主席。熊天翼、陈辞修已离渝返省。

心源全家(妻及二女)自泸州乘船抵渝。

晚宴凌启东、BAKULINE。

二月一日　星期日

曾家岩明诚中学内物资局成立会,局长何浩若,副局长穆藕初、张果为。

陈三才追悼会。

访叶企孙、蒋廷黻、蒋梦麟,见及陈岱生[苏]。农业协进社(董时进所办)第四届年会。接见周应聪(驻英海军武官)、林惠平。

心翰来渝。

英军自 Johore 全军撤退至 Singapore,并毁渡桥,仅用力守 Singapore。日攻 Malaca 岛之一部。Benghazi 又为德意军攻克。

二月二日　星期一

中央训练团讲话。

中国兴业公司董事会在曾家岩 131 号公司内开会,到者钱新之、浦心雅、霍亚民、陈潜庵、徐可亭、康心如、胡光麃、胡子昂、傅沐波等。议决原资千二百万元增为五倍(估价,非付款),又增现资六千万元,共为一万二千万元。

蒋宴英大使 Archibald Kerr Clerk Kerr。蒋言,大使为好友,中英一百年交际为不幸而痛苦,现方好转。董显光翻译。

韩紫石(国钧)在籍病故。

蒋离渝外出。

二月三日　星期二

行政院 549 次会议,(一)建设龙陵—腾冲—密支那公路,以通葡萄至列多(印度铁道之终点),由曾养甫、杜镇远负责办理;(二)总动员法案再行研究后送立法院。

经济会议,(一)《棉纱平价供销办法》;(二)《劳工管制办法》。

访孔于范庄,报告中国兴业公司董事会议决案。蒋亦往访。

闻美借五万万美金,英借五千万镑,已商成。

接见齐焌、罗雪帆、过铭忠。

二月四日　星期三

英借£ 50000000,美借 U.S $ 500000000,照挂牌率合为国币

$ 13268181125 元。

川康兴康［业］公司董事长张群、副董事长钱新之,董事俞鸿钧、秦汾、卢作孚、陈行、刘航琛、潘昌猷、庞松舟、何北衡、邓汉祥、陈介生、刘攻芸、康宝恕、戴自牧、吴晋航、宁芷村、范仲实、杨筱波、丁次鹤、孙越崎、胡子昂、梅恕曾、许性初、税西恒……共 26 人。康宝恕为常驻监察人,邓汉祥为总经理,陈介生总稽核,何北衡、戴自牧为协理。

缅甸之 Moulmein、东印度之 Amboina（Malocca）、婆罗洲之坤甸皆已失守。戈林访墨索里尼。

李赓阳来谈地质学会事,三月廿日开会。

胡宗南电邀往谈。

二月五日[①]　**星期四**

二月六日　**星期五**

二月七日　**星期六**

阅读林主席七秩纪念奖学会矿地试卷十二本,有成绩甚好者二人。澳公使馆补观 Australian Day,公使 Sir. Frederick Eggleston。

孙越崎、李庆远分别为桐书钱行。

二月八日[②]　**星期日**

二月九日　**星期一**

国府纪念周,何应钦讲军政。平销处纪念周,余往训话,熊处长祖同、夏副处长彦儒就职。资委会纪念周,罗志希讲话。

莫蓁卿自仰光来,谈英人拟退守 Mandalay 以北,Rangor［Ran-

---

① 本日及次日无记。

② 本日记五年、十年经建计划生产数量表,不清。

goon]、Prome 等处皆认为不可守。

上星期蒋曾在腊戌一宿,旋又西飞。

二月十日　星期二

八日夜十一时至九日晨一时间,日军在新加坡西北岸登陆!

行政院第 550 次会议,因蒋未归,在范庄开会,孔主席。孔言,美借款五万万金元,彼于一月八日电商美财长 Morgenthau。美总统提出国会时,七分钟即全体通过。

行政院审查《总动员实施纲要》。陈立夫主张精神总动员会与经济会议合并改组为审议会,贺贵岩不赞成;徐可亭反对四联总处属于财政部及原拟放款方针,结论:无须定此纲要。

陈公侠谈美借款一部分可助生产,嘱速筹购美货。

孙越崎于晚六时左右在油矿局晕数分钟,延医调治。想系由炭盆之炭毒所致。

胡仲实来谈,孔拟以王儒堂为中兴经理。

二月十一日　星期三

访钱新之,彼谈前日与孔谈中国兴业事,谈及以王儒堂为总经理。

接见李充国(新自西宁返)、谭寿田、Charles Feun (Ass. Press)、A. Guibaut、陆宝愈、汤元吉、邝森扬、傅汝霖。

《新经济》聚餐。

二月十二日　星期四　南北统一纪念日

四行理事会 113 次会,余主席。徐可亭言四行仆役月收过于部中课长。

二月十三日　星期五

苏联商务代表巴古宁请晚宴(夫子池 61 号),苏大使潘友新亦到。

日军入新加坡市区,并已过萨尔温江而至 Martaban,仰光吃紧。蒋在 New Delhi(九日到),与 Viceroy Linlithgow、Comm. in Chief Gen. Hartley、Gen. Wavell、Ambassador Clark Kerr、Mr. Nehru、Mr. Azad(President of Indian Congress)等诸人会晤。

同盟国太平洋海军总司令原为美国 Adm. Thomas C. HART,现辞职,由荷兰 Vice-Adm. C. E. I. HELFRICH 继任。

美国原派 Maj. Gen. John GAGRUDER 在华,现又派 Maj. Gen. Joseph STILWELL 受训,不日起程来华。

二月十四日　星期六　阴历年夜

英德海空军在 Channel 大战,德战斗舰 Scharnhorst 受炸甚重,英国损失甚巨。

苏联代表巴古宁来询矿产运输方法,告以各种路线及甘油矿待设备情形。

晚间下雪,地皆白。此为四川少见现象,瑞雪兆丰年。

国防工业设计委员会在设计局开会,余为主任委员,陈伯庄为副,徐可亭、甘乃光、钱昌照、俞大维、顾一樵、杨继曾、张兹闿皆到。

二月十五日　星期日　壬午元旦

曾国藩疏:咸丰十一年(1861)七月有试造轮船之议。同治元二年间(1862—1863)在安庆试造洋器,全用汉人,成一小轮,行驶迟钝。二年冬,派容闳出洋购机器,有扩充意。李鸿章初在苏抚,留心洋械,丁日昌在沪道任,亦讲求制造。四年(1865)五月,在沪购械,派冯竣光、沈保靖等开铁厂,容闳所购机器亦到,归并一局,专造枪炮,未兴船工。六年(1867)四月,曾奏请拨留洋税二成,以一成专造轮船,应宝时、冯竣光、沈保靖讨论未成……第一号工竣,曾名之曰恬吉轮船。长十八丈五尺,阔二丈七尺,长江船行,每一时上水行七十里，下水行一百二十余里。同治六年，沪南新厂内有汽炉厂、机器厂、熟铁厂、洋枪厂、木工厂、铸钢铁厂、火箭厂……等。并办翻译，订请英国伟烈亚力，美国傅兰雅、玛高温三人，译成《汽机发轫》、《汽机问答》、《运规约指》、《泰西采煤图说》四种。

左宗棠同治五年(1866)请设船政局于福建，仿造兵船……嗣由沈葆桢办理船政，于七年查明情形，洋监督日意格。

二月十六日　星期四

偕叶企孙访吴稚晖，商请于三月五日讲蔡孑民往事。

日军已占新加坡、巨港(Palembang)，连前已占之 Pontianak，Majar，Balik Papan，Macassar 等地，已得要点甚多矣。

二月十七日　星期二

行政院第 551 次会议，蒋赴印，孔发热，何代主席。徐可亭又发了一次脾气。

钱乙藜以私函致钨管处粤(南雄)分处长黄博文，嘱发利铭泽(闻为办游击队者)三四万元。黄函询如何报销，钱函复可为借发。此种行为极为不合，余对吴兆洪痛为责备。

蒋至 Calcutta。

二月十八日　星期三

在资委会。昨手令秘书处，急要文件须送余亲阅。今又手令，应通令所属各机关，不得对职务无关之用途捐赠挪垫；又手令不可干涉或牵动教育事业。

接见陈伯庄、任叔永、丁文渊。

晤见荷公使 Van Breugal、梁龙及其夫人。

二月十九日　星期四

四行理事会第 114 次会议，钱新之主席。赴 Frederick Eggleston

午餐。张公权言,日军约增六万人,拟打通粤汉、湘桂铁路,经安南至马来亚,使铁路运输,可由华北直抵新加坡。

接见曾朴生(谈贺贵岩、何孟吾、张果为间关系,并表示对何作风不满之意)、John MacDonald、林可仪、刘刚、胡仲实。

钱函予,利铭泽在粤与英军事团体办理制止走私,有时需要急用款项,故由彼函嘱黄博文垫发,罪在彼一身……余复以委属机关支付款项,不可使余毫无知闻由彼径自行动。

自 1940 年 7 月起,美国会共通过武装费 US ＄135000000000——其中自珍珠港被日攻击后所通过之武装费占 US ＄80000000000。

二月二十日　星期五

中国工程师学会董事会议,洽定年会办法。

请何孟吾等晚餐。

二月二十一日　星期六

下午一时,经由北碚往白庙子(观音峡内),至天府煤矿,住沙沟刘氏支祠程宗阳矿长住屋。晚间,河南工人高敲鼓乐。同行者孙越崎、陈伯庄、沈镇南、庄仲文、李竹书、许粹士、尹建猷、白家驹等。

二月二十二日　星期日

参观矿冶研究所(所长朱介圃)、天府之材料库、机械厂、第一及第二发电厂,至后峰崖(共分后峰崖、枧厂、老龙三厂),入矿洞,进南绕道,由第一斜井下入 100 公尺,至八家口,经外连至内连,然后出洞,至办公室午餐。午后,对天府及矿冶所同人讲话。陈、沈二君亦致词。

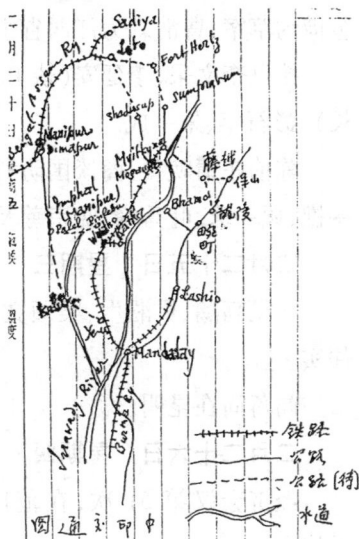

天府现日出煤七百吨,拟加至一千吨。晚,船至北碚,转至缙岗新村住宿。饭后,对同人讲新建设之财、才、裁。

凤书自渝返蓉。

二月二十三日　星期一

午返渝。

杭立武请晚餐(为尼美亚钱行)。闻蒋已至昆明。

参加苏联红军成立第二十四周年纪念。

二月二十四日　星期二

行政院第552次会,在范庄举行,孔主席,报告美借五万万美金借约草案;曹浩森为江西省主席。

接见李文采、李廷安(谈 P. U. M. C. 事)、蔡宪元(咸阳酒精厂长)、彭石年、朱一成。

陈伯庄请晚餐,商谈国防科学技术会,到者俞大维、叶企孙、顾一樵、顾一璟、叶秀峰、沈宗瀚及余。

二月二十五日　星期三

接见高瀚、贝淞生、梁颖文、孙辅世、谭锡畴、Robert Payne、胡仲实。

闻蒋尚在昆明。

二月二十六日　星期四

经济会议第51次,在范庄举行,孔主席。徐可亭、何孟吾舌战。

中国兴业公司董事会小组会,徐可亭、霍亚民、浦心雅、胡仲实及余(五人),傅沐波、胡子昂皆到,拟订组织大纲,三月十一日开股东会。

接见 Mademoiselle Curie。

二月二十七日　星期五

见孔,谈中国兴业公司昨会拟:(一)改进组织;(二)三月十一日股东会,并商人的位置,傅、胡、薛、吴、唐等。

接见张莘夫。资委会周会。与张岳军电话:孙越崎明日往川中西。

请 Guibaut 晚餐。

二月二十八日　星期六

接见郭楠、何浩若、叶企孙、颜耀秋、胡西园、姚传法、周宗浚。

访熊天翼于桂园,谈经济建设与中美合作,徐培根亦在座。

三月一日　星期日

接见王恒守(咏声)、党刚。

迁川工厂联合会并给奖状。余讲工业建设在取得社会信用,足食足兵,民信之矣。谷正纲:发挥资劳不宜冲突,政府必须管制。吴国桢言,市政府当辅助生产。颜耀秋主席并答辞。谈话间,苏汰余言,裕华红利一千二百万元,市政府人员不宜滥说有七八千万元之多。吴市长允为校正。

心源移住上清寺 29 号,备飞印度。

三月二日　星期一

二月廿八日及三月一日,日军在 Java 北岸三处登陆!

国府纪念周,林主席,余报告经济部工作。

赴炮台街 23 号冀朝鼎、Adler 处午餐。

请熊天翼、何敬之、陈公洽、俞大维、徐培根、钱大钧晚餐。

罗志希言,陈果夫准备为行政院长,阁员名单已拟具(!)

部中周会,及与张丽门商公司分红办法。

三月三日　　星期五

行政院第 533【次】会议,孔主席。熊式辉为军委会委员。

川康兴业公司开业,在神仙洞。往特园农林部办事处,沈部长成章外出未遇。

张洪沅邀晚餐,有范旭东、何淬廉等。

接见 John Carter VINCENT(first Secretary of Embassy of U. S. 范宣德)。彼言,美国 Department of State,Culture relation Division,Prof. Cherrington 电,美国可有专家来华。

日军攻爪哇甚力,Gen. Wavell(原任太平洋总司令)改任印度总司令。

三月四日　　星期三

偕杜再山、包可永、吴兆洪三人参观:(一)化龙桥龙隐路日月牌电池厂(月出 A 种五千个——最多能月出一万个——每个价四十元。B 种一千个——最多能月出二千个——每个价一百六十元,照现在日产价,月产值三六〇〇〇〇元);(二)沙坪坝无线电机厂(现月制收音机一百架,以三千元计,月值三〇〇〇〇〇元,另出无线电发报收报及手摇发电机等);(三)石门北岸(由汉渝公路渡江)资和公司炼铁厂,大部告成,日能出铁 25 吨。

心源及孙乾初往机场候飞,机到颇迟。

Gen. STILLEWELL[STILWELL]飞抵重庆。

三月五日　　星期四

四行理事会第 116 次会,范庄,孔主席。经济会议,运输统制局提汽车燃料(由桐油提汽油及酒精)及炭煤机案,需款二万万元,开卡车五千辆,付审查。

蔡孑民忌辰,吴稚晖讲其生平(在广播大厦)。蔡于光绪己丑

(一八八九)年二十三时中举人,次年成进士(会元为夏曾佑,极博学)及翰林,对于理学考据及近代思想并皆擅长,圣之通者。"平生无缺德,世界失通人。"康有为(原名祖诒,自称长素)面告,应停八股、鸦片及缠足,梁卓如文效法《东莱博议》。(蔡逝世二周年)

接见江山寿、韩德举、沈镇南、赵学海、傅沐波、胡仲实。

蒋返渝,林至机场亲接。蒋自二月初离渝赴印,今日始回,往返达一月矣。

心源及孙健初今日十一时乘机西飞。

三月六日 星期五

李国伟(忠枢)、李冀曜(楙)。

接见蒋平伯(自港归)。晤陶孟和、李济之……资委会周会。

上午,偕吴兆洪、杜再山、包可永、高远春至黄葛垭43号电工器材厂分厂。每日能造电灯泡一千只(能力可日出二千只)自15、25、40、60、70至100watt,用酒精造煤气(C_2H_4,热力1600BTU,石油沟之煤气CH_4,热力仅900BUT),以煤气烧熔玻璃。现存钨丝能供造灯泡二百万盏,制法、设备及手法均佳。

资委会管理事业及运务处会计谈话。

陈公洽电话告:(一)炼硝厂应促成;(二)湘陕铁厂拟由战区经委会付款补助,账移经济部。

太平洋盟国海军总司令 Vice-Adm. HELFRICH 辞职。

三月七日 星期六

访孔,谈中国兴业公司事。孔意:(一)华联、华西不加股款则可,反厂收回款项(所加之股)则不宜允;(二)股本总款一万二千万元,为数太多。

李景纵(欧亚经理)谈时局甚艰,海疆难保,印度动摇,须筹长途航运，美送飞机一百架，应以一部分交欧亚。

三月八日　星期日　妇女节

晤见张更、杨文光、张丽门、高瀚、太虚、罗志希及其夫人、叶企孙、姜立夫、陶孟和、李济之、吴景超、竺可桢、吴铁城、陈立夫……

拟地质学会二十周年讲词。

仰光失守。

三月九日　星期一

国府纪念周，蒋讲印度感想。询甘地与英不合作为目的抑为手段？甘地言，愿与世界各和平民族合作，与英人亦愿合作，英人却以此为宣传。又外传印人自不统一，实则国民会议议长 Azadad 即为回教人，可见亦不免言之过甚。太平洋战争初起，蒋即函英，劝英对远东各民族之精神力量须看重，应仿美对苏办法，为正式表示。印度尤恶德，亦不喜日，但信德、日皆有心取此肥肉，对中国长期抗战则甚佩，精神力量极可重视。

中研院评议会谈话会，并在朱宅晚餐，并有吴稚晖、戴季陶、蒋廷黻、罗志希。

万隆一带荷军亦不支，爪哇有陷落之象，Van Mook 飞离万隆。仰光失守。

三月十日　星期二

行政院会 554 次，蒋主席，孔未到。通过：（一）同盟胜利美金公债一万万元美金，年息四厘，民卅三年还本，十年还清；（二）同盟胜利公债国币十万万元，年息六厘，民卅五年还本。

参观工矿调整处材料库（陕西街 33 号）。

中国兴业公司董事会小组会，到者徐可亭、浦心雅、胡仲实、傅沐波。会后胡、傅见孔，孔不赞成申股与增股。

陈公洽、张公权请晚餐,有熊式辉、陈芝〔芷〕町、徐培根、张君劢、张禹九。

会同周寄梅、李廷安飞函 Lobenstine,商补助西南医药工作,用 P.U.M.C.之款。

三月十一日　星期三

审查运统局提汽车燃料紧急补救计划……范庄孔处(到者有钱新之、宋汉章、贝润生、潘昌猷、徐可亭、胡仲实、傅沐波及余),商中国兴业公司加股事,原拟原股一千二百万元申五倍,再加新股六千万元(钱新之提),孔不赞成,商定申三倍,加二千四百万元。

下午,中国兴业公司股东会,孔主席,通过加值加股案,并拟于本月廿五日再开新股东会。

三月十二日　星期四

四行理事会在范庄开第 117 次会。孔对四行言,应筹谋分行,勿任投资囤积(例如兰州中国银行)或滥用钞券,对生产事业仍宜重视。

参观军委会礼堂兵工产品。

英新任大使 Seymour 来访(Sir. Horace James SEYMOUR)。

中研院蚊光炎奖金委员会开会,许云樵、姚枬、田汝康当选。

晚宴美大使 Gauss、Vincent、Adler、Young、霍亚民(明晨起程赴美)、张公权、叶企孙、任叔永。

接心源自 Calcutta 来函。

二月十三日　星期五

英国决派 Stafford Cripps 至印度商洽政治制度。日军占仰光后续向北进,至抵庇古以北。

三月十四日　星期六

孔宅午餐,到者黄润之、钱新之、贝润生、徐可亭、陈潜庵、顾季高、穆藕初及余。孔主由政府开办交易所，推行新公债，并作延期物品，以平物价。

与 MacKay、Arthur Young 晤谈 air transport。与傅沐波谈中兴借四行款三千万元，半交公司，半备收购公司所产之铁。又接见齐焌（下星期二起程与熊式辉同往美）、陈介生、魏华鹍。

与李庆远谈，责其努力正经工作。

三月十五日　星期日

至歌乐山访钱乙藜，晤见王文伯、恽荫棠、袁向耕、江季屏、蒋平伯、钱昌祚。

广播《经济建设与工作竞赛》。

昨晚中航飞机自印度至昆明，起飞后失事，死乘客多人，英武官 General Dennys 亦在其内……Stafford Cripps 已离英来印。

三月十六日　星期一

国府纪念周，陈立夫报告教育，蒋亦到。

中国地质学会在两支路举行地质展览会，占二大室。偕陈伯庄参观，孙越崎亦偕甘肃油矿局同人前往。

甘肃油矿局成立周年纪念会，余力促努力工作，实现生产计划。

熊式辉来辞行。彼等一行明日飞印。

Arthur Young 来谈：美赠飞机 100 架，其中 75 架归航委会管，美派 General Naidin，已到印度，25 架归中航管。

函卓宣谋，商另人补参事缺。

三月十七日　星期二

行政院第 555 次会，蒋主席，修正资委会组织条例。

接见胡仲实、尹建猷、罗雪帆、张照宇、高德明、陈伯庄、周子竞、竺可桢、胡刚复、任叔永（商科学社沪款）。

地质展览会第二天。

三月十八日　星期三

地质展览会第三天,余邀招待诸君晚餐。谢家荣抵渝。

蒋宅晚餐。

接见 D. D. Mckay、John Vincent、邵逸周、王文伯。

王昂开送炼焦炉产品

品名	年产	单位价(元)	全价(元)	
Coke	12000	600	7200000	
Naphtaline	30	100000	3000000	
Fuel oil	90	15000	1550000 [1350000]	
Anthracine	30	20000	600000	26030000 [25830000]元
Cresol	90	10000	900000	
Iron lacker	30	20000	600000	
Pitch	300	8000	2400000	
Toluene	24	20000	480000	
Motor spirit	90	20000	1800000	
Ammo sulphate	150	50000	7500000	

三月十九日　星期四

八时,四行理事会第 118 次会,孔主席。

中央党部审查会,萧铮在九中全会提发行实物券(谷物券、矿物券、土地券),以据而解决财政及经济问题。

十时,经济会第 54 次,蒋主席。嘉陵江煤炭调整供应办法(略涨价);派赵俊秀至陕西收棉花。

下午,至南温泉中政校,讲《十年建设之轮廓》。

请客晚餐,并举行地质学会理事会议,到者谢家荣、杨钟健、黄汲清、尹赞勋、李春昱、高平、张更、俞建章、田奇瑰,选举朱骝先为理事长,黄汲清为副,计荣森为书记,许嘉[德]佑为助理书记,侯德封为会计,杨敬之为助理会【计】,黄汲清为《【中国地质学会】会志》编辑主任,杨钟健为《【地质】论评》编辑主任。

MacArthur 至澳洲,为盟军总司令。

心源偕孙健初与霍亚民,同时离 Calcutta,飞往美国。

接见美孚之 Z. J. MEAD、J. V. PICKRING。

三月二十日　星期五

上午,在重庆大学举行地质学会第 18 届年会及二十年纪念会,余致词。丁氏奖金(本年闻可得六千元)给李仲揆,赵氏奖金给南延宗。中大、重大二校请午餐。下午,在中央大学第二次会,讲二十年来进态[展]。李四光(李庆远代读)、杨钟健、俞建章、黄汲清、张更。

罗志希赠《新人生观》。

夜间有雨,久旱得此,可慰。

三月二十一日　星期六

函 Gen. Stillwell,商航空运钨、锡出口至印度往美。

运统局组织汽车动力技术委员会,何敬之请晚餐,招待颇殷。餐后,与何敬之、贺贵岩谈,告与苏联商购炼油设备未成情形(首次经卢干滋,次由孙哲生,近由宋子文)。

妻偕燕女往缙岗新村未回。

接见 James L. STEWART(N. Y. Time)。

夜间又雨。

三月二十二日　星期日

中国地质学会年会论文会在四川地质调查所……新任理事长朱骝先,闻因胃疾颇剧,移居黄山。晚宴中大、重大、南开诸君。

三月二十三日　星期一

国府纪念周,徐可亭粮食报告后,蒋训话,痛责银行罪恶,应认真整顿。又言,成都某银行经理兼粮食部顾问(闻为吴绍章、陈仲虞)囤积粮食四千担,仅处十五年徒刑,实太轻,应枪决。

晚,偕傅沐波宴请中国兴业公司诸董事。

接见 Flight Lieutenant、A. Gidley BAIRD 及夏勤铎。夏将于廿五日飞缅。

三月二十四日　星期二

至复兴关中央训练团,讲《国民经建运动》。

行政院第 556 次会议,孔(已数月未出门)至会,蒋未到,孔主席,会议甚久。

孔召集中外记者,谈美国借款事。余至范庄访孔。

晚宴刘廷芳、曾朴生、曾柄[秉]钧等。

Stafford Cripps 至印度新德里。

美海军作战司令 Stark 退职,由 Admiral King 继任。因此于守势之中随时对日方采取攻击。

三月二十五日　星期三

资委会内矿产地质会议开会,到者廿余人。

下午,范庄,中国兴业公司股东会,孔主席。(资增至六千万元)通过章程,选举董事会董事廿五人,监察人十一人,改定下星期一举行董事会议。

日军占 Andaman Islands。

孔宅卫士在上清寺因买猪肉开枪打人。

光绪廿九年（1903）严译《群学肄言》倡学第二,已译 geology 为地质。

三月二十六日　星期四

四行理事会第 119 次,孔主席。孔言,县乡银行有权办农贷。经济会议第 55 次会议,孔主席。物资局收购仰光抢运物资八百余吨,照成本加 25% 定价,拟派张果为、刘驭万前往。

矿产地质会议闭幕。计算各地质调查及教育机关,实际服务之地质家共为一百四十余人。

晚,往工矿调整处,与张兹闿商谈各事。

吴兆洪与梁培湘（国库署科长）接洽。建设专款审核委员会撤消,任务交审计部,审核资委会者为王其昌。

三月二十七日　星期五

中训团,讲《战时经建》。资委会周会。

张莘夫谈目前水银出产情形如下:

处设晃县

玉屏万山场每月出汞 2.5 吨,凤凰猴子坪每月产汞 1.5 吨

铜仁大峒喇 6.5 吨,三河寨、三八寨 0.5 吨

铜仁岩屋坪 1.5 吨,贞峰、册享 0.05 吨

铜仁茱藜坪 0.7 吨,酉阳、秀山 0.3 吨

共计每月出汞约 13.55 吨（即年约 160 吨）

三月二十八日① 　星期六

拟（与孙商）上蒋折呈,报告甘肃油矿近时办理情形。

---

① 　本日日记中手绘中缅边境地区地形图。

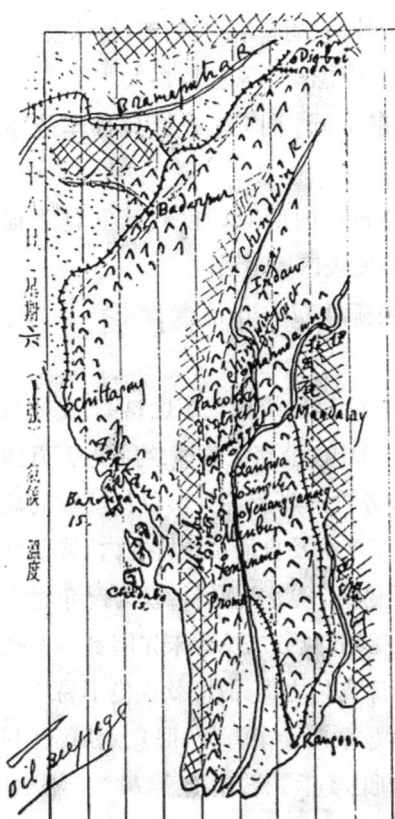

英大使 Seymour 邀晚餐。

三月二十九日　星期日

国府公布《国家总动员法》。（今日为黄花岗七十二烈士纪念日。）

蒋在国府礼堂接见各院部会保举办事得力之职员九十余人。

许世英言，英、美既无实力，却说大话，英人犹是中世纪的思想。刘纪文言，审计部不想学建设专款会束缚各机关行动。陈仪言，政府应规定银行实业贷款。

求精中学内追悼三月十四日昆明飞机失事死难 Gen. Dennys 诸君，用西式教仪。蒋夫人、孔、张公权、张维翰、俞鸿钧、冯玉祥、商震、白健生等皆到。

盛颒臣请晚餐，在金城别墅五号。

倘［同］古失守。

三月三十日　星期一

国府纪念周，蒋主席，谷正纲报告。

以陈匪石为首席参事。

范庄举行中国兴业公司第二届董事会。孔为董事长，余副；徐可亭、陈潜庵、钱新之、贝淞生、胡仲实、胡叔潜、张伯苓、傅沐波、王儒堂为常务董事;盛蘋臣、田习之、尹志陶为常驻监察人。

一星期以来,我军在缅甸东瓜洞[同]古一带与日军战争甚烈。

昨日,Stafford Cripps在印公布英内阁对印度政治问题之提议,共同抗战,战后制宪、自治,并发表广播讲话。

心源自本日起在甘肃油矿领薪津773.36元。

三月三十一日　星期二

行政院第557次会,孔主席。(一)运统局汽车燃料案,发款八千九百万元,流动金五千万元;(二)中印公路大预算,约共七万万四千万元;(三)财政部提各省区税务管理局及各县市税务征收局规程,除关、盐、田三项外,各税(国家系统及自治系统皆在内)皆归局收! 对运统局主持汽车燃料案,秘书、政务处签驳,以为侵夺经济部权。何敬之怒责T.F.,认为,秘书、政务二长皆未先阅签……孔言,中、交二行因缺券料,不负国库支付之责,故巨款供应不易。

嘉阳煤矿公司董事会,上年盈余四十余万元,股息六厘,红利七厘。接见吴蕴初、刘廷芳(吴新自美返)、曾昭抡。

陈伯庄请晚餐。

交通次长彭学沛免职,徐恩曾继任。

四月一日　星期三

设计局副秘书长甘乃光、陈伯庄均免职,以王文伯、彭学沛继任。

接见王志远、陈伯庄、何浩若(排斥穆藕初,欲用张心一)、土耳其代办Tebelen、美国记者Martin(Ass. Press)、Raymond Clapper(Scripps-Howard Newpaper)、刘季辰(昨日到渝)。

杭立武请英大使 Horace James Seymour、Gen. Rose 等晚餐,遇见叶公绰[超]。

Prome(普罗姆)失守。

四月二日　星期四

四行理事会第 120 次会,孔主席。经济会议第 56 次会,亦孔主席。

宴请高德明、田季瑜、喻次回、谢季骅、刘季辰、李赓阳诸君。

四月三日　星期五　天气突暖

孔招集四行人员徐可亭、刘航琛、潘昌猷、何浩若、贺贵岩等多人在宅会谈。彼言,蒋愿设证券物品交易所。钱新之、黄润之、何浩若、贺贵岩……等皆有不赞同之意,惟孔及顾季高颇主张之……余另告顾,物品交易所办法实极不妥,不宜冒昧为之。孔言,物价不久即跌。

资委会周会。余告,余与钱昌照实有交谊,但各处室办事(尤其用人、用财)必须悉使余知,不得隐瞒……

接见潘炳蔚(拟往 Canada R. A. C.)、刘廷芳。

吴国桢在宅宴英大使 Seymour。

四月四日　星期六　晚大风

晨,偕张觉人、陈皓民、鲍国宝、单基乾同至鹅公岩,视察电力公司。新设山洞二个,内装 4500 千瓦之发电设备,冷水塔在岩旁,余皆在洞内。水泵一架,略不佳,余皆就绪,下星期内当可发电。地在兵工第一厂(造炮弹)花园之内,江水通流管长一千三百余尺,打水高度二百四十余尺,泵力三百五十尺。打洞费六百万元,一洞已做顶壁,另一洞未做。

跳伞塔落成礼,嘱蒋仲文代往。

英军放弃 Prome,华军弃洞古东瓜,皆往后退。Cripps 对印度建议,尚在商洽,Yarnell 公告中国国民,建议太平洋宪章。

本月一日 Pacific War Council 在华盛顿开会,罗斯福主席,Halifax、Evatt(Australian)、Walter Nash(New Zealand)、Mackenzie King(Canada)、Loudon(Netherlands)、Soong(China)、Harry Hopkins(U.S)。

四月五日　星期日　天寒,清明节

接见刘廷芳、李赓阳、张丽门、王咏声等。

公布军律。

蒋乘机往腊戍(罗卓英同行)。

四月六日　星期一

国府纪念周,孔报告:(一)统一各省财政;(二)田赋征实;(三)专卖政策。又言,财政部不能管中央银行,不易管中、交、农行。

接见恽荫棠、卢祖诒、郭竹溪、王野白、A.J.Bell(自印归来)。

晚宴孙越崎、王文蔚。

日机炸锡兰之 Columbo,被英方击落 25 架,伤亦 20 余架。

吴开先在上海为日人所拘捕,受毒刑。

四月七日　星期二

汽车出小龙坎后,撞倒工人一名,送院治伤。

行政院第 558 次会,孔主席。(一)《国家总动员督导委员会组织法》付审查;(二)《调整省政府机构办法》付审查;(三)綦江铁路,孔不赞成;(四)《禁止进口出口物品条例》。

与刘季辰谈新乐煤矿;陈长蘅谈特许公司及机关。

财政部努力推进证券及物品交易所(动换统制),又欲出售(托言招商)国营事业。

四月八日　星期三

下午三时,范庄(孔宅)中国兴业公司常董会,(一)组织规程;(二)端木恺为总稽核;(三)常董会每月一次……生产及存货情形如下:

品　　名	卅年十二月(吨)	卅一年一月(吨)	卅一年二月(吨)	卅一年三月(吨)
渝厂生铁	410.058	490.913	405.976	702.585
永荣生铁	80.194	9.548	65.809	80.000
贝炉钢			18.036	66.187
电炉钢	36.000	35.842	45.100	——
轧钢炉	——	13.000	50.000	100.000
火砖	91.300	24.300	60.000	106.000

厂存货量及价值

生铁	1862.593 吨	11172000 元
钢料	148.453	4316000
火砖	30.000	210000
铁砂	2500.000	2300000
焦	350.000	210000
粘土	2300.000	660000
共计		18868000 元

与钱新之谈鄀乐矿事,请由新乐公司出款。

经济会议召集多人讨论交易所事,钱昌照前往,力反以国营事业在交易所拍卖,顾季高(!)允不实行。

接见卢开援、路荫柽、赵伯陶、许惠东、Bakuline.

四月九日　星期四

四联会议,余未到,闻讨论整理行务办法。

经济会议第 57 次,孔主席。社会部提健全工会及组织工会办法,财政部提管理桐油办法。

接见安朝俊、俞再麟,皆准备赴美学铁及焦;李德明(谈物价管制办法可管及外人)。

刘廷芳面谈,愿联胡宗南,尽忠竭力,如违此意,天人殊之。余言,对胡宗南敬佩,愿勉为国努力,公正忠诚。余全为国家工作,以蒋为唯一领袖,绝未加入任何系派(如 CC、HH、TV、CH 等),但期为经建途上建国尽最大力量,此外别无私见,亦无他求。在此方针之下,愿共努力。

四月十日　星期五

著《中国经济建设的前瞻》,送中国经建协会。

接见束士芳、傅沐波、王宗素、蔡咸之。

盛传孟加拉湾英、日海战。熊式辉等已抵美国。

八日,敌机袭滇边垒允,被 A. V. G 击落十架,二架受伤。

美国 Marshall、Hopkins,同飞至英。韩国临时政府在渝招待。

巴丹(Bataan)美军自 MacArthur 飞澳后,在 Wainwright 指挥之下续战,现因实力垂尽,有不易战争之象,Corregidor 尚未失守。

印度洋中英巡洋舰 Dorsetshire,Cornwall each 10000 tons 及航空母舰(10850 tons,off coast Ceylon)皆为日军炸沉。

蒋于本晚返渝,出行凡六日,曾两次遇日机飞袭。

四月十一日　星期六

行政院审查《国家总动员会议组织大纲》,陈公洽主席。

接见何孟吾(商与中国银行束云章商洽纱布供应办法)、吴任之(商任中国兴业钢铁厂厂长)、谭九思、黄肇修、张人鉴、王守有(甘省金矿)。

Cripps 声明,撤回英政府对印度之建议,并于次日乘机返英。英、印交涉凡历十一日,至此决裂。

四月十二日　星期日

往缙岗新村,主席中福董事部会议,到者 Bell、秦慧伽、杜扶东(并代表王幼侨),列席周树声、孙越崎。(一)1937 年盈利应分配政府及修武、博爱之款,如数保留备付,但 1937—1941 五年盈亏总算分配于股东;(二)提款约五十万元为董事及职工奖金,约等于月薪之 33 倍;(三)总经理孙越崎仍给月薪一千元,公费原为一千元,现加为二千元。接见天府矿长程宗阳、威远矿长郭恒民、华银协理褚毅先。会议时,余说明孙越崎应在此时多任甘肃油矿工作。

接见董时进、杨公庶。

四月十三日　星期一

国府纪念周,林主席,蒋亦到,王雪艇报告宣传部工作。

接见 Mead(美孚,商售油桶)、竺可桢、黄厦千、叶企孙、吴正之、徐厚孚、王野白、沈熊庆。

四月十四日　星期二

行政院第 559 次会,孔主席。(一)改善公务员生活办法;(二)改订陆军给予;(三)綦江铁路猫儿沱至五岔。

接见 Vincent、Hart、蒋梦麟、陈伯庄、袁绍基、郭子勋。

Grinadale、Bell 晚餐,有英大使、Teichman 诸人。

张鸣冬、李其慧自沪至渝,住余宅。

四月十五日　星期三

访钱新之,谈新乐公司事。又与刘季辰谈。

接见何浩若、贺贵岩、叶公超、朱惠清、赵棣华、王德溥、汤子珍、袁绍基、Balfour、何淬廉、叶企孙、竺可桢……

谒蒋，商陈西北各事。蒋嘱联盛世才，对苏应要求供给汽油。

四月十六日　星期四

乘机拟往兰州，半途折回。

四月十七日　星期五

行政院审查调整省行政机构办法，余说明：（一）省行政不应有军事厅，军事宜不在省主席权限以内；（二）人事处不宜为必设机关；（三）粮物管理局（原拟）应分为粮政局及建厅范围内之物资管理处。

访蒋孟邻。

四月十八日　星期六

十二时，偕孙越崎、庄仲文、周大训乘欧亚机起飞，下午四时到兰州，谷主席、各厅长至站接，住励志社。谷主席（纪常）邀在船厅晚餐。下午走访朱一民、谷纪常。

美国飞机飞东京、神户、名古屋投弹。

四月十九日　星期日

上午，访谷纪常主席，谈走廊情形、新疆关系、苏联运货检查问题及油矿各事！应朱长官一民之邀，在五泉山武侯祠午餐。

下午，参观兰州电厂，发电设备 500KW（新）+250KW（旧）。兰州实用电力 380—400KW，每度燃耗 3. 5—4 kg，每日烧阿干镇煤十三吨，价每吨一八〇元，由黄河抽水，每日 375 吨，电价每度一元八角。阿干镇出煤每日二百余吨。又过黄河铁桥，至水利公司之制革厂，厂长蒲明功。又往西至十里铺，观油矿局之肃玉段运输站。兰州桃李花盛开。

黄河铁桥长七十丈,宽二丈二尺,载重三吨半。光绪三十三年二月至宣统元年六月成,升允、彭英甲。

四月二十日　星期一

访张议长维(贤侯街廿四号)。参观甘肃机器厂,厂长阎树松导引。本年可完成 12″牛头刨十二部,6′元车廿五部,6′车床廿五部,1′钻床五部,沙轮机四部。甘肃生铁价每吨一千二百元。午餐在中山路 492 号农民银行,由中央行贾继英、中国行郑相臣、交通行郑大勇、农民行崔叔言及经委会杨荫越邀请。餐后,郑经理相臣陪往西门外雍兴公司之玻璃、肥皂、制药、酒精四厂,兰州毛织厂及面粉厂(日出四百余袋)参观。郑谈,外传中国行囤积居奇并非实在。归途留观小西湖、握桥、清正[真]寺(有康熙年匾)。水利公司等邀在公司马坊街 24 号晚餐,并谈各事业情形。

接见顾希平(训练团)、严武(维扬,防空司令)、周熙龙(林警队长)、陈克中、蔡孟坚(市长)、赵元贞(参议会秘书长)、段焯(子昌,党执委)、夏继松(外交部)、王漱芳、何锡嘏、沈宗元、陶永明、刘宝忠、杨正清。

四月二十一日　星期二　谷雨

接见达理扎雅、罗恩凯巴图、郭维屏(甘肃学院)、曾济宽(技艺学校)、张志礼(建设厅)。

偕孙、庄至兴隆山,谒成吉思汗陵(赏一千元),至太白泉午点。泉水甚清而不多,杉木巨高,庙为求子求药道士所住。护陵蒙人二十余,每年换班。午点后下山,又至招待所,上年年底建成。返城后,偕市长蔡孟坚参观抗建堂、科学教育馆。

清华同学会请晚餐。

接见谷主席、郭经理、朱明元。

电盛世才。

四月二十二日　　星期三

晨八时，自兰州起身西行，乘省府小汽车，二卡车随行，同行者孙越崎、庄仲文、周大训、靳范于［隅］，送行者朱一民、张心一等。

至永登县午餐。自此县起即为马氏军队所住，师长韩起禄，现住凉州，但县政归省府直辖，不归第六区行政专员。

晚抵凉州，马军长（步青，驻兵暂编第五军）派王处长，又专员何昌荣等出城相接，住招待所。见马军长，又见马师长呈祥（住肃州，现在凉）。

四月二十三日　　星期四

晨自凉州起行，马师长、何专员等来送。至永昌午餐，晚宿甘州。谭师长辅烈等来接，宿油矿办事处。原住甘州者为回军师长韩起功，现调往青海。谭师长于一月前来接防。县长莫荣新到任方七日。谭师长介见哈萨九人，在中国银行相见。

四月二十四日　　星期五

晨自甘州起行，师长等来送。在高邑站午餐，伍县长来见。晚抵肃州。本日，蒋公子（经国、纬国）等应又自敦煌东归经此。专员曹启文（曾在新疆数年）、参谋长康冠儒、县长郭柏。住油矿办事处（此为最先租用之地），从前严君即住此。

兰州至永登一〇九公里，永登至古浪一〇四公里，

古浪至武威五八公里，兰州至武威二七一公里，

武威至永昌七一公里，永昌至张掖一七一公里，

武威至张掖二四一公里，张掖至酒泉二一六公里。

兰州至酒泉七二八公里。

油矿至兰州八三二，至西安一五三二，至广元一七三八，【至】

成都二〇九三,【至】重庆二五四三。

重庆至昆明九七四,至畹町二一五一公里。

四月二十五日　星期六

晨,往嘉峪关,嗣往新造之路,为马军长及师长派兵所造,不受犒赏费。余往命名为"青云路",并对造路之兵士送羊百只。晚抵矿中。

晚餐后,与总经理孙越崎、矿长严爽、厂长金开英,商谈油矿加紧生产之需要及办法。

古浪西有黑砂岭,永昌、山丹间有金羌庙,为兰州至酒泉间之两大岭。

四月二十六日　星期日

住油矿。矿中星期日不放假,但每月一日及十六日各放假一天。工人工作取八小时制,每日自八时至下午四时,自下午四时至中夜十二时,自中夜十二时至次日八时。

上午,参观山下旧第一厂。新一厂正开始建设,过石油河至第三厂,新完成有四炉,出汽油及煤油。又观新四井,井架已建成,及四井旧址。

下午,参观山上第六井、第八井及第十井旧址,正在建新十井。第八及第十井喷油甚多,漫延颇广。八井裂缝,尚出油,并有气。八井自然出油,日约三千加仑。

晚餐后,再与孙、严、金诸君谈话。

今日出汽油五千加仑。

四月二十七日　星期一

上午,参观办公处、机械厂、发电室(现由45KW柴油机,另一120KW柴油机制设将完)、材料库、小学校。

下午,参观干油泉,沥青甚广,孙子乾曾估计有二万余平方公尺。又检阅高射炮队,有四公分高射炮二尊,二公分者二尊,又高射机关枪二尊,部队一百余人。又检阅骑兵第五军派来之骑兵一连(约三十人)及步兵约一百余人。决犒赏骑步兵羊三十只,高射炮队面粉七百十五斤(约供三天之用)。

在文波宅晚餐,并与文波、陈贲、童宪章、孙越崎、严潆波商谈矿地地质,定钻井地点之方法。今日出汽油四千余加仑。

八莫、腊戍等地皆吃紧。

四月二十八日　星期二

第二井喷油六分钟,约得原油三千加仑。因天气加暖,八井裂缝,流油加多。西北公路局局长何竞武自新疆归来,至矿谈话。运统局谭俊人偕来。何、孙谈商转让油桶办法。

靳范隅言,筑关矿公路之工人八百余名中,有一百五十名被调至高台,谓系防御哈萨。

今日出汽油二千余加仑。

	汽油(加仑)	飞机油	机油	
第一步 1942	1800000			炼炉 7 套
1943	5000000			炼炉 12 套
A 第二步原油每天 2000 桶	15000000	3000000	450000	矿地新厂
B 第三步原油每天 10000 桶	75000000	15000000	2250000	兰州新厂
	A, U. S. ＄1300000；B, U. S. ＄10000000+5000000(pipeline)			

四月二十九日　星期三

腊戌失守。

电蒋,报告甘肃油矿一至三月份月出汽油二万至三万加仑,四月份已加至六万加仑,五月份除自用外,可有五万加仑供应。请:(一)令运统局及军政部拨让油桶六万只;(二)供军用,令军政部交通司派车至矿购运。

天暖雪融,发水颇大。河东新厂正建设中,拟有储成品油桶三个,每个一千七百加仑。河西炼厂储成油桶一个,容八千四百加仑,以上共容 13500 加仑。

参观新四井,正下水泥,俟水泥固后开钻。又观河西炼厂,因炉坏,暂行停炼,正修理中。河东旧炉今日出六百余加仑。

闻师长马呈祥已返酒泉。

1943 年炼油计划:每组每天用原油 15000 加仑,九组其用原油 135000 加仑,嘉峪关一组(热裂油不在内)每天用 15000 加仑,十组共用原油 150000 加仑,得汽油以 15% 计,每天得汽油 22500 加仑,每月 20 天计,即每月得汽油 450000 加仑,每年得汽油 5400000 加仑。

四月三十日　星期四

大风,石油河内发水,原拟对油矿职员训话,通告暂停。接渝电:腊戌于廿八日失守。

为油矿事电何敬之。

夜间,油矿员工演剧至午夜一时。

闻骑兵第五军将于数日内调往青海。

五月一日　星期五

上午八时半,偕庄仲文、周大训乘汽车离油矿,十一时至玉门县。午餐后，加入冯县长佩玺同行，下午四时抵安西。县长鲁珑（玉生）、党部书记长曹奎文。玉门县人口二六五〇〇人，安西县一九〇〇〇人，敦煌县则闻有四万余人。玉门至安西间地荒路直。安西有疏勒河，城颇大，中有鼓楼，下有水井，街旁有老树数棵，相传为年羹尧时所植。

玉门县高度约 1700 公尺，故较冷；安西县高约 1400，故较暖，但多风。

五月二日　星期六

上午七时半离安西县。初因水道颇难行，嗣因沙漠兼大风，勉强支持，至一时左右抵敦煌县。城之东南部有关城，又为党河，分为多渠，内有永丰。甘省各县来之居民，皆以县名其村。县长王会文，田赋副处长沈丹，党部张尚恭。王言，敦煌县民仅二万八千余人，外传四万不确，但县城周围水多土佳，故居民甚紧，故较安西为富。

下午三时半起身往千佛洞，有蒋仲文、王慧文、冯佩玺、周大训、沈伯漪、孙希曾及马队六名。余于七时半到雷音寺之上寺，室内壁上有张大千之作画及何竞武之题字。冯佩玺县长与其女（七岁）同行。

敦煌至千佛洞途中，皆为砾沙平地，至洞近处始见高约 100 米之平山，为砾石所成，中含大块如桌椅。

五月三日　星期日

斯坦因《西域考古记》（*On Ancient Central-Asian Tracks*），向达译，二十五年九月中华出版。

Loczy（　　），Stein（1907），Pelliot（1908），Stein（1914）。蒋师爷孝琬，王道士圆禄。

上午七时起参观千佛洞，佛像最高者 18 丈，次者 8 丈，卧佛亦颇大。九层殿修于民 22—25,有碑记,内言:初名三界山,又名莫高窟,后名千佛洞。开始于前秦建元二年及晋废帝太和元年(即西三六六),至今历一七[千]五百七十年左右(撰者吕钟)。又至三圣宫,从前道士王圆禄,即售古书于 Stein 者,发见于寺旁佛洞侧之"藏经室",今尚存唐画像,颇佳。雷音寺分为上寺、中寺(住持者为喇嘛)、下寺(即三圣宫,现为施道士所住)。上寺为莫高窟碑。洞数谓有三百七十,亦有谓五百者。张大千、蒋公子、何局长来时皆住上寺。庙会期为四月(阴历)四—六日,以至八日。

下午一时起北返,先至渥洼泉(在县南十里,又名月牙泉),环以沙丘,高二百余尺,清泉成半规形。晚,住油矿收购木材处,主任孙希曾。

畹町失守。

五月四日 星期一 晴朗

上午七时自敦煌起身,途中车陷河滩,至十二时抵安西(二百八十华里),在县政府午餐。一时三刻起身离安西(距兰州一〇一七公里),下午五时抵玉门县(八八三公里),七时至油矿。闻马师骑兵正在集中,哈萨四十人左右,距矿颇近。又闻腊戌失后,曼德来附近我军正奋战中。

玉门县西北小段以西直抵安西,路线甚直而宽,甚易行车。关西、安西、敦煌皆有机场。安西、敦煌天气较暖,南山较低,已不见雪。油矿气候较寒,山雪犹广。昨晚大水甚凶,今晚未已。

冯佩玺言,朱主席在安定中求进步,待县长较宽;谷主席在进步中求安定,待人较严,陇西县长因贪污而枪毙。

本晚返住油矿。

五月五日　星期二　晴暖

住油矿。下午三时职员全体照相。又训话,讲:负责任,守纪律,求进步,报国家。孙越崎言,本年度必须出汽油一百八十万加仑。电朱一民、谷纪常、秦景阳、钱乙藜。参观第八井及新四井。新四井深380公尺,预计六月底完工,平均每日打六公尺有奇。石油河平时日间北风,夜间南风。南风自雪山来,故颇冷。桃花雨因迭次融雪,故发水次数颇多,七八月间水势较大,但仅发一次。

五月六日　星期三

上午十时离矿,同行者孙越崎、庄仲文、周大训、翁文波。在嘉峪关炼厂午餐,对职员讲:由肯任,能任,以期胜任。住酒泉办事处。访师长马呈祥(云章)。嗣往东关外,观酒泉。平地上有三潭,其中一潭出泉水不甚大,余二泉亦有水,有楼数幢。

又往边疆训练班,主任罗恕人,训话。又观哈萨人、蒙古人、番子等表现。哈萨人中有名萨顿,为二等头目,其妻亦在。晚间,罗恕人、陈克中、曹启文……等来谈。

五月七日　星期四

上午,马师长邀早餐。八时半起身,十二时半抵高台站。县长伍静远招待,允拨板车三千辆运木料。二时半起身,五时半到张掖。师长谭辅烈邀晚餐,谈淡水、龙潭等处作战经过。在日留学时为学生会会长,游行反日被拘。又见及张掖县长莫新荣①(允车仅250辆)及临潭县长张……。是时天气晴快,但晚间大风,并有雨点。

谭师马队住临潭者一连,而在高台者四连,即有马400余匹。

---

① 前作"莫荣新",存疑。

五月八日 星期五

上午八时一刻起身,十二时一刻到永昌。自张掖以东,见北山高起,山上有雪。山丹以后,车沿边墙而行,北山渐低,有太原系地系一致向北斜,有煤层,延长甚远,抵金羌庙高地而□。高地与石油河高等相等。过高地后始抵永昌。永昌城后,地方渐佳,以抵武威。军长马志青之交际处长王言,马以移防在即,出外照料,今诚恐不及回,以此不及来见。见及专员何恩荣、县长……等。武威有小发电机,烧煤,今坏。

兰州至各处距离(公里):河口 42,永登 109,武威 271,永昌 342,张掖 513,酒泉 729,嘉峪关 762,玉门油矿 813,玉门 868,安西 1008,猩猩峡 1171。

五月九日 星期六

凉州党书记长杨蔚南,中央银行高伦(竞民),中国行王经春(子扬),交通行潘玉书,省银行苏学材,复兴公司甘凉办事处主任梁仲昭,第三分法院赵生汉。

上午七时半离凉州,十二时抵永登。师长韩得禄、县长梁大奇出城相接,至城内招待所。午餐后,偕荣伯沉等至窑街水泥公司住宿。水泥经理张光宇尚在川,协理荣伯沉、总工程师王洁泉在厂招待。厂房及办公处自去年六月间开工,现已完成,手工日出水泥约十桶,自用。二月后,出三四十桶,更后日出一百桶,效率颇佳。永登煤矿局局长刘宝忠往陕未归,代理局长杨长庆、李朴、井工张励夫、土木王尚斌,对矿事言不甚明。二月间开工,嘱其起加紧赶工,勿误时间。

龙陵、保山皆已失守。

五月十日 星期日

上午八时起身,经享堂峡,过大通河桥,入青海境,溯湟水而上,赴老鸦峡、乐都县(县长杜馨香)、大峡(过湟水桥)、小峡而抵西宁(约三小时)。马主席子香偕各厅长出城二十里相接,至广济桥,住省公署。

各处海拔表(公尺):油矿 2350,嘉峪关 1600,酒泉 1400,高台860,张掖 1400,金羌庙(899KM)2400,永昌 1830,武威 1480,乌砂[鞘]岭 2880,永登 2000,享堂 1600,乐都 1830,西宁 2100,塔尔寺 2520。

功名待寄凌烟阁,霄汉常悬捧日心。(马少[子]香同学[①]赠语)

高台伍县长言:驻马队有马四百余匹,每月草料负担九万余元,即每匹每月二百二十余元,而中央仅发每匹每月八十元。

五月十一日　星期一

青海党书记长薛文波,卫生处副处长许学培,……魏敷滋、祁宝贤。

上午至马前主席阁臣墓致敬,子香主席陪往。嗣至清真寺,回教学府学生立候。午餐后,主席陪出北关,观本年新种之树,为数甚众。每区驻兵二排,浇水、剪芽、护树。过湟水,入东门,又出南关,经关帝庙往西,过通济桥及慧宁桥,路分二支,一往大通(有煤来省),一往湟源。返由西门入城。

中央行张永敬、农民【行】朱汝伦、中国行翁文津邀晚餐。

上午,自清真寺返后,党政军联合纪念周,薛文波(党书记长)主席,马主席子香亦到。余讲西北区发展之必要,政治修明,经济发达。六项中心工作:一、编组保甲;二、训练壮丁;三、筑路;四、造林;五、禁烟;六、识字运动。

---

① 原文如此。

五月十二日　星期二

参观回教中小学,学生1500人,兼授阿文。又观省立图书馆。至西宁电厂,对职员勉:勤慎奉公,洁身自好。又至采金处,官定金价每两680元。马少[子]香来谈。

马主席子香谈话要旨:(一)机械厂会省合办,洗毛及织呢厂协助省营,水泥厂会省合办,或由永登自设,在小峡或大通。化学工厂(用盐为原营[料])可归国营,造纸厂省营。电厂、金矿……(二)甘州工员标语侮回教,暗杀十五人,诬称运售营房木料。革农会会长。副师长为马仲英旧部。有人曾向共党墓致祭……嘱由韩师长正式将移防办理情形报告于朱长官,允为面促注意。又多数军队回青,供养困难。

五月十三日　星期三

上午九时余起身往鲁沙儿,约行25公里,即抵塔尔寺,藏文意十万佛寺,有喇嘛约三千人。"大老爷"、"二老爷"率众远接,音乐前导,黄伞后随。至接待寺少息,即参观大金瓦殿。殿顶有金顶、轮回,金色辉煌。正殿用金瓦。殿内有宗客巴神像(据云有树尚生)。殿前有旃坛树。又观其他诸殿及念经堂。又参观小金瓦殿,供护法神像及喇嘛用像及动物像。午餐后,与罗桑建赞(大堪布)谈班禅转生事,并见及森吉堪布罗桑般丹(上二人随前班禅至华)、夏桑登(卓尼堪布)及金在治(将往柴达木)。归后,往中国银行访叔通,晤胡家驹及何。

对塔尔寺赠六千元。前在兰州,对成吉思汗陵送一千元。

孙越崎往访韩师长起功(前住甘州者)。

五月十四日　星期四

上午八时半自西宁启程,马主席偕陈秘书长亲送至廿里外之

广济桥。车中,马言:第五军必□调青,甘州不合理之诸人,当不可
以代表中央真意。过乐都,入城参观初中(有学生禁闭室)及县署
(东门内,有后园,有汉槐及古榆,谓系赵充国古址)。小坝与大坝
间有平安镇盆地,大坝与老鸦坝间为乐都耕地。老鸦坝岩古路艰。
出坝后约一时,抵享堂,马旅长祥乾招待午餐。下午有风。沿路看
油田地质,换轮胎二次。晚八时至兰州,住励志社。河口以西未铺
路面,故难行,河口至兰路较佳。卡车过河口后机坏,迟至十一时
半始到。文波、孙子乾及常龄皆乘此车。

　　沈君怡抄送机厂阎厂长被控报告:向玉盛泰记购铁料,三十年
八月六日铁送□单价＄9.50,八月十三日则为＄8.50,三十年八月
六日英铁板单价十二元,十一月廿四则十五元,尚不贵。玉盛泰为
前山西晋来面粉公司职员高步诉、李多寿,连履义三【人】于廿八
年十月合伙组立。三人中惟李多寿在兰州兼丰记商行职员,住该
行,南府街57号。出外经营以人名为佳,做天水营业……

五月十五日　星期五

　　偕文波至中正街瑞容理发。购长野朗著《中国资本主义发
达史》。

　　中国工程师学会在马坊街廿四号开筹委会。

　　谷主席来谈:(一)盛世才之弟偕张元夫日前赴渝;(二)朱一
民在西安。

　　接见李承三(西北史地考察团共五人)、顾希平、王曰伦、徐铁
良、李士林。

　　电刘廷芳、钱乙藜、秦景阳。

五月十六日　星期六

　　上午,张厅长心一、阎锡珍、王叙五等面商甘肃省地质矿产合

作办法。地质所派来者为王曰伦、徐铁良、刘庄、路兆洽及李树勋。

下午集合李承三、王叙五、翁文波、袁翰青……十余人,追念已故之地质家计晓清及林文英二人。

何竞武、钮泽全约午餐,商谈油矿运输问题。沈君怡请晚餐。

张心一谈,马子香所谈奉令"剿匪"……之经过。

五月十七日　星期日

至东门外边疆训练团,讲《立志报国》。至土门墩参加甘肃机械厂奠基典礼。工程师学会分会开会,沈君怡主席,余讲《工程建设正赖吃苦猛进》。

电秦景阳、吴兆洪,请商张公权,令欧亚机于二十五日自兰飞渝。

电蒋,告不用美购器材(已在滇边损失)仍可产油,并告哈萨为害;明日往西安,与朱一民商洽保护办法。

谷主席纪常邀餐。

五月十八日　星期一

昨夜至今晨大雨,故仍住兰州。下午天晴日出。

请谷主席、张参谋长、张议长、何局长、顾教育长等晚餐,共廿四人。

接见林警德队长、周熙龙。

五月十九日　星期二

晨自兰州起行,雨后无尘沙。至华家岭(在黄土山顶,为会秦路及陕甘路之交叉点)招待所午餐。餐后,经静宁、隆德,过六盘山,抵平凉专员公署住宿。公署颇大,为前镇守使张兆钾之住宅。六盘山之东口现名三关口,旧名金佛峡,光绪元年魏光焘兵工开凿,由吴大澂隶书碑记及魏氏自记。碑石犹新,设于关帝祠之对面石壁。关帝祠内有杨四郎及杨七郎像。道士某,自言天水人,生于同治元年,十余岁时已住此,亲见汉回战争及三关口之修路工事。

五月二十日　星期三

晨自平凉起行,至泾川县油川旁之瑶池,参观宫山之西王母祠。有泉水甚清,但量不大。由此东行入陕,经长武县境,至邠县内之大佛寺。有岩洞,有大佛坐像,高八丈五尺,旁有二女佛。相传为唐尉迟恭监修,有宋皇佑石刻,又有咸平年字。悬崖中又有较新之观音塑像。遇见第 42 军军长杨德亮(滇人)、副军长张坤生(徐午生旅隶此军),商谈马队保护油矿之必要。嗣至邠县午餐,见第十二军军长刘……及新编第七军军长、专员。又经永寿、乾县,麦田增盛。入醴泉、咸阳,渡渭而抵西安,住建国公园之招待所。

晤见熊哲明[民]主席、胡宗南总司令、朱一民司令长官、厅长凌勉之、彭昭贤……刘廷芳先抵西安,与胡宗南洽谈。

五月二十一日　星期四

熊哲民主席陪往华清池沐浴,并参观西安事变时发动地点。墙壁弹痕犹在,蒋住房之前部亦中弹,幸先由后墙跳出。走至岩下石窟,窟上已满刻"争光日月"、"民族复兴"……大字。

在玄风堂午餐,此为熊主席住处,晤朱一民。宅为高桂滋师长所有,西安事变时,蒋初居新城杨虎城办公处内,嗣移居此屋。张汉城[卿]住处即在近旁。

省政府邀往公宴。省政府现设新城,旧杨虎城办公处。杨之办公室在左侧,其右侧一室较窄,为西安事变时初数日居蒋之室。

此一日内遍至西安事变时期蒋所至之三处:(一)华清池,(二)新城,(三)玄风堂。

五月二十二日　星期五

四行、厂商等联合午宴,在众乐饭店。又建设厅等及新闻界邀茶会,余皆致词。下午,偕刘廷芳、徐先麟至城南王曲访胡宗南,军官学校第七分校学员列队欢迎。总处设都城隍庙,副主任周嘉彬、教育长彭、胡之机要组组长王微(显之)、主任秘书徐先麟、副官处长李则尧。参加教育处展览室后,即看步枪、机枪、手榴弹……之演射,又观攻取堡垒……即在都城隍庙大礼堂午餐,参加者三百数十人。余讲国防设计委会及资委会建设工作,并以"淡泊以明志,宁静以志远,公正以待人,精诚以报国"四语赠胡宗南。晚,住兴隆岭胡之住处。(此处原名绝龙岭,张汉卿改为青龙岭,胡又改为兴隆岭。住屋为张所造。)

五月二十三日　星期六

晨六时,在王曲大操场为军士(第三十四集团军)七千余人训话。返至兴隆岭住屋,与胡宗南谈话。午餐后,与胡宗南、徐先麟、刘廷芳同返城内。下午,工程师学会在西安开会,谈年会事。熊主席邀晚餐。餐后,开车往宝鸡。王曲及西安皆有军队作乐送行。陇海副局长吴省三备专车,处长吴士恩随车招待。清晨抵宝鸡。

五月二十四日　星期日

上午火车早抵宝鸡十里铺,参观申新第四纺织厂。山洞体积达1800000立方呎,附设机械厂、发电厂(发电三千KW,现约发半数)。纺机用Sago Lowell。纺机已开者170余台,规模宏大。福新第五面粉厂,设备用美国货,用Ozone漂白,粉麸分清,品质特佳,过于华丰,日出1300袋。二厂总经理李国伟,厂长瞿冠英。又观大新面粉厂,用德国Miag机,但较华峰[丰]较旧。又观维勤纺机制造厂及民康纺纱厂(用湖北官布局机一千锭)。后二厂皆用申新纱厂之电力。午餐后,坐火车至宝鸡县,见司令唐俊德、专员(第九区)温崇信、县长董学舒、记者孟□萍、申新工程师王秉忱。

改乘汽车渡渭,行 30 公里即过秦岭下行,南坡仍见黄土,但草树较盛。下午五【时】抵双石铺。宝双轻便铁路 101 公里(但秦岭未设)。双石铺为天水、宝鸡、留坝三路之交叉点。整理装备后,即续行 59 公里,至庙台子紫柏山之张留侯庙宿焉。

五月二十五日 星期一

上午七时自庙台子起身,孙越崎经由双石铺往天水,余及庄仲文、刘廷芳、周大训往广元,经留坝县至褒城,途见褒惠渠。褒城接见警备司令祝绍周(芾南)、汉中县长及电厂厂长。祝言:年成佳,褒惠、汉惠二渠,共灌田廿二万亩,加粮廿余万担。陕西军队南移,先集汉中,然后入川。自褒城行陕川公路,过五丁关,至宁羌午餐。餐后二时起行,经牢固关、棋盘关,西秦第一关,山川峻险,入四川境。过神宣驿,凿岩开道。又过千佛洞,循嘉陵江而至广元,住北门外福生庄。参观大华纺织厂分厂(用湖北利华煤矿之电力机250 加 400KW),经理程行渐。警备司令杨师长晒轩(岳池人,谈及阴历正月初,邓锡侯次子为航委会委员所殴而起争执事)、县长罗崇礼、福生广庄主任贝幼强、物资局专员张施武、甘肃油矿股长马新吾。

大华分厂洞长六十丈,分洞六个,每个深五丈五尺。

五月二十六日 星期二

自广元起身过江,入剑门关。过剑阁县,倚山为城,仅南部为市街。访文昌帝君祠(张亚子,晋越□人,因复母仇,避居梓潼之七曲山,姚苌因其显灵,返秦为辛,故加封。唐、宋追封王、帝,称帝君至今。旁有关帝殿,杨芳匾作王大将军)。梓潼县多柏树,自乾隆年始植。至绵阳,地平人众。又经罗江、德阳、广汉、新都而抵成都,住川康铜业管理处。晤□□□、陈伯庄、俞步平、胡子昂。

四川参议会正开会,征粮事商定为一千六百公石,对财部苛税及专卖责备颇烈。徐可亭、顾季高皆到。

今日苏联外相 Molotov 与英外相 Eden 在伦敦签订:(一)对希特拉德国共同作战;及(二)此后合作互助(二十年)条约。……订后 Molotov 即往美国,皆以秘密出之,……至六月初始公布于世①。

五月二十七日　星期三

上午访邓晋康、刘自乾、张岳军。

午餐后起程东行,住资中酒精厂,气候极热。

兰州以西路程:至河口 42km,至永登 109km,至武威 271,至永昌 342,至张掖 573,至酒泉 729,至嘉峪关 762,至油矿湾角 813,至玉门 868,至安西 1008,至猩猩峡 1171。

兰州以东路程:至定西 116km,至华家岭 181,至静宁 292,至平凉 403,至邠县 556,至咸阳 681,至西安 704。

兰州以南路程:至天水 361km,至双石铺 590,至庙台子 649,至广元 932,至成都 1288,至重庆 1738。

五月二十八日　星期四

参观酒精厂后,即开车返重庆。自四月十八日北行后,至此共历四十天。

近时滇西战役已稳定,惟浙江局势极紧,金华陷落。

五月二十九日　星期四

与秦景阳、吴兆洪、钱乙黎、何孟吾……谈话。

五月三十日　星期六

与孔庸之、陈公洽、甘肃油矿局诸处长、运务处各主任、吴任

---

① 此句疑为后补。

之、周茂柏谈话。又访任叔永。

五月三十一日　星期日　雨,凉

卅[三]一学社在电工器材厂开会,为赴美诸员饯行。

接见熊仲伦、郑达生、张丽门。

六月一日　星期一

国府纪念周,蒋亦到,谢冠生报告司法行政部工作。

孔欲秦景阳长中央信托局,邹玉琳为经济部次长,蒋廷黻、潘宜之为中国工业合作协会总干事。

晚九时见蒋,报告油矿情形、西北现状及矿品运交苏、美办法。蒋言,交苏货物不宜提先在兰交接,须俟彼亲笔批定。又言,盛世才之弟携来苏联在新疆开油矿合同草案,在陈布雷处,令余速筹对策。

自五月三十日夜起,英大批飞机(千架以上)迭击 Cologne Essen 等,德方损失颇重。苏德在 Kharkof 大战暂为停止。双方各报胜利。

六月二日　星期二

行政院第566次会议,孔主席。(一)何浩若建议,发物资公债美金二万万元,付审查;(二)国营事业职员任用办法,应再研究。余批:停办梧州商品检验局。

接见贺贵岩、傅沐波、胡仲实、朱介圃。

《新经济》餐叙,见及陶希圣、卢郁文、陈之迈,吴景超因病未倒[到]。

余往西北,共支三万零六百余元。

六月三日　星期三

国家总动员会议在国民政府开第一次会议,蒋主席,提出违反总动员法惩罚条例及办法纲要。《总动员法》起草时,蒋力嘱郑重规定,勿过激刺人心,而今则极主严刑,枪决同时更须"抄家"(没收全部财产),态度激烈,且言奢侈品及价贵物品一律没收,停止营运。

下午接见 Bukunine,谈兰州接货办法尚未决定,并嘱吴兆洪访商龚伯循。

日军迫近衢州。

六月四日　星期四

上午,四行理事会第 128 次会议,孔主席。

接见王荩琪、王厚基。访陈布雷,取阅盛世骥携呈蒋之苏新协定新疆独山子石油矿厂(年出原油五〇〇〇〇吨)条款,共十九条。

邀请秦、潘两次长等晚餐。

六月五日　星期五

潘宜之不愿受任中国工业合作协会之总干事职。

中华教育文化基金会紧急委员会准备会议,到者:蒋孟邻、春[周]寄梅、任叔永、Arthur Young 及余,秘书林伯遵。

接见 Yan Velde、Fox、Adler、束云章。

蒋孟邻言:华军在缅武装奇秘,战争不力,滇省受压甚烈,恐不易受。宋希濂既为昆明防守司令。

六月六日　星期六

下午二时在资委会举行中基会紧急委员会第二次会议,到者:孙科、蒋梦麟、周诒春、任鸿隽及余,又有 Arthur Young,共六人;列席者:顾毓琇、田保生、Services、林伯遵共四人。

晚七时,工程师学会纪念会,徐恩曾主席,讲者余及孔、白、陈公洽、陈立夫。又演电影三片。

陈立夫、蒋孟邻、任叔永在资委会谈话至中夜。

六月七日　星期日

接见王咏声、余捷琼、张丽门、李赓阳。

孔邀中基会诸人午餐,孔长谈上次西南联合【大学】学生对所谓"孔夫人携狗来渝"之误会及财政情形。

荷兰军事代表团 General von Temmen 邀至戴家巷九号晚餐,晤见 von Derveld、Lieutenant Everard、Capt. Boder Bienfait、陈厚甫、吴国桢等。

闻江西进贤、临川(即抚州)皆为日军所占。又闻日海空军攻 Midway Island,为美所败,日本航空母舰二(或三)艘连同飞机皆沉,余二只受伤,主力舰三只、巡洋舰及运输舰共十余只皆受损伤,损失颇大。

闻衢州已失守。

六月八日　星期一

国府纪念周,贺贵岩讲国家总动员法。资委会纪念周,余讲现应:(一)应国家之急需;(二)因时势定办法;(三)为公务尽力量。

孔宅餐叙,谈十中全会时财政经济组织案。

接见 Boncowrs、Beaulieu、连瀛海(新加坡商会正会长)、吴蕴初、李家麒、徐子青(江西兴业公司)、宋希尚、谢蘅窗。

晤陈布雷。彼言,蒋近接盛世才来电,邀余往新疆一行。

六月九日　星期二

行政院会议第 567 次,孔主席。(一)社会部与赈济会争权;(二)地政署署长郑震宇曾要求管理田赋。

以审查苏新石油协定报告送陈布雷,请转呈蒋。

接见 MacDonald（U. S. Embassy）、Arthur Young、何北衡、顾一璜、郑葆成、夏安世、叶渚沛、童受民。

六月十日　星期三

至工矿调整处，商工业管理。

接见 Fafinlla Kuan（印度总代表）、李廷安、尚其亮（浙江兴业银行重庆管辖行）。

六月十一日　星期四

四行理事会 129 次会，孔主席。中国、交通、农民三行因统一发行及划分业务关系，要求缓交财产至五年，孔不久［允］延迟太久。钱新之、宋汉章相继发言。孔允增加股金，钱接受，宋不要。中国行二十年前每年开支三百万元，现加至七千余万元。交通行自一百五十万元加至四千万元。

接见何浩若、高远春、薛次莘。

电告王叙五，青海调查应注意之事。

废止农矿工商管理委员会，改立总动员问题研究委员会，派李景潞、吴闻天为秘书。

六月十二日　星期五

国家总动员会议常委会，吴铁成［城］主席，陈公洽、贺贵岩、孔、张公权、谷正纲及余……均到。设立工矿生产计划委员会、粮食增产计划委员会、人力动员委员会、财政金融研究委员会、物价审议委员会，电工器材及酒精管理问题。

请彭浩徐、王文伯等晚宴。

苏德在 Sebastopol［Sevastopol］激战。

六月十三日　星期六

偕杜再山至綦江三溪，参观电化冶炼厂，叶渚沛等招待接洽。

莫葵卿适于同日自黔来渝,途中在厂相遇。

日军占衢州、江山、常山、玉山、崇仁等县。

六月十四日　星期日

联合国日!

接见张丽门、罗志希、张星联、许志湘。

下午四时,外交部(两环支路沙田湾)招待各国使馆人员,门外竖立二十六国(一月一日在美京签订宣言者)国旗,今日新加墨西哥及菲列滨,故成为二十八国。蒋夫人先出招待,蒋略晚出。遇见苏联、美国、荷兰、印度……各国使臣。

六月十五日　星期一

昨夜十时余,蒋电话严令余:苏联大批卡车已至安西,请严厉要苏联代表从速撤回。嗣接何敬之电话谓,接朱一民电话报告,苏车至安西,车上有军人……。今晨七时余即至资委会,电话凌启东。彼前订(四月六日)苏车至兰接收生丝之合同,应告苏方停止施行,并派吴兆洪接 Bakunin 至资委会面谈,凌启东亦参加。余言:(一)中国政府正式要求速即撤退苏车,请即电莫斯科;(二)并请电驻兰代表 Nikitin 向地方当局接洽,亲往安西请苏车说明撤退;(三)未有新办法前,中国货物仍在星星峡交换,新办法须中国正式决定方可有效;(四)如允苏车至兰时,应每次将车数、人数先开送中国政府同意。彼允照办……余折呈蒋,并告何、孔。龚学遂以何致朱、谷电稿来谈。

访孔、陈公洽,商中国工程师学会补助。

六月十六日　星期二　国父广州蒙难纪念

蒋昨日飞往成都。

行政院第 568 次会,孔主席,通过争取物资办法,以缉私署货运调整处为主管机关。

接见 Stanislav Minovsky（捷克公使，谈 Bata 设鞋厂事）、徐柏园、莫衡。

六月十七日　星期三

何敬之召集蒋廷黻、张公权、周至柔、凌冰、钱大均、傅秉常及余（又龚学遂、吴兆洪……均到）在军委会开会，商洽对苏联对〔办〕法，重要事项为：（一）用土西铁路（或苏属其他路线）运输货物至华，由外交部、交通部、运统局筹拟办法；（二）向苏商助炼油设备；（三）商苏供应汽油，由何集中联系，商定方针。委座令外部电复邵力子"兰州接运不可行，如苏不允土西铁路运输，可不再谈"之电缓发。

至工调处，与林继庸谈办鞋厂事；与张丽门商管理工业；电姚文琳，不应兼校长。

【在】行政院对记者谈《工业动员概况》。

接见孙乃录、李家麒。

六月十八日　星期四　壬午五月初五，大雨

四行理事会，余未去。

下午在资委会开会，到者张公权、卢作孚……约二十人，商洽铁路钢料供应办法。

今日为端午节。

六月十九日　星期五

何敬之奉蒋手令："在云南之工厂及军厂限十月份以前内移，商同各部会拟定计划呈核。"余派欧阳仑、吴兆洪、杜殿英前往。

经济部总动员问题研究委员会第一次开会。

中基会执行委员会开会，到者：蒋孟邻、任叔永、杨亚德及余。

接见刘廷芳（言胡宗南不在西安，戴笠现往福建），又闻白健生已飞往西北。又见 Martin Gold、张正鹄、厉德寅、潘仰山、王辅世、王之玺。

Winston Churchill 至美京。

六月二十日　星期六

成都学生对英、美空军之解释如下，真小器之见，可惜也。

R. A. F. ＝Run Away First；A. V. G. ＝Always Very Good！

接见陈方（芝町），与谈中苏关系应改善及新疆独山子油矿事，中央愿与盛世才商洽改进，自非以合理方针应付苏联不可。为抗战大局计，二国亦宜增加交谊也。

六月二十一日　星期日

天气极热，中国空军飞机数次旋盘。

徐象枢来谈，国防最高委员会设法规整理处，原为戴季陶建议，意在减法制专门委员会（王雪艇）之权；又商交通银行对工业投资及放款事。

近时同盟国受攻颇烈，（一）Tobruck 为德军 Gen. Rommel 所围攻，英军（为 Gen. Ritchie 所率）不易解围；（二）Sevastopol 为德军猛攻，Fort Siberia 已失；（三）日军占 Aleutian Island 之 Attu 及澳洲以北之三岛，英首相亲往美京，当为商洽如何挽救也。又闻日军占 Aleutian 岛之 Kiska。

六月二十二日　星期一

国府纪念周，林主席，蒋在蓉未归，何应钦报告。

非洲英属 Tobruk 已为德军攻陷。Churchill 尚在美国。

接见赵俊秀、郭无量。

六月二十三日　星期二

行政院第 569 次会议,孔主席。(一)四行统一发行办法自七月一日实行,中、交、农三行财产移交中央行接收。中央行担任保证准备,照百分之四十定价,三年付款,年息五厘,由财部分别函令知照。(二)卅二年度预算,孔言收入款约一百万万元,支出总数以二百万万元为限。又言,美金公债推销极少,美金储蓄券仅售三百万元。

接见 John Carter Vincent、王文伯、陈伯庄、沈立孙、顾一琭、薛次莘、胡肖堂……(Vincent 言,袁良到渝系为议和)。

Sevastopol 有已失守之说!

六月二十四日　星期三

军委会何敬之召集谈话会,张公权、傅秉常及余等商洽向苏联及伊朗商洽由波斯湾或乌门湾运货至阿马阿达,每月三千吨,由苏联购(用锡)汽油三千吨,并向苏联商供玉门采炼设备约二十吨。

蒋已返渝。(出行九天)

工矿调整处周会(第一次),商实行工业管理各办法。

访蒋梦麟。

潘宜之谈,上月有日人黑木用华人张某名片谒黄旭初于住宅,自言曾在东京见东条,愿至内地向中国讲和,成则国家之福,不成即可牺牲性命。黄将此人用机送渝,由中央处理!迄今此事极密。(昨日,王文伯亦谈及此事。)

六月二十五日　星期四

四行理事会第 131 次会,孔主席。交通部定铁路客车运钞券,费照包裹四倍,再打对折,孔痛骂。

接见荷兰公使 Van Breugal Douglas、沈爕良(圻,西北公路副局长)、裴季浩(益祥,黔桂铁路副局长)、赵学海(建国造纸公司经理)、刘瑞恒(在港时颜惠庆面谈,日人愿与我政府言和)。

中国工程师学会董事会议,到者:陈立夫、韦作民、叶秀峰、徐可均等二十余人,商年会筹备各事。

中国开辟之大飞机场(为空军攻击日本之用)原在衢州、玉山、丽水三处,兹皆为日军占领!

美政府宣布 General Eisenhower 为欧陆战场美军总司令。

六月二十六日　星期五

U. S. National annual income near reaches ＄110000000000(一千一百亿金元)。

十二时见蒋,告以苏联卡车已全数撤回,并不宜过轻苏联,因三月二十八日苏联大使函孔,谓苏卡车至兰接运生丝系最大让步。孔批准照办,交凌冰。凌即于四月六日函孔,孔亦复潘大使伤会(易货委员会)签订合同。五月五日凌又函苏代表,言已得管理运输机关同意,盖运统局曾电监察处及西北公路局酌予便利,故中国方面确曾同意也……蒋嘱余速【往】新疆,商独山子油矿事,并可电邵力子面告苏联政府。

往访傅次长秉常,商洽致邵电措辞。

接见 C. M. McDonald(将返伦敦)、J. Franklin Ray Jr(新自美国来,管租借法事)、John C. Vincent、John Paton Davies Jr(将往昆明)、A. J. Bell。

六月二十七日　星期六

至枣子岚下[垭]72 号,见航委会周至柔,电话成都毛邦初,商乘机往新疆事。发邵力子电,为独山子油矿事。下午面告孔……孔忽问曾否电商缪云台为次长,余言绝无此事。无根造谣,可骇!

邀集刘瑞恒、李廷安商洽 PUMC 事。因日前 Edwin Lobenstiar 自纽约来电，言 R. F. China Med. Board 请组 War Time Committee，余为主席，周寄梅、李廷安、刘瑞恒、朱章赓及 Gordon King 为委员，商拟七月二日开委员会成立会。

Rock. Found 第一次拨 U. S ＄ 25, 000，汇存渝中国行，合成国币 467836. 26 元。

六月二十八日　星期日

接见范旭东、张丽门。

商办炼油厂（用桐油）如下：

大华炼油厂	经理	钟纯乾	技师	王芝伦
重庆厂	厂长	刘主生		
广安厂	厂长	杜范九		
涪陵厂	厂长	危石顽		
云阳厂	厂长	李裕仲		
石柱厂	厂长	吴汉皋		
丰都厂	厂长			

Winston Churchill 已返伦敦。罗斯福、丘吉尔宣言，称赞苏、中二国之战绩，并言二人在上年八月及十二月均曾会晤，目前同盟国胜利形势，较上二次会见时已增优胜。

六月二十九日　星期一

国府纪念周，林主席，蒋亦到，傅秉常报告外国战状。

蒋俭午侍参（六月廿八日）代电（第八九八号）：盛督办已有麻电称，新印航线之航路决定，航站机场、油料运输、通信联络等事，请派毛邦初来新商研解决等语，希即准备与毛总指挥飞新就商。

胡适之五月十七日来函,劝余及王雪艇为"拂士"。

接见何浩若、熊祖同、夏彦儒、刘廷芳、余纪忠(胡宗南之秘书)、石凌声(湖北硫酸厂长)、谭锡畴。

六月三十日　星期二

行政院会议第 570 次会议。因分属负责施行细则案,陈秘书长仪拍案而言:办事不能不遵委员长命令,今欲违背命令,余不能赞成。孔起立而言:此为政治从来未有之失态,不能容许,如果如此行为,余惟有向中常会辞职。陈又言:余觉委员长一切改革意义的命令,行政院向不遵办,如此何能为革命政府。孔言:陈秘书长就职未久,难道在座各部长都自认坏人,陈秘书长不应信口诬蔑。陈言:今日余讲此话,当然准备牺牲……

与孔、陈、蒋、张谈赴新疆事。又见及毛邦初。又见蒋,说赴新疆之办法。

七月一日　星期三

蒋电话告余,在新与苏代表洽商时,要事可先请示决定。

访陈公洽,嘱转送函于朱一民。

张公权来谈,交通方面昔韦作民、潘光迥、吴元超、尤寅照、龚学遂、何竞武。

闻蒋又派刘攻芸为四联秘书长,徐继庄为邮汇局长。

七月二日　星期四

四行理事会,秦代去。

依从蒋昨晚电话约张元夫来见,为通常谈话。张送至机场。下午四时,偕韦作民、吴元超、尤寅照、龚学遂、毛邦初等自渝飞蓉,坐美新来 C53 号专机。

在蓉,见张岳军、胡子昂,住川康铜业管理处。蒋电话,询曾否携直达电码。

七月三日　　星期五

七时半自蓉起飞,经剑阁、广元,十一时半抵兰州。朱逸民、何竞武上机同行。十二时开,二时三刻抵酒泉午餐。孙越崎上机。三时半开,七时半抵迪化,住省政府之花厅。

蒋亲笔函盛言:弟之责任,即兄之责任,当国存亡危急之时应一致工作。又,蒋致朱一民电,对盛一意信任之。

今日苏联 Sevastopol 失守。

七月四日　　星期六

早餐后,余及朱一民与盛单独谈话。盛意:(一)与苏应亲善;(二)为顾国权,使新疆永久为中国领土;(三)盼能有机会亲见委员长;(四)新疆人口四百万,内汉人仅四十万,应移民入新疆;(五)军队不到二万八,现仅一万数千人。晚,电蒋报告(密,未译送盛)及电吴兆洪(送盛阅)。嗣盛命,凡余电报一律密发,不必送稿。

《西北地理》,汪公亮著。

七月五日　　星期日

至乌鲁木齐河畔肥皂厂旁洗浴。

盛邀朱、毛、何及余午餐,其宅眷同食,一妻、二女、三子。

盛迭邀朱逸民长谈。……

盛请晚餐,在西大楼。盛未到,李英奇代表,苏代总领事 Rudchinco 等六人亦到。

七月六日　　星期一

朱逸民、毛邦初、何竞武及余同在盛处午餐。毛邦初乘机飞伊宁,尤寅照同往。新疆交通处王处长至东花园与交通人员谈话。朱谈新疆要事。

Rursk 已失，苏德战事已至 Don 河。

盛世才（晋庸），盛世骥（亦庸，第五），邱宗浚（秘书长），邱毓熊（定坤，盛妻邱毓芳之弟），王镜楠，盛……（仲庸）

同行者毛邦初、罗节、朱逸民、张宣泽、何竞武、韦作民、潘光迥、吴元超、尤寅照、孙越崎、周大训。

七月七日　星期二

今日下午，苏联代表飞抵迪化，外次先见盛……

全日，余及朱均未见盛。

电蒋（朱将飞渝报告）及吴兆洪（非得余允，勿为协和事电美）。

七月八日　星期三

余往南门大街一行并购物。又参观新疆学院（前年新建，学生二百五十七人）。见苏联领事馆，范围颇大。

……

七月九日①　星期四

七月十日　星期五

朱逸民偕张宣泽上午九时半（渝时）离东花园，往兰州。盛晋庸偕其夫人送行。余有长函（七、九）致蒋，托朱面呈。

盛与苏联外次谈话，盛五为译人。邱陪余参观无线电台（苏联制，一千 volts，其价五万美金）、农具厂、农牧场。

黑水南为妖魔山，北为红山嘴（虎头崖），为迪化要塞。

七月十一日　星期六

今日未出，住督署东花园内，阅（1）*Turkistan Tumult* by Wu Aitchen；（2）*Russia* by Bernard Pares。购呢大衣一件、玉圈二、玉章

---

①　字迹不清，无法辨认。

二、水晶章二(220+680【元】)。

温州、瑞安均为日军占领。

盛之六大政策:反帝、亲苏、民平、清廉、和平、建设。

七月十二日　星期日

烟煤出水西沟,在阜远、阜康间,距省城约九十公里。无烟煤出昌吉,距省城约六十五里。

红山嘴古物陈列馆前有大钟,道光十三年造,记水西沟煤铁盛产。

参观师范学校,规模大,有斯大林照片。迪化南之盐池有归化人洗浴。刘文龙之花园现归农牧场管。

七月十三日　星期一

上午七时余起身往独山,同行者孙越崎、何竞武、龚伯循(交通部人员皆未往),陪往者新省交通处长王镜楠。过昌吉县及呼图壁县,有天山北流之小河,桥多未完,须绕岔道。迪化城外约 18 公里有中苏联航机场。约十二时,至绥来招待所,距迪化 135 公里,午餐。下午约二时又起身西行,沿途多种棉,颇宽广。旋有大河,穿破山地。涉此大河,而至延集海,距迪化约 209 公里。自此而西,广土沙漠,不见种植。至距迪化 251 公里处,转向南行之支路,约八公里有余(可作为九公里)而至独山矿厂。厂中文厂长偕同苏人总工程师至半途迎候,同至矿中之招待室,时约五时。旋即参观矿井及炼厂,厂工程【师】能英语。用管子蒸留[馏]法,能每日处理原油 150 吨(即 45000 加仑),实出汽油 18%—19%,灯油20%—23%,故全年汽油最多不能过 2565000gall。近时每日用原油约 30 吨(即 9000 加仑),出汽油约 5.7 吨(即 1710 加仑)。本年上半年六个月,共已出汽油 400 吨(即 12 万加仑),灯油 500 吨

（即15万加仑）。汽油归迪化军务处支配，灯油作为商品，由财政厅平价支售。

独山距乌苏县支路12公里，正路15公里。乌苏距迪化266公里，迪化距伊犁边卡655公里。

七月十四日 星期二

十四日晨，继续参观各矿井及独山油田。第32号井因无油而作废，第20号井经常出油，每日约10吨至12吨，用管引至油屯。钢油屯二，每屯能储油350吨（即共约储原油21万加仑），用六时管，引一公里又半至炼厂。厂有汽油储油四个，每个容350吨。地层为第三纪，有油层一，厚约3—4公尺，大致及穹形，北部极乱，正勘探中。有两套能凿深至2500公尺，出油井约深700—1000公尺，用水取自6.5公里处之奎屯河，提升约160公尺。探井自1935（民廿四年）开始，炼厂自三年前始建，现已完成，现重在探采。……米价每斤三角半，猪肉每斤一元五。有公安局王局长，矿警约80人，长期矿工800人。事务及省出款项由华人负责，建设生产苏联负责。苏联技术人员共140人，连眷属二百数十人。

午后二时半起身东返。

七月十五日 星期三

总工程师 Niritin，地质师 Bagrov，钻井主任 Enoshkin，又一人 Liofkin，炼油主任 Edemsky（能英语），建筑工程 Avagnessor，技术 Halipia，运输部 Urchinko，会计师 Paliakov。

昨晚，住绥来招待所，颇宏敞。县之南城前次汉回交争，残杀殆尽，县政府孤立其中。今晨八时起身，约下午一时返抵迪化，仍住于督署之东花园。下午洗浴。

韦作民面告：十三日曾向盛世骥提议，派员测量公路及铁路路线。盛晋康于次日托人转告,须俟整个问题洽定后方能决定。

七月十六日　星期四

上午,将独山油矿概要电报蒋,并告以盛专盼朱自渝归来,俾于整个问题能有了解;对油矿事则言,未得中央允准以前,不对苏签约。

德攻 Don 河及佛罗内兹 Voronetz 甚急。英、德在埃及北部作战,Crete 岛上德方加兵五万人。浙赣路已全为日占。

七月十七日　星期五

闻朱逸民今日自渝北飞。

苏德仍在 Voronetz 激战。在 Alexandria 之法舰,美 Roosevelt 向维琪建议开往 Martinique,维琪不允。

本月二日及十六日,盟机两次袭汉口,亦曾叠袭广州。

七月十八日　星期六

朱逸民自渝飞兰州。

七月十九日　星期日

下午,朱逸民飞至迪化,携来二人,一为译电员。原来飞机由渝飞往印度,来者为另一架,到后即转往伊犁,接毛邦初。

盛请晚餐(汪鸿藻代表),有苏联外次、总领事……及余等,但盛另约朱往晚餐谈话。余颇醉。

朱携来蒋复余函(七、十七)。

电蒋,建议经由苏联运输办法。边界至哈密由苏代运,由中国照支运费,哈密至渝由中国自运,每年运货往返各以二万四千吨计。哈渝间需汽油四百五十万加仑。另由苏商购汽油四千吨(一百二十万加仑),机油一千吨(三十万加仑)。除油料外,实运货物每月约一千六百吨。

Saratzeck-霍尔果斯 240KM,霍尔果斯-迪化 780KM,伊宁-迪化65【KM】。Saratzeck车站少栈地，不常利用，平常多用较西之Alma-ata。

七月二十日　星期一

盛与苏联外次Dekanozov长谈，并共晚餐。夜十一时许，外次返领馆后电话告别，并歉以未能更谋晤见。

七月二十一日　星期二

盛邀朱逸民、何竞武及余同往谈话：（一）Dekanozov携来Molotov七月三日致盛函，责以独山油矿何以不照成议而报中央参加；（二）组成西北运输委员会。……分别电蒋报告，后一电由朱、盛、余及何会同具名。

新省运输局长盛世英及交通处长王镜楠来谈话。自本日起改此君招待。

苏外次Dekanozov于晨五时乘机返国。

七月二十二日　星期五

上午，盛邀朱往谈，下午未谈。

报载，美国Langhlin Curry复至重庆，又美政府任Leahy海军上将为美国总司令（即大总统）的参谋总长。按：美国现有参谋长人员为：一海军作战部长金氏King，陆军参谋总长马歇尔Marshall，陆军航空部队参谋总长安诺德少将。

七月二十三日　星期四

故宫博物院古物前在列宁格勒陈列者，现已运至阿剌木图，商洽如何运至重庆。

闻毛邦初已自伊犁飞莎车而至New Delhi。

二十三晚Hull广播：侵略者活动始于1931年日军侵华。日征东半球，希特拉征欧洲大陆及英伦三岛，藉英海军以得海上威权。1940 年 9 月 27 日又订三国公约。将来须建有力(甚或有强迫力)确保国际和平之国际组织、国际正义法庭,监视侵略国,直到他们表示情愿并有资格和他国和平相处,防止极端的国家主义及独裁。资本自财力较强之国家流入财力较弱之国家,或立国际贸易特别协定。目前务得奠定性的胜利。

七月二十四日　星期五

盛于上午来东花园谈话,同午餐后始行。(一)速修中印公路,由新疆经昆仑山而至印度;(二)库车油矿由中央派员采炼;(三)盛主新币应保存,每三元二角易美金一元,有信用,请中央决定国币兑率及实行办法;(四)从前 Eric Teichman 至新交涉经过,此次英领事至新;(五)盛尚盼苏方有人来谈独山油矿。

与朱、盛会名签【呈】蒋,陈明(一)及(二)意见候示。

电沈君怡及顾一璟。

七月二十五日　星期六

电张公权,请电在印之毛邦初,能否于二十九日飞迪,否则请派一中航机来接往兰。电钱乙黎,请向居里说明出口矿品及工业必要开支。

盛邀晚餐,请英驻喀什总领事 M. C. Gillett。

《新疆日报》言:(一)同盟国(苏、美、英等)月出飞机 9600 架,坦克 8500 架,德及与国月出飞机 3900 架,坦克 3000 架,同盟国人口 1500000000,领土 100000000sq. KM,德及与国人口 200000000,领土 5000000sq. KM;(二)美国 1941—1942 年国家岁入为 U. S. $95000000000,每人平均逾七百元,德国自称每年收 Mark90000000000,可见美国财力为德国四倍,美年产麦二千万吨,谷六千万吨,当全世界产量一半以上,年产原油一万万八千万吨,煤逾五万万吨,棉逾三百万吨,钢一万万吨,飞机每月五十架。

七月二十六日① **星期日**

七月二十七日 **星期一**

伊犁宁明阶、莎车田曦电复,毛邦初定廿九日自 Peshawar 飞莎车,时间许可,当即飞迪。

电机装成,迪化与兰州、重庆皆能通话。

七月二十八日 **星期二**

苏联红海军 24 周年纪念。

蒋敬侍参电:西北运委会及兑换办法已交有关机关洽商中。

Gillett 领事面告交通诸君:自新入印之路有二:(1)蒲犁沿河上溯,经 Ujadbar-Taghdumbash Pamir-Mintaka(高 15500ft.),或经 Kilik(15600ft.)而入印境,均通印度之 Murkohi,再沿 Misgar R. 至 Misgar(1000ft.),有邮电。又至 Hunza(1000ft.)。又至 Gilgit(可作交换站)。又至 Bungi,接 Indus R. 至 Kashmir 之都城 Srinagar。(2)和阗经 Leh 至 Rawalpindi。又航空气象站可设于蒲犁,Murkohi、Misgar、Gilgit。

晚间,盛邀观各民族歌剧及电影(去年四一二纪念)。

七月二十九日 **星期三**

毛邦初乘机由 Peshawar 越昆仑山至莎车,又至伊犁。

七月三十日 **星期四**

上午九时,在督署西大楼讲《经济建国》,听者九百六十余人,历时二小时又一刻。讲堂中悬国旗、党旗,孙、蒋照像,且已令各机关及铺户制备党旗。与朱会同电蒋报告。此为新疆拥护中央之正

① 本日无记。

式表示。

毛邦初等自莎车飞来。

盛派戴润博(矿业局局长)、孟浩然(工程委员会)往兰州参加工程师学会。

七月三十一日 星期五

上午八时半自迪化起行,下午四时半抵兰州,同行者毛邦初、孙越崎、韦作民、戴润博、孟浩然等。住西南门外官驿后沈君怡宅。燕娟已先二日到,同住。

八月一日 星期六

住兰。工程师学会注册第459号。下午,邀请地方人士在励志社茶话会。

筹委会公宴,在甘肃学院,会员注册者达521人。

晚餐举行工程师学会董事会,推举致词人选及各项会程。

八月二日 星期日

上午九时,在抗建堂工程联合年会开幕式,余主席。余读林主席、蒋总裁训词。凌竹铭读孔词,顾一樵读陈词,徐可均读张词,赵龙文读谷词,吴稚晖、张鸿汀各致词。

下午会务会,讨论下届年会地点(西安由分会孙继丁邀往,凌勉之附加,桂林由许应期邀往,西昌由分会雷宝华来电,康定由周崇礼邀往),举手表决,到者458人,赞往西安者204人,赞往桂林者164。

谷主席邀晚餐。

余广播讲《西北区域工程建设的意义》(在中山林讲)。

八月三日 星期四

省政府交议专题四:(一)天水至兰州铁路线;(二)甘肃水利工程;(三)甘肃钢铁事业;(四)甘肃各种工业。

市政府交议专题：如何建设新兰州。

八月四日　星期二

省政府代表到会者：河南水利处长鲁祖周；陕西建设厅长凌勉之；甘肃建设厅长张心一；新疆矿务局长戴润博，工程师孟浩然。

八月五日　星期三

兰州大雨，倒屋坏路。

八月六日　星期四

工程标准协进会成立会。

下午，工程师学会董事会讨论下届年会地点，决议重付表决。

八月七日　星期五

上午，国父实业计划研究会。

下午，会务讨论会，下届年会地点西安或桂林，重付投票表决。余仍当选会长，副者胡博渊、杜镇远。

晚，学会公宴，余致词，谷答谢，给荣誉奖章于孙越崎。

八月八日　星期六

会员游兴隆山。

崔叔言谈：（一）热心于水利公司，（二）四行改组，农民【银行】极重要，（四[三]）顾季高应组财政中心，（五[四]）组设国际贸易公司。

八月九日　星期日

吴稚晖、孙越崎、孟浩然、戴润博等西飞。

余与留驻迪化之朱逸民电话。

吴帮办、周大训等今日十时自迪化飞往成都。

八月十日　星期一

周大训等今日自成都飞抵重庆。

往见谷主席辞行。

八月十一日　星期二

晨八时自兰州起飞,谷主席纪常、王厅长艺浦、崔经理叔言皆来送。下午十二时半,抵重庆九龙坡机场。一时起,重庆大风雨。晚,晤钱乙黎、秦景阳、张岳军等。

八月十二日　星期三　壬午七月朔

上午八时,在张公权宅早餐,与公权及张岳军谈及新疆各事,拟派秘书长、外交特派员、教育厅长人选。

晚,访贝淞生,谈新疆金融、甘肃水利公司及建国纸厂公司各事。

八月十三日　星期四

美海军在 Solomons 群岛对日大战已一星期,仍进行中。

李赓阳允任中央地质调查所所长。

八月十四日　星期五

下午四时见蒋,报告新疆各事,遇见李福林、周恩来。

中英文化协会晚餐。钱乙黎来宅谈话。王雪艇来部谈话。

八月十五日　星期六

蒋飞往兰州。

接见何竞武、胡侗群、尹建猷、李赓阳。

U. S. marines are within sight of victory or at least 3 islands : Tulagi , Florida and Guadalcanar.

十二日至本日共四天,在莫斯科,Winston Churchill、Joseph Stalin、Sir Alan Brooke、General Archibald Wavell(能俄语)、Sir Alexander Cadogan、Molotov, & Voroshiloff 会谈大局。

八月十六日　星期日

接见钟道铭、陈匪石、谭仲逵、张丽门、罗志希。

访胡子昂于华康银号(陕西巷197号)。访孔庸之于万松岭。

盛世才未加入中共,但曾加入苏联之共党。白健生曾电商入新,盛复电未允。

八月十七日　　星期一

国府纪念周,余报告西北近况。

接见英大使 Sir Horace Seymour、苏联商务代表 Ivau Bakuline、胡子昂、穆藕初、陆宝愈、刘廷芳。

八月十八日　　星期二

行政院第577次会议,孔主席。(一)教育部追加高级教育预算一千七百余万元,文内发挥国库拨款太少,颇受孔及蒋廷黻之责备;(二)通过资和五百万元,资渝一千五百万元,威远一百万元;(三)食油管理处准试办六个月,经费由物资局匀支。

接见波兰代办 Jan Drohojowski、美使馆秘书 John Carter Vincent、林竞(烈敷,南温泉汉口医院楼上)、朱章赓、袁贻瑾、徐蔼诸。

北平协和医学院由日人布告解散,当时曾有吴宪(Hsien Wu)、王锡炽(S. T. Wang)、林宗扬(C. Lin)、刘士豪(S. H. Liu)及袁贻瑾(I. Chin Yuan)五人组委员会。又协和曾加入合办公共卫生所,现在协和房屋日人用为军医院。

访吴铁城,谈新疆事。签订向苏联购汽油1600吨合同。

八月十九日　　星期三

戴雨农邀余及刘廷芳晚餐。戴颇示好意,言政府宜铲除贪污,好人宜互相合作,以后愿随时面谈。

今晨,英海空军及加拿大军、美军及战斗法军联合攻法国北岸 Dieppe,并努力登岸,德军坚抗。Solomons 美、日海空军仍认真作战中。德军攻 Stalingrad。又高加索 Grozny 油田因德军逼近而极感威胁。

八月二十日　星期四

四行理事会第 139 次会,孔主席。

至外交部使领人员训练班,讲《经济建设》。

接盛世才电,请荐水利、矿产等顾问。电胡宗南,商吴景超、
【吴】半农、卢郁文、萧孝嵘、邵爽秋往暑期军官讲习班。电孙越
崎,准备迎候蒋自兰州参观油矿。

与吴兆洪谈:(一)钱乙藜训词"公、诚、拼",其中"拼"有似打
人,殊不合宜;(二)补助大学本年成绩甚少,下年度宜不得罪陈氏
一派。

八月二十一日　星期五

接见徐子言、吴任之、吴蔼宸、顾一琼(自兰州返)、宋麟生(液
委会)。

蒋于十五日下午抵兰,夫人及吴礼卿、贺贵岩同行。马步青、
步芳次日即到。又专机接胡宗南、熊斌至兰。傅作义、马鸿逵亦
到。十七日扩大训练周,蒋训话。又亲笔函盛世才,接彼于十九日
抵兰。马步芳、马步青谈后先返青海。

蒋廷黻谈印度问题。蒋对英大使 Seymour 曾言,英对印度办
法,美国既表同情,如果中国亦表示赞成,则使印度人甘地等感觉
除联日外毫无出路,殊不为佳云云……此言实有政治眼光。

八月二十二日　星期六

徐堪召集何应钦、王世杰、张嘉璈、陈方、庞松舟及余,在春森
路九号徐宅午餐,谈物价。徐主张裁机关、限员额、节兵数、增待
遇,以安定人心,并改良物价管制。推陈方起草。

苏联 Piatigorsk、Krasnodar 等处皆已失陷。

八月二十三日　星期日

在家未出门。

八月二十四日　星期一

国府纪念周,戴季陶报告。

为受训(中央训练团及会计受训人员)人员讲话。

对酒精厂长张季熙、施有光、陆宝愈、齐熨、金石湜讲话。

与陈伯庄、顾季高、钱乙藜、林文英、江□屏等讨论实业借款及其他借款办法。

八月二十五日　星期二

行政院第 578 次会议,孔主席。商定以后平价米不造眷属名册,三十岁以上职员每人一担,二十五岁至卅岁者每人八斗,廿五岁以下者每人六斗;又生活补助按薪俸加成。

接见李祖聃、李祖淳、龚介民、张华联。

夜间大雷风雨。

八月二十六日　星期三

至工调处,与管理工业器材人员谈话,秘书袁子英、尹衍钧,钢铁李景潞、萧家驯、田澈,(水泥)林继庸、袁子英,化工原料林继庸、宋梁。

接见何浩若,谈:(一)各方反对物资局情形;(二)管理物品,宜以日用必需品及无其他主管机关者为限;(三)第一时期范围以四川为中心,或兼及黔、鄂,不必统管较远省份。

接见 Audré Guibaut、徐厚孚(谈维持滇锡办法)。

八月二十七日　星期四

国府孔诞纪念会,林主席,孔庸之报告。

接见 Mead(美孚,谈油矿)、李景潞(商助滑钞机材料)、王东原与杜建才(谈国防研究院)。

苏联大使馆晚点并观电影。

日反攻 Solomons，又在 New Guinea 岛 Moresby 之东二百四十里登陆。

苏军在 Kaliningrad 附近反攻获胜，德在 Stalingrad 附近则受迫颇紧。

八月二十八日　星期五

偕同李赓阳(春昱)至北碚中央地质调查所。李君就所长职。

八月二十九日　星期六

一百年前之今日，即 1842 年，《南京条约》签字，华方为耆英，英方为 Henry Pottinger。蒋廷黻讲 When East & West refused to meet。汪精卫广播，攻击英国。

经济部考核委员会第五次会议。党政考核委员会秘书长张历生到会发表意见，办事及报告均应实在，对资委会、大渡口钢铁厂及甘肃油矿，均有不满之辞。余说明各机关职责各有条分，又谈及经建关系之重要。何公敢亦发言。

接见陈长蘅(彼为糖业专卖局董事长，与秦次长面商酒精原料管制办法)、贝淞生(中国银行愿设新疆分行，甘肃水利公司股本已面呈孔，可不转让)、李润章、何孟吾。

蒋偕贺贵岩、朱逸民、谷纪常、罗卓英、马鸿宾、胡宗南至嘉峪关及甘肃油矿训话，并赏一万元。

八月三十日　星期日

熊祖同、张兹闿、杨公兆来宅谈话。

谢蘅窗偕其妾、媳及三女同来午餐。

八月三十一日　　星期一

国府纪念周,孙哲生讲十五年来立法情形,分为政治、司法、经济及国防四部分。经济部周会。

接见李润章、陈公洽、崔唯吾。

电谷纪常,告贝淞生已得孔允可,中国银行在甘肃水泥公司之股份可不退让。

九月一日　　星期二

行政院第 579 次会,孔主席。(一)蒋电提甘肃河西永登至敦煌水利宜年拨一万元,由水利委员会督导甘肃水利林牧公司办理;(二)蒋交新疆外交革新,分别派员前往,决议以吴泽湘为外交特派员;(三)新定分送食米(即前平价米)及生活补助费(基数二百元,其余俸额加半),自十月份起实行。

《新经济》聚餐,到者陶希圣、顾一樵等。

九月二日　　星期三

接见钱子宁、李润章、Jacques Smets、张□青、卢文甲。

蒋电令:苏联莫洛托夫电盛世才,愿与中央商合办独山油矿,令与外交部洽商。外次傅秉常、钱泰来谈。

访喻传鉴,商熊明华、季华及郁飞入学事。

日本东乡外相(曾任驻德大使)辞职,东条继任。如此则东条一人身兼首相、陆相及外相三职矣。

重大校长张洪沅来谈:(一)盼能定量分售;(二)工厂向工调处借款;(三)马寅初返渝,商学院院长刘大钧请马回任。马言请刘代理数月,因此校方大感为难。

九月三日　　星期四

四行理事会第 142 次会议,徐可亭主席,农行贷四川水利局一万万元;发行四联另组织。

请银行界(陈潜庵、刘攻芸、赵棣华、卞白眉、沈熙瑞、浦信
[心]雅)……晚餐。张丽门商谈工贷办法。

傅沐波面言,昨夜有三人持手枪四枝入曾家岩住宅,捆绑家
人,质问处理前次涪陵失款(廿二万元)案之不公。胡仲实、肖
[萧]仙阁与彼同来,欲找孔面报。

九月四日　　星期五

胡宗南来电,欢迎学者往西安讲学。盛世才同意资委会在猩
猩峡设运输处。蒋电筹办库车油矿。

举行 C. M. B. 之 War time Comittee,到者刘瑞恒、朱章赓、Gar-
den King。

华侨何葆仁、许生连、李文珍、许文顶(四人皆为参政员)、洪
方正五人来谈,拟组华侨建设公司。同来者有海外部之郑善政、余
超英,交通部之陈宣耿,及李方珍之弟。

九月五日　　星期六

偕蒋廷黻、李润章、张丽门、杜再山、许道生同往甘家碑之资渝
钢厂,郑葆成等招待。又往石门坎之资和铁厂,林可仪、刘刚招待。
天雨,但尚不困难。

通货总额:26000000000 元

沦陷区通货共:5500000000

南洋通货:500000000 　共为 600000000 元　后方通货 19000000000 元①

损毁约计:40000000

$$\frac{19000000000 \text{ 元}}{200000000 \text{ 人}} = \text{每人约 98 元}$$

---

① 　原文如此。

九月六日　星期日

在家。函李赓阳,寄悼计晓清及朱子元诗。

中国化学会在重庆大学开第十届会,吴承洛、张洪沅、魏元光、马杰等主持其事。余讲工业革新先需研究,一面试验研究,一面公开讲演。

社会部参事李俊龙谈及朱子元冤诬而死,魏道明为驻美大使,均极愤慨。

卅一年六月底止四行局农贷统计表

	结余总额	%	本年上半年贷额	%
合计	567832000①	100	277267000	100
中信局	27060000	4.8	7252000	2.0
中国行	239275000	42.1	136789000	49.3
交通行	44910000	7.5	22712000	8.2
中农行	256597000	45.2	110514000	39.9

九月七日　星期一

国府纪念周,傅秉常讲国际战局。

德传已攻占苏联黑海军港 Novorssisk［Novorossiysk］,苏黑海舰队不易在黑海上驻,万一冲出 Dardanelles,则土耳其中立即成问题。

Wendell Willkie 日内在埃及,至土耳其,又至伊朗,将往苏联。Stalingrad 尚在抗守中,德军已攻至外围。日、美两国海空军仍奋斗于 Solomons、New Guinea,美损失较大,但占地并未失。

---

① 原文如此,应为567842000。

决以魏道明为驻美大使,胡适为行政院高等顾问。

蒋尚在北方未返!

九月八日　星期二

行政院第580次会议,孔主席。陈立夫为追加(一千八百万元)预算事大抱不平,并对蒋廷黻不满;孔允加五百万元。同会中,财政部追加三亿余万①元之多。

接见闻亦有、严敬斋、盛蘋臣、赵可任。

晚宴邵爽秋、肖孝嵘、吴景超、吴半农……

函送工贷办法于四联总处。

Roosevelt咨请国会在十月一日前决议,授予管制物价之全权,如届期不能决议,彼当自动执行。

九月九日　星期五

与张丽门谈工矿事业普通股、优先股、公司债办法。

接见刘驭万(电胡适之)、Vincent、盛蘋臣。

中国兴业公司第二届第四次常董会,余代主席,到者:王正廷、徐可亭、陈潜庵、贝淞生、胡仲实及总理傅汝霖。八月份出铁三二八吨一,存一〇六【吨】,钢一百十二吨,钢条及铸件七四吨,存二六六吨,煤五一三吨,粘土二一六吨,机件七五吨,电料十一种。现金共收一六五二四八三七元,共支一二四五一又八二元。傅口头报告:上年十月十一日严耀明在涪陵遗失廿二万元。矿长郭楠、保卫队长薛仲鸣。本年本月二日夜九时至三时,薛偕李、丁二人持抢入傅宅伸冤,被拘丁姓一人。

---

① 原文如此。"万"疑为衍字。

九月十日　星期四

公债筹募委员会第一次会议在范庄开会,孔主席,闻亦有为秘书长。

工矿银行(林森路二号)陈立夫请晚餐,有雷震、洪兰友等。闻股东内有陈敦甫,江津特贷商,亦与亚西银行有关,经理翟温峤。

赴盛蘋臣(金城别墅五号)晚餐,遇见昆明裴市长及华堂柳经理。

九月十一日　星期五

今日为孔庸之寿日,往祝。孔召集中央银行、中央信托局、贸易委员会职员训话,勉为廉洁,勿舞弊。

国家总动员会常委会议,吴铁城主席。有人主张将民廿五年前之纸币作废,只作廿五年以后之新币。

资委会周会。

钱乙藜来宅谈话。

英海军又向 Madagasca 岛(法属)进攻,美政府宣言赞助。

德军仍压迫 Novorossiysk 及 Stalingrad。

九月十二日　星期六

孔召集物价问题讨论会(到者徐可亭、张公权、谷季常、何孟吾、戴雨农、吴铁城、端木恺、陈公洽、蒋廷黻……)。孔言,宜增加生产,节制消费。张公权言,宜管制(一)资本;(二)原料;(三)工资;(四)运输。

中法庚董会开会(李润章、张平群、谭仲逵、郑白峰),议决向四行借款二百十万元。

接见陈伯奇、谢冠生、何孟吾。

九月十三日　星期日

交通轻便铁道计划:轨距 75 公分,轨重每公尺 12 公斤,即每码 25 磅,坡度最大 2%,弯度最大公制 20 度,约合 60 公尺半径,基宽 2 公尺半,车站距离 10—12 公里。

$$\left\{\begin{array}{l}\text{重庆—合江(500KM)—1090000000 元}\\ \text{广元—天水(400)—905000000 元}\\ \text{龚滩—龙潭(100)—229000000【元】}\end{array}\right.$$

1000KM 2229000000①【元】

$$\left\{\begin{array}{l}\text{钢轨—1164600000【元】}\\ \text{机车车辆、机件—266000000【元】}\\ \text{其他工程—793340000【元】}\end{array}\right.$$

4447940000【元】

即每公里费 4447940 元

$$\left\{\begin{array}{l}\text{重庆—内江(283)—576400000 元}\\ \text{钢轨—362500000【元】}\\ \text{车辆—50000000【元】}\\ \text{其他工程—163700000【元】}\end{array}\right.$$

1152600000 元

即每公里 1152600 元,钢轨及配件每公里 22 吨

$$1000KM×22=22000 \text{ 吨}$$

$$283×22=6196 \text{ 吨}$$

28196 吨

预计 18 个月完工,初期运量每天 300 吨。

---

① 原文如此,应为 2224000000。

九月十四日　星期一

国府纪念周,贾德耀讲《人事管理条例》。

心钧起身往昆明联大,今晚住海棠溪,明晨起身经黔往滇。

接见施嘉炀,谈迁校事。

蒋自八月十五日往西北各地,今日下午八时许始自西京飞行返渝,旋即往孔处晚餐,往返几一月矣。

请管制司、统计处人员晚餐,谈公务。

滇越路及叙昆路之沈昌(立孙)因脑充血死于昆明。胡汉民之妻陈淑子死于重庆。

九月十五日　星期二

行政院第 581 次会议,孔主席。(一)Willkie 将来渝。驻马尼喇杨光泩等八人(中有朱少屏及王正廷之子)皆为日本人所杀害。(二)内政部拟《市政府组织法》。(三)下年度建设专款预算共约二十万万元。闻徐可亭言,本年度开支连追加在内,约共 25000000000 元,下年度(卅二年度)预算总额约为 36500000000 元。(三[四])为重庆儿童疗养院,谷正纲怪行政院参事陈之迈,因有指示不肯赞成,且不作签注,而作为部署审查,认为制度不良,大发咆哮。徐可亭亦对审查办法表示不满;(四[五])何敬之对资委会待遇太高表示不满。

接见沈鸿烈(慨叹中央政状不良,尚不及省政府状态之佳,又言 22 日往西北)、沈铭盘(通运公司)、党刚、卜昂华、胡仲实(言傅沐波辞中国兴业经理职)。

九月十六日　星期三

上午八时半,至中央训练团讲《最近之经济建设》,蒋已先到,正致训词中。

请荷兰公使、施嘉炀、恽荫棠午餐。

接见傅沐波(请辞中国兴业公司总经理)、马师亮(新任无线电分厂厂长)、何浩若、穆藕初(商陕棉购销)、L. K. Taylor、谢天赐、简贯三(立法委员,谈经济方针)。

访陈布雷,托梁思成、思永事;又谈魏道明为驻美大使,美方颇为不满。

九月十七日　星期四

四行理事会第141次会议,孔主席。通过协助工矿交通事业办法原则:(一)凡为增加设备等长期需要之资本,用增加股本或公司债票方法,有必要时可组银团承做;(二)流动资金用定货单或存货仓单由银行贴现;(三)购备原料以三个至六个月为限,并应按期报告生产数量。

下午至国防最高委员会,对各省代表谈西北经济情况。

下午邀集严敬斋、何孟吾等谈物价问题。

晚,请傅秉常、钱泰便餐,商谈交涉独山油矿问题。蒋返渝已四天,傅尚未能面见(!)。

陈立夫辞工矿银行常务董事,闻因蒋对此不满。

日本以谷正之为外相,青木一郎[男]为国务大臣,又决设大东亚省。

九月十八日　星期五

接见蒋梦麟、李品仙、徐景薇、刘驭万……。至王雪艇处午餐。

工程师学会董事会开会。

接见西北工业考察团林继庸、颜耀秋、李烛尘等约二十人,彼辈拟于廿一日出发北行。

苏联方面黑海三大港 Odessa、Sevastopol、Novorossiysk 皆已

失守。

美 Wendell Willkies 于昨日自 Teheran 飞抵 Kubissaf。

为 T. V. 荐魏道明为驻美大使,Monling Chiang 切言,T. V. 有才无度,逞意妄断,极为可虑……又以郑毓秀、李石曾等之误人不浅。

九月十九日　星期六

接见金宝善(印约欲购水银)、熊迪之、诸葛善继(两盐九所土司)、周象贤、蒋孟邻、何孟吾、 Harrison Foreman(N. Y. Time)。

蒋宅午餐。蒋言,Willikie 及英 P. M. 来时,宜善为招待联系,但不必有任何要求。

毛庆祥、邵毓麟登广告,辞工矿银行董事。陈立夫及毛、邵三人之辞工矿银行董事,皆因蒋怒责而起。蒋一怒而正义伸,可庆也!

戴季陶夫人移灵至华严寺。

至嘉陵新村六号,France Combattante 代表团晚餐。

蒋孟邻言,宋子文电报施绍[肇]基或魏道明使美,蒋选定魏,但接胡适之电告后,颇悔选用不当。

九月二十日　星期日

接见张演参、吴味经、余捷琼、张丽门、林继庸。

驻华严寺,与潘宜之、吴翔甫、熊传飞(总一科)、庞名举(总二三科)、杨文鸿(档案室)、王瑞锦(商业司)谈话。

往见戴季陶、安国,并往老庙戴钮氏灵前行礼。

接见卢作孚,见[谈]政府支出应改良支配,停止非必要之开支。

苏军与德军正在 Stalingrad 剧烈巷战。德军 General von Kleist 有为苏军击毙之说。

九月二十一日　星期一

国府纪念周,蒋训话,称许宁夏清丈地亩、调查人口,青海实行造林,工作切实,甘肃物产丰富,展览得宜……均较前进步。西南为抗战中心,西北为建国基础,应移民垦殖。嘉峪关为海州至伊犁(约距万里)之中点,粮食宜运至前方,免以军食扰民。对中央要员告诫:应慎重行为,勿营业舞弊,否则惟有惩处。

经济部周会,告诫属员切勿营业贪污,并商编报告之方法,又交曾炳钧等为修正。

接见 John Carter Vincent & Oliver Edmand Clubb。

燕娟自西北归来,自七月十八日离渝,旅行凡两个月有余。

访陶孟和。其夫人有肺病,将往兰州,住沈君怡宅。

西北工业考察团(林继庸等廿一人)今晨八时起身北行。

九月二十二日　星期二

行政院会议第 582 次,孔主席,商招待 Wendall Willkie 程序。行政院会计长及全体参事及简任秘书联名辞职。蒋函孔,请代慰勉,安心任事,但联名辞职殊失体统,亦有不合。

接见鲍国宝、顾一璞。

蒋手令:拟具战争后钢铁业、机器及电工器材业计划候核。

九月二十三日①　星期三

九月二十四日　星期四

九月二十五日　星期五

拟《新疆建设工作初步办法》,为设计局用。

接见齐启(农工银行)、Bell、何浩若、沈宗瀚、潘铭新。

---

① 本日及次日无记。

复 Theodore White,嘱勿发表甘肃油矿事。

九月二十六日　星期六

资委会公函液委会,估计甘肃油矿汽油除油矿局及资委会运务处自用外,可供分配者为三十万加仑。

余偕妻、燕、玲往金刚新村,见孙夫人,并参加 A. J. Bell 宴会,为 Rogers 生日及服务三十志庆。天雨。

九月二十七日　星期日

自金刚新村至宝积寺建川煤矿,潘铭新招待参观,熊仲伦亦在。日出约一百吨,工人效率约 0.90 吨,但每值发奖,效率必低。轻便轨至山洞已成,每车运煤或烂炭 0.70 吨,运费约每吨十五元。铁路轨距为 0.5 公尺。宝积寺旁桂花盛开。

晚至法比瑞同学会,为季树农及钮先绅证婚,吴兆洪、宁恩承为介绍人。

九月二十八日　星期一

国府纪念周,林主席,蒋未到(闻在黄山)。白健生讲回教救国(尊重政令,爱国,对总理遗像应致敬,自称教主系违背圣经。土耳其政教分离,改新宗教,不分派别。)。

接见周象贤、Fitzroy、周茂柏、李允成、黄人杰、张克忠、胡祎同、周国剑(送来蒋赠梁思成、思永二万元正,余即转李庄傅孟真,托其转交)。

中央设计局开会,商讨《西北建设计划》。

九月二十九日　星期二

行政院会议第 583 次,孔主席。赈济委员会(屈映光之意,又系戴季陶授意)请明令褒扬关炯之,谓为公正廉明,有功党国。徐可亭大为反对,吴礼卿亦不赞成。许静仁自请撤消。孔宣布蒋手令五件,整顿政府。

接见 J. Henry Carpenter、George A. Fitch(德士古洋行)、周象贤。

地质学会理事会,到者朱骝先、李赓阳、杨克强、黄汲清、侯洛村等。

外交宾馆,与傅秉常、钱阶平、钱乙藜商独山子油矿方案。

九月三十日　星期三

上午九时,国家总动员会议第三次大会,蒋主席,规定经济第一,物价最重,以后每星期会议,蒋自主席。

接见戚寿南(谈中央医学院补助费)、钱家泰(仰之,上海中国保险公司襄理)、李启宇(丰盛、太平、安平、中国天一保险总公司赴外稽核)。

折呈蒋:(一)中苏合办独山油矿协定草案;(二)派员估价及查勘办法。

十月一日　星期四

四行理事会第 144 次会,孔主席,责银行对美金储蓄券尚未实行美金汇票。

接见皮作琼(农部技监)、胡仲实、端木恺(奉孔命代理中国兴业公司总经理,傅沐波准假二星期)、张文潜、胡世杰、吴沆。

潘宜之言,范熙绩病并甚穷。

昨日,Hitler 在柏林大会场演讲战局。

十月二日　星期五

偕秦景阳到中央训练团,举行分组会谈,团员参加者 106 人。

下午,与交部卢次长、王驿运处长、杨路政帮办,经部庄仲文、欧阳峻峰,商谈西北建设计划。

Wendell L. Willkie 飞至重庆,孔至机场迎迓,军队及仪仗队,住牛角沱怡园。

十月三日　星期六

上午，Willkie 列访外交部、孔庸之（在宅，偕各部长同见）、何敬之（在军事委员会）、蒋（在宅），并至国府见林主席，即留午宴。下午，至中央训练团，Gauss 大使（嘉陵宾馆）茶会。晚，蒋夫妇请晚餐（军委会会议厅），同盟国之外交官及各院部长均参加。

十月四日　星期日

上午，陪同 Willkie 参观豫丰纱厂，并观动力厂、女工宿舍。旋至中石渡，登民生公司"屏山"轮，渡江至猫儿石，参观中央造纸厂、天原电化厂，返至纸厂午餐。余致欢迎词，Willkie 答词。餐毕，登轮至牛角沱。同行者 Vincent、Major Johnson、秦景阳、钱乙藜、欧阳峻峰、张丽门、吴闻天、沈昌焕等。记者同行者有 Foreman 等多人（中有苏联人二），季泽晋陪往。四时，蒋夫人茶会（外交部）。晚，蒋邀 Willkie 同餐，谈话颇久。

十月五日　星期一

接见孟培元（陈果夫荐）、杜镇远（建勋，主张造成都—乐山铁路，长一六〇公里，价四万万元）、林伯遵、邹玉琳。

徐国懋、刘驭万邀晚餐，在小梁，机房街 12 甲号，蒋梦麟夫妇、蒋廷黻均到。

今日，Willkie 参观重庆学校，何敬之邀彼晚餐。

国府纪念周，吴稚晖讲西北。组织部纪念周，余讲《经济政策》。

九月下旬，日本特使平沼等抵南京，闻汪政府已密签协定，including long term lease of Hainan Island, Chinese war power of Japan's disposed, recognition of autonomous states of N. China & Inner Mongolia bogus organizations.

十月六日　星期二

行政院第 584 次会,孔主席。

今日,Willkie 参观兵工厂,孔邀彼及其他美人在范庄花园中晚餐。

十月七日　星期三

接见 W. V. Blewelt(Ministy of Econ. Warfare),Sir. Eric Teichman(councella)谈洽,谈经济作战办法。

胡汉民夫人追悼会。何浩若起身(车)赴陕。

请陈济棠、白崇禧、李品仙、缪剑霜、胡维真等午餐。

往蒋廷黻宅晚餐。美国太平洋学会闻已商定由 T. F. 去。

胡适之来函,抄示:(一)八月十五日蒋电:勋绩卓著,中枢同钦,但恐心脏较弱,拟以魏道明继。(二)彼于同日复电:当重理旧学,专力教学著述,以报国家。(三)八月十七日外交部请为魏征同意电及复电。(四)八月廿八及卅一 Summer Welles 函致惋惜,九月七日 Cordell Hull 推崇尊敬,尤极诚挚。

Willkie 对记者谈话:同盟国须即反攻,须即准备使各地独立自由;中国对财政(inflationary or Financial matter)应看重改善,国民须与政府合作。即日离渝北飞。

十月八日　星期四　大雨

接见丁乃行(芷舫之子)、齐植璐(民生路 95 号拍卖行)、袁守和、李济之。钱乙藜起身往川中、川西。

闻洛阳被日机炸击甚烈。

十月九日　星期五　寒露　未晴

国家总动员谈话会(准备物价会议,由蒋主持)。

接见 Paniushkin、Pakunin、乔启明、Lossing Buck(农业经济服

务所)、张更、胡肖堂、萧……(雷波县中兴场北之梓橦宫、牛吃水等地,二叠纪玄武岩之上有赤铁矿层,厚 70 至 90 公尺,约计储量一万万八千余万吨)。

行政院开会,商定苏联运入军用货物,每月二千吨,另加汽油一千二百吨。

接见俞大维、陈立夫,商训练工业人才办法。

交通银行,晚餐后讲《经济政策》。

交通银行人言,顾少川已至印度,宋子文即将返渝。

十月十日　星期六　仍雨

国庆纪念,林主席训词,蒋亦到。

抗战第六年之国庆日。蒋告军民书:忠恕仁爱,勤俭笃实,自强自立。

美、英二国通知,愿废除不平等条约。今晨 7:45(渝时),美国自由钟鸣三十一响,以祝中国三十一周年之诞辰,并由最高法院推事 Donglas 出席独立厅致词。下午四时,蒋出席陪都各界庆祝国庆大会,宣告废除不平等条约及美国扣鸣自由钟。魏道明初做大使,第一件事即接受美国废除不平等条约之声明,伦敦方城[面]因顾大使已起身,由参事陈维城代致。

十月十一日　星期日

星期日,未出门。朱伯涛来访。

十月十二日　星期一　国父伦敦蒙难纪念

国民政府纪念周,蒋未到,沈士远讲《考试技术人才》。

国家总动员会谈话会,余及徐可亭皆对"限价"办法认为难行,但陈芝[芷]町、陈公洽皆主实行,谷正纲、贺贵岩亦不反对,俞鸿钧未表示积极意见。

邵逸周自陕西归来,谈耀县铁厂已大致完工,厂长梁海峤。山西方面为第二战区经建会,阎锡山为主任委员,韩竹坪为常委,但目前张书田有权商洽合作办法。

吴景超、吴半农已由陕西归来。

Wendell Willkie 经 Alaska 返国。

十月十三日　星期二

行政院第 585 次会,孔主席。余与何敬之说明甘肃油矿汽油成份确较外国为高,且存油数十万加仑,不经运出,则周转更为不易。

接见 Edw. R. Eichholzer(Kr. Red Crosed in India)(Standard oil)、John Carter Vincent、吴砚农、邓汉祥(四川机械制造公司)、徐象枢、吴任沧(交行愿投资于衡阳或柳州电厂)。

请孔核定拟对苏提出中苏合办独山油矿协定草案及章程稿。

罗斯福发表炉边闲谈,言盟国决进攻德、日,以分散中、苏境内之敌国势力。

十月十四日　星期三

赴苏联大使馆午餐。

中国兴业公司董事会,傅总经理辞职,慰留。孔言,中信局可购钢料。

中央银行经济处,邀在银行同人进修社讲《开发西北》。

十月十五日　星期四

上午十时,外交部第一次会议(新疆独山油矿),到者傅(主席)秉常、Paniushkin、Bakunin、余及其他参加工作人员,交付我方所提协定草案。

孔宅午餐,章乃器、崔唯吾说明彼等所拟平价意见。

中央银行经研处,邀余在道门口公开讲《西北开发问题》,听者千余人。

是晚颇疲,夜间发热。

十月十六日　星期五

接见 Arthur Young,言 ANCA 飞机将径至叙府。

中央博物院第二届理事会第二次会议,王世杰(主席)、罗家伦、朱家骅、余井塘、王仲楫、李济及余。

约 W. V. Blewett、Eric Teichman 谈话。

蒋宅茶会,有 Paniushkin 夫妇、顾少川、孔及余。

晚餐,约集陈匪石、文虎、欧阳仑、马克强、张家祉、李鸣龢、吴景超、张兹闿,商谈外人设厂、经商等办法。

呈蒋,请定居中枢要之计:停不急之务,省应省之款,以定预算,而安物价。

Paniushkin 告蒋,资委会办理尚妥,贸委会积欠太多。

十月十七日　星期六

国家总动员会议第 20 次会议,尧庐,蒋主席,到者:徐、孔、吴、贺、俞(鸿钧)、翁、徐(恩曾)、陈(方)、端木(恺)、张(果为)。一、院长对于加强管制物价之指示;二、所得税及过份利得税调整办法。余二案交复议。

蒋宅午餐。下午,顾少川来访,谈新疆近状及甘肃油矿。顾少川从前曾与美孚合作,请来二美人,即由美孚邀来。告以中美将来有合作可能,但彼之前案最好另行处理,付还旅费。

外交部晚餐,为苏联大使 Paniushkin 饯行。闻邵大使力子亦将自苏返国一行。

十月十八日 星期日

Fairbank、袁守和、蒋孟邻来访。在求精中学中基会办事处,与蒋孟邻、任叔永洽谈会务。

美财长 Morgenthau 在伦敦, Generals Wavell, Auchinleck, and Stilwell 在新德里。

Sitwation of Stalingrad serious due to German attack; concentrdtion of Jap. forces near Guadalcanal.

十月十九日 星期一

乘轮往大渡口,观钢铁厂,陈公侠、杨继曾偕往。20 吨及 100 吨化铁炉皆在修改,闻 100 吨炉曾出铁共一万六千吨,含磷在 0.2％以上,不甚利制钢。平炉一只,正炼钢,每日出钢一炉或二炉。炼钢之煤气系用嘉陵煤所得,估计全月用嘉阳煤八百吨。轧钢炉能轧钢轨至 15 公斤(合 33 磅)。拟造铁路至五岔(或又至三溪),宽轨,但轨重三十余磅。

接见 Arther Young、张果为、叶企孙、王昂。

张锡羊之夫人来谈与电化冶炼厂售铁纠葛事。

十月二十日 星期二

行政院第 586 次会,孔主席。孔嘱派李国钦之弟李得庸技术职任,俾可赴美。

Bell 家午餐。

十月二十一日 星期三

穆藕初因知何孟吾往陕之行,故于十四日折呈孔,请定收陕棉价为每担五百五十元,由孔呈蒋,于二十日批允照办。但何在陕电,拟陕陈棉收价为每担九百元,新棉为一千三百元,二人数目悬殊。穆之办法既不报物资局,更未呈经济部,自谓先发制胜。孔阅何拟办法后,召徐可亭、俞鸿钧商洽。徐谓陕棉征实(陕棉原年产八十万担,今只三十万担)则妨碍麦产,彼不能赞成。如此意见纷歧,是何事体!

余请银行家贝、赵、张、浦、郭、刘、徐等,商洽资委会借款二万八千万元。

中基会执委会第二次会议。

晚九时四十分空袭警报,十时半解除,日机未至渝下弹。

钱乙藜于今晚返渝。

十月二十二日　星期四

九时,国民参政会第三届第一次开幕式,张伯苓主席,林主席、蒋委员长训辞,张难先答词。预备会议,选出张伯苓、吴贻芳、莫德惠、李璜为主席团。下午,何应钦报告军事,傅秉常报告外交。

接见张可治、李春昱、黄汲清等。

接 Buck 至南开经研所。

昨日,美机炸开滦之林西煤矿。

十月二十三日　星期五

国民参政会,莫德惠主席。孔报告财政,就文诵读。周炳琳质问:货币膨胀实数若干,专卖支出若干,贸委会有无必要,摊派公债,"巨宦"应先负责。

接见何浩若、束士芳、郭子勋。

今日收财政部送征募公债奖金一千元,余捐交经济部总务司长,充作公用。

苏联大使 Paniushkin 起飞返国。

十月二十四日　星期六　壬午九月望

国民参政会,吴贻芳主席,余报告经济部工作。

接见何浩若、顾一樵。

Mrs. Roosevelt 至英伦，英王后招待。

苏联主张英国应将 Rudolph Hess 当作战时俘虏看待，英人认为，苏联不满意于第二战场尚未实行之又一表示，但英似仍不照办。

十月二十五日　星期日

上午，在中央大学大礼堂为朱森（子元）追悼会（中央大学、中央研究院、中国地质学会、中央地质所、重庆大学、四川地质所），余主席，朱家骅主祭，李春昱说明朱子元生平。发言者：傅斯年、张沅洪、童冠贤、李俊龙及学生代表，皆怪教育当局处理不善。陈立夫却送挽联曰：情法难两全，我心滋憾；才遇每不偶，君死堪悲。

宋子文午后返渝，住怡园。蒋先往访，然后邀往面谈。刘景山、霍亚民偕返。

国家总动员会第 21 次常委会在蒋宅开议，蒋主席，决定陕西存棉价六百元，至十一月底止须出售，否则充公；新棉一千二百元，省政府令农民继续种棉，归农本局统购统销。席上，何浩若、穆藕初意见不同，孔祖穆。

十月二十六日　星期一

国府纪念周，梁寒操报告新疆情形，颇为盛世才说好话。

接见 S. Adler（拟往西北）、Nemorotzky、霍亚民（自美归，谈美对战后意见）。

蒋请参政员晚餐，蒋、张伯苓、宋子文、顾少川致辞。宋、顾言及美、英撤消治外法权。

昨日美机炸香港。

美国南太平洋海军总司令原为 Vice Admiral Robert L. Ghormlay，兹易为 Vice Admiral William F. Halsey Jr. 。所罗门群岛 Guadalca-

nal 附近，日、美二方皆厚增兵力，准备大战。Stalingrad 德军继续
猛攻，苏军仍在坚守。

十月二十七日　星期二

行政院会第 587 次，孔主席，何敬之要求限制医生索酬太昂。

林主席招待参政员茶点。林讲国民应销公债、服劳役及兵役。
莫德惠致答词。

吴铁城邀晚餐，遇顾少川、Lattimore、Hayden。

Willkie 在华盛顿广播讲话。

尹仲容信址：Room 1425，40 Wall street，New York，N. Y.。

十月二十八日　星期三

接见何浩若、穆藕初（责其径呈委座，不同时告部）、J. Vesugar
（印度运输专家，与谈 VKCC 运输办法）、蔡孟坚、吴健陶。

国民参政会大会，顾维钧报告国际形势，蒋兼院长宣布《加强
管制物价方案》。晚八时审查会，陈豹隐、黄炎培、李中襄主席，讨
论蒋提方案。齐世英昨晚坚要求余出席，今晚却声言无须质询，故
余发言。薛德珩、叶一山询专卖。周炳琳言，对蒋物价案深感战栗
危惧。

十月二十九日　星期四

四行理事会第 184 次会，孔批评蒋限价办法极少常识，但劝银
行家不鸣则已，一鸣惊人。

招集何孟吾、郑达生、熊仲伦、张丽门，商供应渝市煤炭办法。

下午，国民参政会。宋子文讲美国情形；蒋讲政治方针及财政
经济；通过拥护蒋提之《加强管制物价方案》。

土耳其第十九周年纪念会在公使馆举行。

工程师学会渝分会，余讲西北区域，霍亚民、陈……讲美国

情形。

Solomons 日军进攻,美国海军损失航空母舰四条。

十月三十日　星期五

国民参政会议,有人提议各校须读经,攻击赈济委员会,谓应裁撤。吴贻芳主席,极为得力。

接见高平叔(乃同),谈工合事。沈镇南谈建国纸厂。

蒋陪宋子文至外交部,实任外交部长事。

孔宴参政员于嘉陵宾馆。刘纪文宴李式全、刘伯群(华侨)于中兴路凉亭子街 17 号永安园(胡文虎办事处)。

蒋手令:福生蓉庄黑市营业,应查办。部令局遵办。

十月三十一日　星期六

参政会于今日下午闭会,蒋致词,范锐答词。

见宋子文,谈中苏间运输办法。

蒋约孔、宋、顾等往访,取消不平等(对英、美)办法。

接见刘景山(中苏运输)、胡叔潜、程宗阳(济渝市煤荒)。与秦景阳交涉甘肃汽油定价。

十一月一日　星期日

今日为前国防设计委员会(资委会之前身)成立第十周年,约同旧新同事二十余人往资渝炼钢厂,钱乙藜、陈伯庄、沈君怡、杨继曾等均参加。余说明,"九一八"事变以后,蒋设会延才,以建设国家,抵抗敌人。嗣专精为国营矿、工、电业而努力,尤赖造成国家资本,庶能节制资本与平均地权。此后须赖充分努力,以造成建国目的。钱说明时,提及丁在君、顾湛然、徐新六不幸均已物故。陈伯庄咏诗为贺。杨继曾提及胡适之、吴达诠。

燕娟今日往中央图书馆。

十一月二日　星期一

国防[府]纪念周,何敬之报告运输统制局工作;宋子文外交部长宣誓就职,王亮畴致训词。

往青龙背法国大使馆午餐,Bouconl、Beaulieu、捷克公使。

接见 Owen Lattimore、谢保樵、吴健陶、李昭南、张锡羊、徐名材。

渝市煤用分配表(每日)

电力厂	9000
民生轮船	3500
其他轮船	3000
兵工厂	8500
洗焦厂	15000
各工厂	30000
岚炭厂	7000
市民用煤	8000
定量零售	1000
	94000①

十一月三日　星期二

行政院会议第 588 次,孔主席。余与孔商定,福生蓉庄主任倪兼涵应停职,并由部派庄智焕、王子建往查;又厂纱价应提常委会议。

中央党部秘书处召党员参政院[员]谈话,一下午皆为此。

签呈蒋,言汽油价格。

① 原文如此,合计数疑误。

十一月四日　星期三

蒋宅,举行国家总动员常委会第22次会议。经部报告渝市救济煤荒办法及厂纱加价案;贺耀组提限价条例,未通过。

晚餐,盛亦庸、张元夫、梁寒操、邹玉琳、陈伯庄、凌启东、沈君怡。

自上月下旬以来,北非英军向德军进攻,尚为顺利;所岛美日战争、摩兹多克苏德战争仍进行中。

公债司统计:截至三十年底止,中国公债总数计合国币11634000000元,日本公债总数为日金43000000000。以人口计算,中国人民平均每人担负公债国币25元,日本人民则平均每人担负约合国币630元。又,中国战前发公债共为国币4500000000元,战后发公债总数为国币7154000000元。

Kung va soment an 裕华银行,今日又去了,生意经!《新民报》载,老鹰岩某巨室,仆人约八十名,官米数十石,工资日约二万五千元。呜呼!

十一月五日　星期四

四行理事会第148次,孔主席,宋未到。孔讨论通货膨胀对物价之影响。余说明,涨价原因在外来的打击及内在的原因。

接见 Joseph Hayden(彼询中国政府是否 Autocravy,是否停止思想及言论自由,经济是否全归国营,并讨论东北、台湾及南洋以后办法)、李叔唐(锑业处或不做处长,或不能整顿)。

钱乙藜至宅来谈。

十一月六日　星期五

至中央训练团第22期讲话。自第一至第廿一期,受训团员共一万四千四百余人云。

在部会议实行限价办法,穆藕初又与何浩若对垒。

吴铁城等晚宴宋子文、顾少川。

英第八军在 Gen. Montgomery 指挥之下,在 Sidi Abi El Rahman [Alamein]大败德军。德 Gen. von Thoma and 9000 people 被俘, Gen. von Stumme 击毙。此为英军大胜之始!

十一月七日　星期六

今日为苏联十月革命第 25 年纪念日,苏联大使馆酒点招待,由代办列赞诺夫在门首招接。孙夫人、宋子文……均到。余邀捷克公使到资委会谈话。

下午,中苏文化协会庆祝会。孙哲生、何敬之致词后,冯玉祥致词,声调姿势均特佳。

朱骝先宅晚餐,到王雪艇、傅孟真、陶孟和、叶企孙及余,商:(一)评议会明年九月举行;(二)奖金照章办理,提会追认;(三)发表对研究院地位及中国学术进行方针之意见。

接燕娟返宅(往中央图书馆后第一星期)。

十一月八日　星期日

接见戈定邦、胡肖堂。

十一月九日　星期一

国府纪念周,叶楚伧报告文物管理会工作。

吕复请午餐,遇见王儒堂、吕著青等。访 Bell。

昨日晨一时,美国军队在英海军掩护之下,由 General Eisenhower 指挥,在法属非洲 Algiers 等数处同时登陆。Roosevelt 广播,告法人努力【打】败轴心,战后立即交还法国领土,但 Petain 命令 Adm. Darlan,Gen. Girand 防守领土……美认此亦第二战场!

十一月十日 星期二

行政院第 589 次会,孔主席,宋未到(宋到渝之第二次会)。黔桂铁路本年旧历年底可造至独山,全路长 770KM,工款原定一亿五千万元,已追加一亿八千万元(金城江至都匀),新追加七千五百十七万元,三共为四○五一七五○○○元。

英议员 Lord Ailwyn, Lord Teviot, Mr. Lawson[1] and a Secretary 于上午抵渝,傅秉常等往接,Mr. Wedderburn 因病未到。

余请捷克公使及沈君怡午餐,燕娟参加。

余往访张岳军。

十一月十一日 星期三

国家总动员会常委会第 23 次,先由蒋主席,嗣由孔代,核定棉纱价 12500 元,棉花价 1350 元。

国府茶会,晤见 Lord Ailwyn, Lord Teviot, Mr. Lawson。晚,蒋请宴会,三人轮流致答词。餐后国乐,黄仁霖绍介,充分"小意思"气象。

十一月十二日 星期四

上午九时,第十次中央全体会议开幕。总裁训词,对中央委员党务、政治、社会、经济、教育均认为不善,颇加贬责,并谓现应继往开来,彻底检讨!

下午三时,宋召集邵力子、顾少川、余及刘景山、陈长桐、英大使 Seymore, Eric Teichman,商洽实行开始经过波斯、苏联之运输,并建议设一委员会,英、苏各一个,中国二三人。

国民参政会招待英议会访问团晚餐,莫德惠主席,Lawson,

---

① 后文亦作 Lowson。

Teviot 答词。

土耳其使馆晚餐,往者比大使、顾少川、Gage 及余。

送蒋钢铁、机械、电工器材三业建设计划纲要,并建议建设规模、中外合作及国营标准。

十一月十三日　星期五

英议员参观学校。

十中全会经济组审查会议,召集人张岳军、徐可亭、贺贵岩三人。萧铮主张:认真逐案检讨各机关对以前议决案是否实行,何以不实行,施行是否得力,各长官说明后应即退席,俾中央可认真议定,并用表决办法。邵力子发言,以前提案太多太滥,往往实不可行,故检讨目的应重在政策是否合适,议决案是否适当,而不宜逐案追究。萧仍主逐案审查。邵又说明苏联战时办事情形,言颇质直。

宋召集朱逸民、邵力子、俞樵峰及余、刘景山,商伊兰[朗]、苏联运输办法。邵、宋均盼余管易货会事,余辞以人事为难。

十一月十四日　星期六

上午十中全会第一次大会,居觉生读党务报告,次为质询。上午询组织部长朱骝先,下午叶楚伧主席,询宣传部长王雪艇。徐柏园案,蒋廷黻案(邵华攻击极力),《中央日报》案,国民党何以缺乏善者案。

十一月十五日　星期日

刘治万、莫葵卿来会谈话……何敬之召集在军委会会谈西北运输……偕沈君怡至清草溪捷克使馆午餐。

十一月十六日　星期一

纪念周,蒋训词:党部应重县级以下工作,应有中心工作计划,加强干部,检讨法规,调整机构(称赞党政考核会),检讨行政工作及党部工作,提倡:实践、负责、有着落(归纳,结果)、自动精神。又言,上层有党下层无,都市有党乡村无,为私有党为公无! 孔报告政治。英国会访问团 Lowson,Wedderburn,Teviot,Ailwyn 及英大使到会,蒋致词欢迎,四议员各致答词,退。下午续会,质询,内政(周答)、外交(宋答)、财政(孔答)。

宋召集运输会议,英为台克满、Richarson(印度),苏为 Bakunin,美为军官一人,华为朱逸民、俞樵峰、邵力子、刘景山及余。

今日十中全会第二次大会中,下午宋子文、顾维钧、邵力子各报告外交及国际情形。

余为采油设备事函托 General Stilwell。彼复函,美政府应询美国炼油专家之意见!

十一月十七日　星期二

余陪 Lord Ailwyn, Lord Teviot, Mr. Wedderburn, Mr. Lowson, Mr. Cassels, Mr. Wellington Koo 等参观工厂(豫丰、渝鑫、动力、中兴),用民生公司之秀山船。

十中全会第三次大会,孔主席。贺耀组报告特种经济(管制物价)办法;陈诚报告湖北平价供物办法;刘健群质问官僚资本。各省主席(川张、浙黄、粤李、皖李、桂黄、闽陈)皆发言。会终,孔言:一、物资应筹供应,勿使缺乏;二、只管生活必需品,尤重食衣;三、物资生产及来源应使加增;四、帮助商工农各业,全民主义,不专靠检查;五、全国统筹,勿专顾一隅;六、法令应简单明白;七、执行应公道迅速。

孔晚宴英议会访问团,Wedderburn 言英从前专重和平,现战争到底至最后胜利;Teviot 言,对敌应 forgive,但不可 forget,战后维

护和平仍需武力,中国镇东方,英国镇欧西,再加美、苏,共维世界
和平。

十一月十八日　星期三

十中全会第四次大会,何敬之军事报告。下午,经济组审查委
员会,讨论经济作战部之设立及强制平价方案。徐可亭说,议论
多,方案多,机构多,障碍多。

Solomons 美、日海军大战,自十三日夜开始,Japan Lost 1 bat-
tleship,3 Heavy cruisers,2 Light cruisers,5 destoryers,12 transports
(all Sunk);also 1 battleship,6 destroyers damaged;over 20000 trops
Killed。

Adm. Chester Nimitz 正式宣告胜利!

今日蒋夫人起飞往美国!

十一月十九日　星期四

十中全会第五次大会,居觉生主席,张厉生报告党政考核委员
会工作,继以质询。下【午】,经济审委会开会讨论财政、粮食提
案。徐可亭言,对常委会提案只可敷衍。徐恩均[曾]言,实应
尊重。

偕燕娟参观中央图书馆。

United Press 非正式发表自 Dec. 8. 1941(日炸珍珠港)至目前
(Oct. 161. 1942)美、日两国海军损失如下:

Ships	U. S. A			Japan		
	Sunk	Damage	Total	Sunk	Damage	Total
Battleship	1	1	2	2	9	11
Aircraft carrier	4	0	4	6	9	15

Ships	U. S. A			Japan		
	Sunk	Damage	Total	Sunk	Damage	Total
Cruisers	6	3	9	21	70	91
Destroyers	20	5	25	39	49	88
Submarines	4	0	4	7	7	14
Transport	4	0	4	51	46	97
Tank(油船)	3	0	3	19	8	27
Supplies(供应)	0	0	0	64	31	95
Gun boats	4	0	4	9	3	12
辅助	0	0	0	2	0	2
其他	13	1	14	23	27	50
总计	59	10	69	243	259	502

十一月二十日　星期五

十中全会第六次大会,陈果夫主席,蒋亦到。川(黄季陆、张岳军)、浙(吴挹峰、黄绍竑)、皖(李鹤卿)、闽(陈肇英、刘建绪)……党政报告。下午,经济组审【查】委员会。

十一月二十一日　星期六

十中全会第七次大会。上午,各省市党政报告(闽、甘、粤、桂、鄂)。下午(余请秦景阳代到),蒋自主席,检讨党务。

下午,余往缙岗新村,晚宴英议会访问团。晚住该处。

十一月二十二日　星期日

英访问团参观天府煤矿。余返渝,参观[加]审查会。夜间,准备九中全会议决案经办情形报告表。

十一月二十三日　星期一　小雪

十中全会第八次大会。会前纪念周,蒋训话:党之方针,对外取消不平等条约,在内实行总理实业计划、地方自治,养成人民执行治权,培植农村。上午,蒋主席,各省党政报告。下午,冯主席,蒋、林均到,仍为各省党政报告。决定会期延长二天,至星期五为止。

宋子文晚宴苏联各员。

国家总动员会吴、陈、贺三常委,晚邀各司令长官及各省主席及党委,商谈地方管制物价办法,孔主席。黄旭初言:价涨因货币膨胀之故。黄季宽、陈辞修皆言,兵不得饱,战力日弱,政府须减少机关,实行节约,但提高公务员及兵士待遇。李德邻亦表同意。

十一月二十四日　星期二

十中全会第九次大会,孙科主席,党务报告。午餐后,经济组审查经济作战部案。因财政部不愿将贸委会及专卖局划出,故张岳军面称[请]蒋示时,蒋言:可拟议二种办法,一设经济作战部,二不设此部,以免分割。委员多觉不平,表示结果仍应划出。

在 Bell 家晚餐。

在吴铁城宅,与 Lord Ailwyn、Lord Teviot、Wedderburn、Lowson、顾少川、王亮畴、王雪艇、陈立夫共十八人谈话。英议会访问团定明天飞成都、西安,朱绍良、顾少川陪行。

法属非洲已均归 Darlan 统辖,Dakar 之海军亦附从盟军……Stalingrad 附近苏军反攻,获德军死伤甚多。

十一月二十五日　星期三

今日,朱逸民、熊哲明[民]、顾少川陪同英议会访问团飞往成都。

十中全会第十一次大会。上午居觉生主席,各组审查报告六件。下午蒋主席,政治总检讨。黄季宽发言:抗战时不宜并建国,中央应省开支,新机关太多,民政、建设二厅无事可做。蒋严加责备言:各省主席误谓,(一)中央不信任地方,(二)财政统一即地方不能办事,实则不然。(一)中央极信任省府,省府反歧视中央;(二)中央派员出外,待遇太高,应即改正;(三)省府蔑视法令,反言法令太多;(四)军队有能温饱,有成冻馁,全视处理如何,并非军饷不足;(五)税收必须统一;(六)中央派出人员应受省主席指挥监督,有如青海、宁夏;(七)建设机关,尤宜重视地方感想;(八)各机关须裁员四分之一,薪仍照发;(九)手令并未过多,往往言意见,提交注意,且加"如何"二字;(十)各省府对民众不应因爱护而骄养,对上苛刻,对下宽纵,极宜纠正;(十一)监察机关虽多,仍专主□,皆宜尊重。发言者又五人,其中赖琏痛责中央大员贪污枉法,颓唐因循,故请:(一)提高党权,(二)信赏必罚,(三)排除贪污。蒋反驳:笼统责备有如妇言,发言人应自守纪律。又言,对共党方针,只要不违政令,不扰治安,可保障自由。

十一月二十六日①　星期四

十一月二十七日　星期日

十一月二十八日　星期六

经、交二部会商粤汉、湘桂二路供煤办法。

余邀 Rezanov、Scozov、Bakunin、Kuzmizky、钱阶平、孙越崎、吴兆洪晚餐。

昨日,德国军队占据法国之 Toulon,法人自行炸毁军舰……自本月十九日,苏联在 Don-Volga front 开始反攻之时起,德军被击死

---

① 本日及次日无记。

及俘虏者已逾116000人……盟军在 Eisenhower 指挥之下，进逼 Tunis 及 Bizerta，正剧战中……Solomon，New Guinea 美日战争仍在进行中。

传闻苏联大使潘友新返国即被处决，张元夫来谈，亦认为可能！

十一月二十九日　　星期日

袁守和邀在南开忠恕图书馆晚餐，有张伯苓、王雪艇、李卓敏诸人。

十一月三十日　　星期一

国府纪念周，林训词，蒋亦致训词，特勉实际执行，但各省政府均可因地制宜，因时制宜。

余与张公权同邀黄旭初、高信（粤），阚厅长（桂）、李扬敬……午餐，商粤、汉、湘、桂用煤之（一）增产，（二）加价，（三）管理。

行政院（蒋、孔先后主席）约各省主席讨论省政府组织及平价，到者为黄季宽、陈辞修、黄旭初、李伯豪、薛伯陵、谷纪常、刘恢生［先］。

蒋派沈鸿烈为国家总动员会议秘书长，完全负责……何浩若请辞物资局长，余折呈蒋、孔，并函告沈成章。

余请吴景超、吴半农、张慰慈、高德明、齐桓□、高乃同、吴文建、张丽门晚餐，商研究战后经济办法。

十二月一日　　星期二

行政院长590次会议，孔主席，鄂、浙、桂、闽主席到席，通过卅二年预算。

接见赵棣华（商资委会借款）、朱一成、张伯英、郭毅之、朱其清、蔡增杰（谈设曲江电厂？）。

每人消费食物重量：米 290 市斤，小麦 70 市斤，大麦 13.5 市斤，玉市（米）60 市斤，高粱 11 市斤，小米 17 市斤，甘薯 62 市斤，马铃薯 19 市斤，芋头 1 市斤，猪肉 18 市斤，羊肉 3.5 市斤，牛肉 6市斤（农林部报告）。

十二月二日　　星期三

九时，考试院，党政军人事管理训练班教育委员会议，戴季陶主席。

十时，蒋官邸，国家总动员会常委会。宣读经、粮二部所拟限价办法；军政部拟由军需机关成立统制服装办法，蒋认为不宜。余报告：前次议决陕西陈棉限于十一月份悉由农本局按六百元价收购，迄今尚未实行。蒋于会后手令：农本局总经理穆湘玥推委塞责，贻误重要业务，应撤职查办。送孔。孔加注："遵办。"交陈公侠知照经济部。

偕吴铁城往比大使馆午餐。苏联使馆列代办请晚餐及电影，有宋子文、邵力子、邹玉琳及余。

十二月三日　　星期四

四行理事会。会后，孔对资委会流动资金表示不利。余与谈农本局事，彼言可派赵协理俊升暂代总经理职务；又言蒋定由军需署购陕陈棉办法应修正。

接见 E. L. Hall-Patch、W. C. Cassels。H. P. 言补救物价只有从金融上设法，并撤消许多机关。余与谈顾少川介绍英人来渝商工业合作事。

何浩若来谈，孔对彼不满，难任局长。沈成章来谈平价组织之意见。

孙越崎、查济民请晚餐，见盛亦庸、张元夫等。

十二月四日　星期五

接见 Vincent、何浩若、任叔永、张仲鲁。

何孟吾言：沈成章面陈蒋，改组农本局、发还商股。蒋首肯，谓可由余商孔照办。余告以为难，实则改组办法余早已陈蒋，得其同意，嗣又对孔顾虑，而不实行。此次不知如何了结也。

北非、斯太林格勒、所罗门战事皆继续进行。

	食米	猪肉	牛肉	鸡	肉包子	电影院票
重庆	450 元	13.5 元	8.1 元	16 元	0.7 元	8 元
昆明	800 元	28 元	30 元	30 元	2 元	18 元
贵阳	350 元	均较重庆价为廉				

十二月五日　星期六

国家总动员常委会开会，乃因贺贵岩以下台之前不宜怠工，故有此举动。蒋在九龙坡未返。

中法庚款会，到者李润章、童冠贤、张平群、郑白峰及邹鲁之代表。

陈寅恪悼张荫麟诗：朋辈论才未或先，著书何止腹三千。纵谈学术惊河汉，与叙交情忘岁年。自序汪中疑稍激，丛编劳格定能传。孤舟南海风涛夜，追忆当时益惘然。戊寅春与君同自香港到海防。

大贾便便腹满脾，转怜腰细是吾徒。九儒列等曾邻丐，五斗支粮更殒躯。士贱早知元尔尔，国危焉用校［较］区区。闻君绝笔犹关此，君病中曾撰《师儒与商贾》一文，口授门人。怀古伤今并一吁。

十二月六日　星期日

接见丁骕（谈地理所王［黄］国璋，朱对彼不满）、刘廷芳、袁守和、张嘉铸、张肖梅(言张公权即将离交通部职)。

晚八时半见蒋,彼言:(一)物资局、农本部组织宜与孔副院长相商;(二)次长盼换入谭伯玉〔羽〕;(三)查明接办航委会之工厂;(四)亦与兵工署商谈兵工建设;(五)查明机器厂之设备,管制调整;(六)登记有用人才;(七)以人与物为基础,筹划建设,盼三个月完成;(八)盼孙越崎、沈怡来见。余报告:(一)航委会工厂需洽后再定可否接收;(二)现派三十人往美参加工厂工作;(三)技术人员有二类:一已能独立完成任务者人数甚少,二已受教育可以造就者人数较多。并见及蒋纬国。

十二月七日　星期一

今日中常会及国防会议,定张道藩为宣传部长,程沧波副之;曾养甫为交通部长;吴国桢、胡世泽为外交次长;贺耀组为重庆市长;党政考核【委员会】秘书长张厉生,与行政院秘书长陈仪对调;李宗黄为内政部次长。

国府纪念周,蒋亦到。孙哲生报告美国备战情形(日袭珍珠港之纪念日也),美国政府宣布:美太平洋舰队共有86艘停在珍珠港,其中有战斗舰八艘,巡洋舰七艘,驱逐舰28艘,潜艇五艘,当时无航空母舰在内。日方袭击结果,战斗舰五艘(Arizona、Oklahoma、California、Nevada……)、驱逐舰三艘,及大型浮动干船坞,非沉即受重创。此外,尚有战斗舰三艘(Pensylvania、Maryland、Tennessee)、巡洋舰三艘……亦受伤。上述沉没或受创者共19艘……陆军损失飞机97架,海军中有2117人毙命,961人失踪,876人受伤,陆军中226毙命,96人受伤。在日袭未开始前,欧胡岛有美国海军飞机202架,其中有150被日击毁,同时适有美航空母舰一艘侦察轰炸机18架飞至珍珠港,亦多罹难。共计各式飞机 105 架。日方损失计为飞机 28 架,潜艇三艘。

上午,孙越崎讲油矿。下午国家动员谈话会,徐恩曾固执,沈成章明通。

十二月八日　星期二

行政院第 591 次会,孔主席,修正《国家总动员会议条例》及物资局平价资金,均未通过。孔指定行政院秘书长、政务处长、沈鸿烈、俞鸿钧及余,研究物资局、农本局组织问题。

下午,陈亮、吴中林(储备司长,鹤仙)、何浩若、赵俊秀、沈成章与余,商谈供应军用服装办法。召集孙越崎、孙恭度、包可永、郑葆成、许道生、刘刚会议钢铁工业计划纲要。

日本政府宣布自上年十二月初开战以来之损失:战斗舰一沉一伤,航空母舰三沉二重伤,巡洋舰三沉三重伤,驱逐舰十四沉九重伤,专用舰一沉一伤,潜艇八沉一重伤,军舰二沉四重伤,小军舰二沉,扫鱼雷艇六沉一重伤;鱼雷艇一沉,军人死 21166,伤 42577,损失飞机 394 架,船 62 条。

十二月九日　星期三

孔请徐可亭、蒋廷黻及余午餐(又财部俞、顾、麦、章诸人),谈国家总动员会议,愿自当局,对沈成章表不满……餐后又告余,撤销物资局,农本局专管花纱布,何浩若可改任物资处长。

下午三时,国家总动员会议谈话会,沈成章主席,谷正纲对徐可亭不满。

在蒋廷黻宅晚餐,谈及孔有当权之心,而对公务并无推进之法。

十二月十日　星期四

四行理事会,孔主席。孔嘱四行统行购供各工厂之器材。又知四行现有存款一四〇〇〇〇〇〇〇〇元,储蓄存款三〇〇〇〇〇〇〇〇元,省银行及商业银行共有存款共一〇〇〇〇〇〇〇〇元,三共十八亿元[①]。

接见文群、吴健陶。

访王雪艇,谈谭伯羽事(次日折呈蒋)。

自六日起,日军在腾冲进犯,在激战中。

十二月十一日　星期五

国家总动员会议第 25 次常委会,蒋主席,孔、沈、吴、贺、陈、徐、徐、谷、翁、端木恺、钱(慕尹)、何、陈(芝町)到会。通过:(一)加强管制物价方案实施办法要点四项;(二)限价明令内容二项;(三)财政、经济、粮食三部方案,社会及交部方案付审查。

下午谈话会,(一)年节节约办法;(二)渝市物资登记下星期二再商,社、交二部方案下星期一再商。会后,余与沈成章谈农本局查办案。

文诏云、吴健陶请晚餐。

今日动员会时,孔欲停办大渡口钢铁厂,余未同意。徐可均对天府煤矿不满。

十二月十二日　星期六

接见 Marshall C. Balfour M. D. 罗氏基金会远东支会会长,鲍甫欧(Ry. Direct, in the Far East, int. Health Division, Rockefeller Foundation, Hotel Cecil, Delhi, India)。彼建议,the War time Advisory Committee of Free China for Administrator of CMB Plants. (Meeting Preferably 10-20 Jan. 1943)电商周寄梅。

---

① 原文如此,三项合计应为 180 亿。

接见施有光、Stanislav Minovsky（捷克公使）。

十二月十三日　星期日

张洪沅来谈甚久，盼由资委会出款为重大聘美国教授。

又接见张仲鲁及其夫人。又见张友贤。

十二月十四日　星期一

国府纪念周，孔报告财政。

下午，与陈公洽面洽查办农本局之意见。陈谈及蒋曾手令勒停工矿银行，陈立夫求孔协助，致未实行，故孔、陈现有交谊。又言，蒋前往印，孔适有病。蒋已商何敬之为行政院【会】议主席，乃孔改在宅举行，仍自主席。嗣蒋返渝，孔未先告蒋，径即返蒋，电话告蒋，因即常代主席。

十二月十五日　星期二

行政院 592 次会议，追加桂省二百万元，为柳州电厂资本。在嘉陵宾馆午餐，与 C. K. Chu，Gordon King，William Balfour 商谈 War Time Committee of CMB。

余请李卓敏、冀朝鼎、霍亚民、余捷琼、朱炳南等晚餐，并谈战后国际关系。李不赞成国营，主张取消出口税，提高一般的进口税，但对美商订互惠协定，对建设器材特为减税。霍亚民主设一对外贸易公司，官民合办。

十二月十六日　星期三

国防研究院，余第一次往，讲《国防经济概论》。

国家总动员会常委会议，蒋主席，到者孔、沈、徐、徐及余，何浩若、端木恺、陈方亦到，平价会稿及社会部工资方案。

访见彭吉元、张元夫。

呈蒋：（一）呈复审查物资、农本二局征购陕西陈棉情形及穆案意见;(二)可否将物资局改隶国家总动员会议,或归并于物资处(皆书十五日期)。

十二月十七日 星期四

四行理事会议,(一)糖业专卖借款四万五千万元;(二)资委会流动金借二万八千万元,以公司债办理,先行垫借九千六百万元。

十二月十八日 星期五

行政院会商军需署军用服装供应办法,孔主席,何敬之亦到,原坚持六百万人之用者,兹减为四百五十万人。军方要求预算廿三万万元,再加七万万元。

孔邀 Loudermilk、Fairbank、沈、蒋、俞及余午餐。

奚玉书将赴美,来辞行。接见汤子珍、郭悦民。

接见邹之江(晓东),携来李赞侯手函。

十二月十九日 星期六

经济部考核委员会开会,何浩若谈,以端木恺为物资局长为宜。接见 Vincent、Alrof、黄博文、吴任之。

请彭吉元、马如龙等晚餐。

燕娟回宅,已向中央图书馆辞职。

十二月二十日 星期日

接见吴兆洪、戈定邦、李赓阳。

访王文伯、于右任(在中央医院)、钱乙藜。

十二月二十一日 星期一

国府纪念周,何报告军事卫生。蒋言:裁机关减职员及明年准备复员。曾养甫、张厉生等就职典礼。

与孙越崎谈天府运煤问题及对方欲管铁路。

刘航琛、浦心雅请晚餐,贺贵岩、陈介生在座。

十二月二十二日　星期二

行政院第 593 次会议,蒋主席,孔、宋均到,曾养甫亦初到会。议决:物资局应撤消,何浩若为国家总动员会议之副秘书长;农本局,孔主另议,余设日用品管理处。蒋又主张裁员及取缔浮滥行动。

贝淞生、赵棣华、浦心雅、沈熙瑞(刘攻芸一到即去)来访,商谈天府运三才生煤,商拟办法。嗣又邀孙越崎来面谈。

吴礼卿交阅何、陈、吴复议西藏办法之折呈。

中信局林世亮[良]枪决,许性初判徒刑五年。

十二月二十三日　星期三

国防科学技术策进会开会,到者七十余人,陈立夫主席(亦实为彼所苦心促成者)。上午会议,讲空话(谓之报告)。照蒋意,国防工业设计会合并开会。下午,蒋召见(亦为陈立夫制造)何敬之、陈立夫、朱家骅、李书华、庄前鼎、周至柔、俞大维、徐庭瑶、顾一珙、钱昌照、钱昌祚及余等训话,谓航空各厂不好,大定飞机厂、中央机器厂不充分使用,可惜,应纠正,较有成绩者为资委会,兵工署、航委会、中研院应合作……

十二月二十四日　星期四

上午,国防科学技术策进会开会,余主席,庄前鼎、余仲坐、汪源、周志宏报告,讨论策进会章程。午餐,蒋训词。

下午,余偕张厉生、沈成章见孔,商定:(一)裁物资局;(二)设日用品管理处及燃料管理处;(三)农本局改为花纱布专卖局。

十二月二十五日　星期五

在部办公。蒋令:物资局应即取消为宜。蒋又令:农本局前总经理穆藕初准如所拟,免予置议,改为停职处分。

与沈成章、张丽门【谈】(轻工业五年计划)。

行政院会商裁员办法,秦景阳出席。旋又在部商订本部及所属机关裁员数目(共可裁一千三百余人)。

Adm. Darlan 为一法人暗杀,殒命。

蒋作宾病故。

十二月二十六日　　星期六

接见何浩若(物资局结束办法)、刘廷芳、赵俊秀、朱一成、阎树松、陶明定等。

国防科学技术策进会在青年团开会,选举理事 21 人。

十二月二十七日　　星期日

招集李博侯、何孟吾、刘廷芳、陈同敬、夏彦儒、郑达生等商洽限价办法,拟定标准如下:

地点	货物	现行官价	11 月 30 日市价	拟定限价	说明
重庆	陕西中级细线棉花	1350	——	2000	陕棉至渝运费800 元
陕,关中	同上	1200	1200	1200	
重庆	湖北松滋中级棉花	无	3188	3000	省内由省府规定
重庆	廿支机纱	12500		12500	用四川存棉
				15600	用新运来棉
	土纱				
	机经机纬布				
	机经土纬布				

续表

地点	货物	现行官价	11月30日市价	拟定限价	说明
重庆	菜油	830	900	900	
重庆	土报纸		167	167	
重庆河边	小河合营	337	710	700	
同上	小河粒子	354	740	740	
同上	小河大块	524	1540	1500	
同上	小河岚炭	867	2226	1750	
同上	大河岚炭	1000	2800	2000	

十二月二十八日　星期一

国府纪念周,蒋亦到,沈鸿烈讲加强管制物价之近状。

工矿调整处开会,商洽轻工业计划。

国防科学技术策进会第一次理事会举行于资委会,选余及朱家骅、陈立夫、俞大维、周至柔为常务理事,陈立夫为总干事。

接见 Dr. J. K. Fairbank(Sp. assistant to the Am. Ambassador)、沈成章。

晚间,与孙越崎、张丽门、姚南枝、欧阳仑、李博侯、熊祖同等商谈公务。

湘桂铁厂:(一)全州二炉(交部),每天每炉五吨;(二)八步一炉(平桂矿务局),每天五吨;(三)祁阳(支秉渊、魏如)一炉,每天五吨;(四)中渡鹰山(张松龄)一炉,三吨;(五)桂林(企业公司)一炉,五吨。以上(一)(二)已出铁,余在建设中。

十二月二十九日　星期二

行政院第 594 次会议,孔主席,宋未到。

行政院张秘书长、蒋处长,召集新疆彭厅长吉元及各部会长,谈话新疆各项工作。

刘廷芳来谈,愿任日用品管理处,并谓决可维持胡、戴友谊及沈之关系(但认沈失欢于戴,不久必倒),并谓□决不能居熊祖同之下。

十二月三十日　星期三

国家总动员会第……次常委会,蒋主席。通过粮、经二部限价办法。会后,蒋询及日用品管理处处长,余告以陈庆瑜、刘廷芳、熊祖同正考虑中。蒋对农本局,对专卖局允可。

蒋核准余保实业界成绩昭著人士廿二人,允授勋章。

接见 Vincent、Bakulin、陈伯庄、Audinet、赵俊秀、熊祖同。

十二月三十一日　星期四

蒋见,对花纱布专卖局意见。何浩若呈蒋,保陈庆瑜为日用品处长,蒋交余审核。顾维钧介绍刘廷芳于沈成章。

四行理事会第 155 次会,(一)中央合作金库付审查;(二)资委会:(A)建设事业款垫借一亿元,(B)流动资金先借九千万元,均通过;(三)农本局已先借一亿元购棉花,兹加借一亿元。

孔夫妇招待中外来宾,在军委会大礼堂过年。

1942 年甘肃油矿产量表

	汽油预计	汽油实产	用原油数
1 月		31805	198342
2 月		32175	223222

续表

	汽油预计	汽油实产	用原油数
3 月		20695	296671
4 月	50400		
5 月	56000		
6 月	110000		
7 月	150000		
8 月	294000		
9 月	313500		
10 月	372000		
11 月	294000		
12 月	147000		